本书出版得到
国家重点文物保护专项补助经费资助

成都华阳田家寺墓地

成都文物考古研究院
双流区文物保护管理所
编著

颜劲松
主编

文物出版社

图书在版编目（ＣＩＰ）数据

成都华阳田家寺墓地 / 成都文物考古研究院, 双流区
文物保护管理所编著 ; 颜劲松主编. -- 北京 :文物出版社,
2021.9

ISBN 978-7-5010-7152-4

Ⅰ. ①成… Ⅱ. ①成… ②双… ③颜… Ⅲ. ①崖墓—
研究—双流区 Ⅳ. ①K878.84

中国版本图书馆CIP数据核字(2021)第124070号

成都华阳田家寺墓地

编　　著	成都文物考古研究院　双流区文物保护管理所	

责任编辑	王　伟	
责任印制	陈　杰	
出版发行	文物出版社	
社　　址	北京市东城区东直门内北小街2号楼	
网　　址	http://www.wenwu.com	
制版印刷	北京荣宝艺品印刷有限公司	
开　　本	889mm×1194mm　1/16	
印　　张	13.75	
版　　次	2021年9月第1版	
印　　次	2021年9月第1次印刷	
书　　号	ISBN 978-7-5010-7152-4	
定　　价	280.00元	

目录

插图目录

彩版目录

第一章
双流历史地理概述
及田家寺墓地发掘、整理

　　田家寺墓地位于四川省成都市双流区华阳街道沙河村、正兴街道田家寺村交界处的浅丘上，西北邻成仁路（G213），成仁路北侧为府河，东面不远处为广福桥。东北1.5公里处为广福村崖墓群（图一、图二）[1]。GPS坐标：北纬30° 28'9.80"，东经104° 03'5.00"，海拔503米。

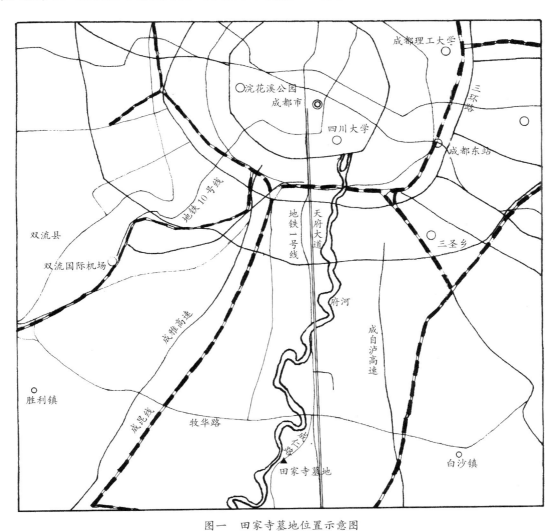

图一　田家寺墓地位置示意图

1.2011年，为配合成都复地御香山项目建设，对该墓群进行了抢救性发掘，时代为东汉至魏晋。资料现存成都文物考古研究院。

1

图二　田家寺墓地发掘前情况

第一节　双流自然地理

　　双流区位于川西平原东南边缘，地跨东经 103° 47' ～ 104° 15'，北纬 30° 13' ～ 30° 40'，东西宽 40、南北长 49 千米，海拔 435 ～ 988.1 米，全区面积 1067 平方千米。境域东连龙泉驿区、简阳市，南接眉山市属仁寿县、彭山区，西邻新津区、崇州市，北靠成都市属温江区、青羊区、武侯区及锦江区。治所东升镇距成都市城区仅 10 千米。域内地势平缓，兼有平坝、丘陵和山地，常年气候温和，雨量充沛，宜于农耕。

　　双流区属四川盆地中亚热带季风湿润气候区。区境气候特点明显：全年皆温和，无酷暑严寒，常年降水丰富，光热水集中，春夏日照足，秋冬云雾多，四季分明，无霜期长。境内山地、丘陵、平坝因地势高低差异气候有一定差别。平坝区年均气温 16.0 ～ 16.5℃，浅丘区 16.5 ～ 17.6℃，深丘区随高度升高而气温迅速下降，大约每上升 100 米，气温下降 0.5℃，年平均气温为 14.5 ～ 16.0℃。高温中心在龙泉山麓浅丘到籍田、黄龙溪一带。受地形、云、雾、阴雨影响，日照少，属全国低值中心区之一。累年平均日照时数为 938.6 小时，仅占当地可照时数的 23%。日照时数及日照百分率比同纬度的长江中下游地区偏低 17% ～ 20%。1986 ～ 2005 年，年平均降水量 846.6 毫米，最多年降水量为 1183.3 毫米（1990年），最少年为 650.3 毫米（1996 年）。80% 以上的年份降水量可达 738.2 毫米以上，降水较为丰沛。

一年中降水分布极不均匀，呈塔形分布，以7、8月为峰顶，依次向两侧逐月减少，至12月最低。区内阴雨天气较多，全年在多数时间都保持湿润状态，导致空气湿度大。累年平均相对湿度为84%，月变化不大，一年中7～10月最大，相对湿度85%～87%；春季和初夏稍小，也达到77%～82%。湿度属全国高值区。

双流区地处四川盆地成都平原东南边缘，位于龙泉山脉中段西侧。出露地层皆为中生代侏罗—白垩系及新生代第四系的一套湖泊、河相层积岩层，地貌有低山、丘陵、平原、台地。由于未出现大的构造运动和岩浆活动，故矿产资源相对贫乏。区境内有天然气矿，分布在正兴、万安、华阳一带；盐井6处，分布在万安、大林、华阳、黄龙溪等镇（街道），还有少量石灰岩矿、型砂、白沙等，均未开采利用。而土地、水等资源相对丰富，自然条件优越，生态环境良好。

境内主要有龙泉山和牧马山。龙泉山源起罗江县瓦店乡青龙羌峡，是东北向西南走向的狭长褶皱构造低山，长210千米，宽10～18千米。龙泉山从龙泉驿区柏合镇长松村入区境，经太平、合江、三星、大林4个镇，到双青枫出境入仁寿县。区境段长30千米。牧马山旧有"宜城山""圣灯山""应天山""白塔山"等名称，源起于东升镇迎春村冯家祠。山脉经东升、西航港、黄甲、胜利、公兴、永安、黄龙溪等镇（街道），绵延入新津区至彭山区双河口止。共长35千米，横约11千米。山脉走向由西北至东南，山势平缓微倾，区境段海拔423.592米。

区内土壤分为水稻土、冲积土、黄壤土、紫色土共4个土类（水稻土、紫色土、黄壤、潮土），6个亚类（冲积性水稻土、紫色性水稻土、黄壤性水稻土、潮土、紫色土、黄壤土），21个土属，44个土种，123个变种。4个土类中，水稻土分布于全区各乡镇，约占耕地面积80%。紫色土约占全区耕地面积13%，主要分布于东山浅丘地带，牧马山台地也有少量出露。

全区多年平均地表水资源总量为15.1918亿立方米。全区地下水可开采资源量为2.0159亿立方米。由于地貌、地层分布的差异，区境内地下水的富水程度各处不一。其特征是平原区地下水丰富，而低山、丘陵、台地区则水资源缺乏。

区境属亚热带常绿阔叶林区，主要植被类型有常绿阔叶林、常绿针叶林、落叶阔叶林、针阔混交林和山地草、灌、丛。由于地形地貌、土壤、水热等条件的差异，森林植被在区内有不同的分布。深丘地区主要分布以柏树为优势树种，间有桤木、青冈、千丈、刺楸等为辅的针阔混交林，并有草、灌、丛等植被类型。浅丘台地区主要分布以马尾松、湿地松、火炬松为主要树种的常绿针叶林。平原地区以常绿阔叶林和落叶阔叶林的桉树、杨树、千丈、苦楝、法国梧桐、女贞、香樟、水杉、慈竹林为主，村落周围、河渠道路两旁以块状分布的慈竹群落为主的川西平原林盘。野生植被资源主要是丘陵地区生长的草、丛，主要有丝茅草、爬地草、铁线草、蒲草、麦冬、吞根草、车前草、金银花等。田间植被主要有粮食作物、经济作物及其他作物3大类（包括禾谷类、豆类、薯类、油料、烟草、蔬菜、瓜类、药材、牧草等11个小类）。

区境河流属岷江水系，多集中分布于平原地区，流向多由北东向南西。主要河流有金马河、锦江（府河）、江安河、杨柳河、清水河、白河和鹿溪河，河流总长为181.15千米。境内河运发达。

第二节　双流华阳历史沿革

一、双流历史沿革

双流区是川西平原上历史悠久的古县之一，古蜀或曾建都于此。《蜀王本纪》言："蜀王据有巴蜀之地，本治广都樊乡，徙居成都。"[1]

唐虞时代中原分九州，双流属梁州域。历夏、商至周为古蜀国。秦灭蜀置蜀郡，广都为蜀郡域。西汉元朔二年（公元前127年）置广都县，为益州之蜀郡所辖。东晋永和四年（348年，一说永和八年）以蜀之流人置侨郡，广都县由蜀郡改属宁蜀郡。隋仁寿元年（601年）因避太子杨广讳，始更广都县名双流县。唐废郡，在州之上设道，实行道—州（府）—县三级制。龙朔二年（662年，一说龙朔三年）由双流县析置广都县，两县同属剑南道成都府管辖。宋改道为路，于路之下设州（府、军、监），州之下设县，亦为三级制，双流、广都两县均隶属成都府路之成都府。北宋熙宁五年（1072年）废陵州，以贵平、籍县为镇入广都县。元始有省制，以省领路，路领州（府），州领县，为四级制。至元二十三年（1286年）省广都县入双流县，属四川等处行中书省成都路。明仿元制，废路为府，改行中书省为承宣布政使司，实行承宣布政使司—府（州）—县三级制。洪武十年（1377年）省双流县入华阳县，洪武十三年（1380年）复置双流县，前后均属四川布政使司成都府所辖。清置省，省领府（州、厅），府领县（府属州、厅），为三级制。康熙六年（1667年）以双流县土旷人稀省入新津县，雍正八年（1730年）复置双流县，属四川省成都府。自嘉庆至清末，又在省和府之间增设道，双流县属成绵龙茂道之成都府，光绪三十四年（1908年）改成绵龙茂道名川西道。民国二年（1913年）废府州存道县，双流县仍属川西道。民国三年（1914年）改川西道为西川道，双流县隶属关系不变。民国十七年（1928年）废西川道，双流县直属四川省。民国二十四年（1935年）四川省设18个行政督察区分辖各县，双流县属第一行政督察区（区治所在温江县），直至中华人民共和国领属未易。民国十年，将成都、华阳二县城区分出，合并城区，成立成都市政公所。同年九月一日，改组成都市政公所，正式设置成都市。

二、汉代广都城考

关于汉代广都县治位置主要有以下几种观点：

1. 在成都县南或东南，但未说明具体位置。如清初顾祖禹认为唐广都城在双流县东七里，而汉广都城在唐广都东北十五里[2]，则汉、唐广都城都在成都南。同时认为晋时广都移治今双流，但未说明依据，可能是为了调和《华阳国志》与汉广都位置的冲突。《大清一统志》认为汉县在府东南江北岸。"《隋志》《元和志》俱谓双流即汉广都。据《后汉书》唐章怀太子注，参考《岑彭》《吴汉》传，汉县当在府东南江北岸，但不知徙置在何时耳。《寰宇记》《续通典》谓唐县在汉县南十余里，则汉县又当在今双流县界。《明统志》谓汉城在唐县北十五里，晋城在县北十三里，未知何据。"[3]《四川通志》所述与之几近相同[4]。

2. 在成都西三十里，主要是根据《华阳国志》的记载，"广都县，郡西三十里，元朔二年置。"[5]《民国华阳县志》以为"《华阳国志》云郡西三十里者，此乃汉时广都。非唐宋广都也。唐宋广都即今之中兴场……而唐宋人记载广都皆同在南，与《华阳国志》所云郡西者截然为二，惟里数略有参差，则唐宋尺度较今为短也。至章怀太子注《后汉书》言：广都在成都县东南，当是误以唐之广都即汉旧治耳。"[6]

3. 在今双流中兴场附近（今华阳镇），此观点最为流行。"广都故城，在治东三十五里（今属华阳县中

1. 张震泽：《扬雄集校注》，上海：上海古籍出版社，1993年，第284页。
2. [清]顾祖禹：《读史方舆纪要》卷67《四川》二，北京：中华书局，2005年，第3138～3143页。
3. [清]穆彰阿等：《嘉庆重修一统志》卷387《成都府》，北京：中华书局，1986年，第19306页。
4. [清]常明、杨芳灿：《四川通志》卷49《舆地》，成都：巴蜀书社，1984年，第1896～1897页。
5. 刘琳：《华阳国志校注》卷3《蜀志》，成都：巴蜀书社，1984年，第249页。
6. 陈法驾等修，曾鑑等纂：《民国华阳县志》卷27，见《中国地方志集成·四川府县志辑》，成都：巴蜀书社，1992年，第351页。

兴场后）。乡人称为广都街。城址尚存五六十丈。《华阳国志》：晋永宁元年，益州刺史赵廞为李特所取，廞独与妻子乘小船顺水至广都。按此为汉广都。《后汉书》注广都故城在成都县东南，指此"[1]。龚旭春[2]、蒲孝荣[3]、徐茂兰[4]等均持此观点。

4.西汉时期在今中兴场一带，东汉迁至望川原附近。任乃强先生认为广都城自先秦以来不断迁徙。蜀王时广都在樊乡，此时洪水泛滥，只有今龙泉驿至黄龙溪之间的黄土丘陵地带才适合设城。"（秦世）广都县必当自樊乡徙就府河沿岸，即今正兴场（中兴场）永和场地带，或在籍田铺附近以便监管盐井。又其后凿望川原，时县治当在牧马山下，大约当今文兴场附近，以便督导望川原水利工程。此后成都平原为大陆。郫与三都皆徙就美田畴间……（晋穆帝）再平益州，因三蜀流民集居所在，徙广都县治于西界，置宁蜀郡。隋改名'双流'……唐又更分期东境府河两岸地复置广都县。"因广都城亦屡有迁徙，故《元和郡县志》《太平寰宇记》《大明一统志》等对县治位置记载不一[5]。任先生推测过多，但是关于广都城屡有迁徙的意见却值得重视。

5.汉代广都城在中和场附近（今双流中和镇），而中兴场为唐广都城。刘琳先生持此观点[6]。因乏实物资料支撑，并未得到普遍认可。

以往的研究均以文献考释为主，而汉时文献并未明言广都城县治位置，后世文献又以记录当时广都城位置为主，且记述不一，甚至相互矛盾，以至众说纷纭。但近年的考古新发现却为解决汉代广都城位置提供了契机。

（一）广都县始置

《华阳国志·蜀志》认为广都县乃"元朔二年置。"但任乃强先生推测秦已置县："《蜀王本纪》云：'蜀王本治广都之樊乡。后徙成都。'本书亦谓成都、新都、广都为蜀之三都。又李冰穿广都盐井诸陂池。则秦时应已置广都县矣。或缘汉初曾废并，武帝复置。"[7]总结其理由，有二：第一，蜀王本治广都，而《华阳国志》卷三又说"蜀以成都、新都、广都为三都，号名城。"鉴于广都在蜀国的政治地位，秦灭蜀后，很可能在广都设县。但是，此三都之"蜀"未必是"古蜀国"之意。《华阳国志》中"蜀"字至少有三种意义：古蜀国，"会诸侯于会稽，执玉帛者万国，巴、蜀往焉"；蜀郡，"汉兴……乃改雍曰凉，革梁曰益，故巴、汉、庸、蜀属益州"[8]；三国时期的蜀汉，"蜀时彭有俊才。"[9]彭乃蜀汉官吏，《三国志》有传。"蜀"在汉代常泛指蜀地，《史记》中的"迁蜀四千余家，家房陵"[10]、"巴、蜀道险，秦之迁人皆居蜀"[11]等皆是此意。即使"蜀都"也未必是指古蜀国之都。司马相如所云的"东乡将报，至于蜀都"[12]，就是指汉代成都之意。此处"蜀"指蜀地、蜀郡。第二，《华阳国志·蜀志》提到："（李冰）又识察水脉，穿广都盐井、诸陂池，蜀于是盛有养生之饶焉。"此处只是说明李冰所穿盐井位于汉代广都地，非指秦代广都县，否则与后文广都县"元朔二年置"矛盾。所以任乃强先生的两条理由以推测为主，不是确证，故其句尾留疑，"常氏误援之

1. 刘佶等修，刘咸荣等纂：《民国双流县志》卷1，见《中国地方志集成·四川府县志辑》，成都：巴蜀书社，1992年，第649页。
2. 龚煦春：《四川郡县志》，成都：成都古籍书店，1983年，第5页。
3. 蒲孝荣：《四川政区沿革与治地今释》，成都：四川人民出版社，1986年，第3页。
4. 徐茂兰：《广都故城考》，《双流县志资料汇编》，第1辑（1985年）。
5. 任乃强：《华阳国志校补图注》卷3《蜀志》，上海：上海古籍出版社，1987年，第161~162页。
6. 刘琳：《华阳国志校注》卷3《蜀志》，成都：巴蜀书社，1984年，第249~250页。
7. 任乃强：《华阳国志校补图注》卷3《蜀志》，上海：上海古籍出版社，1987年，第158页。
8. 刘琳：《华阳国志校注》卷1《巴志》，成都：巴蜀书社，1984年，第17页。
9. 刘琳：《华阳国志校注》卷3《蜀志》，成都：巴蜀书社，1984年，第265页。
10. ［汉］司马迁：《史记》卷6《秦始皇本纪》，北京：中华书局，1982年，第227页。
11. ［汉］司马迁《史记》卷7《项羽本纪》，北京：中华书局，1982年，第316页。
12. ［汉］司马迁：《史记》卷117《司马相如列传》，北京：中华书局，1982年，第3049页。

耶？"。蒲孝荣也认为秦时已置广都县[1]，但未言理由。

张家山 M247 出土了大量竹简，其中《二年律令》中提到了蜀地郡县。秩千石有蜀郡成都；秩八百石有蜀郡临邛，巴郡朐忍、江州，广汉郡新都、武阳、梓潼、涪；秩六百石有蜀郡青衣道、严道，巴郡临江、涪陵、安汉、宕渠、枳，广汉郡平乐、江阳；秩五百石有蜀君绵虒道、湔氐道，广汉郡阴平道、甸氐道[2]。王子今先生又补充了蜀郡的郫县，巴郡的阆中、符县。该墓时代为西汉初年[3]，也有人判断为下葬于吕后时期[4]，则竹简书写的年代不会晚于西汉初，为了解汉初蜀地郡县的设置提供了可靠的线索。成都、新都、广都相毗邻，地位相近，常被并列相称，而张家山汉简仅载前两者，并未提及广都，可见汉初并未设置广都县。

因此，笔者认为广都县设置于武帝时期当无甚大问题，其大部很可能是从成都县分置而成。

（二）唐广都城

后世往往将汉、唐广都城混为一谈，因此要弄清汉广都城位置，必须先厘清唐代广都城址。

唐宋时期文献对于此时广都城位置多有记述。广都在隋时改名双流。《隋书》："双流旧曰广都，置宁蜀郡，后周郡废。仁寿元年改县曰双流。"[5]《旧唐书》："双流，汉广都县地，属蜀郡。隋置双流县。""广都，龙朔三年，分双流置，取隋旧名。"[6]《元和郡县图志》记载了双流、广都位置："广都县……北至府四十二里。本汉旧县，元朔二年置……隋仁寿元年，避炀帝讳，改为双流县。今广都县，龙朔三年长史乔师望重奏置。"同卷"双流"下又云"北至府四十里。本汉广都县也，隋仁寿元年避炀帝讳改为双流，因以县在二江之间，仍取《蜀都赋》云：'带二江之双流'为名也……龙朔三年，又别立广都县。"[7]《元丰九域志》记载与之相近："双流，府南四十里。""广都，府南四十五里。"[8]以上两书认为唐代广都和双流县治都在成都府南，相距不远。而《太平寰宇记》却认为双流县治在"西南四十里。旧三十乡，今二十乡。本汉广都县地……避隋炀帝讳，改为双流县，以县在二江之间，故以名县。""广都县，南二十七里，旧二十四乡，今十六乡。《蜀志》云：'汉元朔二年置'……隋仁寿元年避隋炀帝讳，改为双流。唐龙朔三年，长史乔师望奏析双流县又置广都县于旧县南一十二里。"[9]双流县治在西南四十里，"旧县"当指汉广都，在成都南二十七里，唐广都在汉广都南一十二里。以上诸书均认为唐宋时期广都城在成都南，只是距成都里数存在差异。但对于双流县治位置却存在分歧。

那唐、宋时期双流县治究竟位于何处呢？可从后世记载确切的文献反推。《隋书》《旧唐志》《元和郡县图志》《太平寰宇记》《舆地广记》《元丰九域志》都清晰的记载了广都的沿革，隋改广都为双流，唐、宋因之，元省入双流。按常理来说，广都省入双流后，应该会废广都县治而留双流治所。《大明一统志》："双流县，在府城西南四十里。本汉蜀郡广都县地，晋置宁蜀郡，后周郡废。隋初改广都为双流县……唐复析置广都县，宋仍旧。元省广都入焉，本朝因之，编户五里。"[10]《大清一统志》："双流县，在府西南四十里。"[11]可见明、清时期双流县治位置与《太平寰宇记》相符，县治未有变化，均在成都西南方向。故应以《太平寰

1. 蒲孝荣：《四川政区沿革与治地今释》，成都：四川人民出版社，1986年，第3页。
2. 张家山二四七号汉墓竹简整理小组：《张家山汉墓竹简二四七号墓》，北京：文物出版社，2001年，第193～202页。
3. 荆州地区博物馆：《江陵张家山三座汉墓出土大批竹简》，《文物》1985年第1期。
4. 陈耀钧、阎频：《江陵张家山汉墓的年代及相关问题》，《考古》1985年第12期。
5. ［唐］魏征：《隋书》卷29《地理志》，北京：中华书局，1973年，第826页。
6. ［后晋］刘昫：《旧唐书》卷41《地理志》，北京：中华书局，1975年，第1665页。
7. ［唐］李吉甫：《元和郡县图志》，北京：中华书局，1983年，第770～771页。
8. ［宋］王存：《元丰九域志》，北京：中华书局，1984年，第308页。
9. ［宋］乐史：《太平寰宇记》卷72《剑南西道一》，北京：中华书局，2007年，第1471～1472页。
10. ［明］李贤等撰：《大明一统志》卷67《成都府》，西安：三秦出版社，1990年，第1034页。
11. ［清］穆彰阿等撰：《嘉庆重修一统志》卷387《成都府》，北京：中华书局，1986年，第19255页。

宇记》所载为确。明、清时期双流县治均在成都西南，而宋因唐。那么便可排除唐宋时期双流县治在成都南的可能。至于双流（隋前之广都）县治何时迁徙至成都西南，目前资料还不足以证实。

　　唐广都城已为后世所发现，位于今双流区华阳街道古城村九组平坝上，在成都机器厂华阳分厂、威天化工厂、东寺小学之间，西距府河约 1 公里。民国《华阳县志》提到了该城址："唐宋广都即今之中兴场。父老相传，有县故城者是也。"[1]民国《双流县志》："在治东三十五里，乡人称为广都徙，城址尚存五六十丈"[2]。1981 年广都城遗址被公布为成都市文物保护单位。但由于缺乏考古调查，该城址内涵、时代并不清晰。故 1985 年《双流县志》将该城作为汉、唐广都城[3]。

　　1998 年，成都市文物考古工作队、双流县文物保护管理所对该城进行了考古调查和钻探，确认古城现存东、北两条正方向土埝。"遗址范围大致长方形，东西长 74 米、南北宽 67 米（应是指城墙残存长度——笔者注）……面积约 5000 平方米……北埝现存高度 1.1 米。"根据钻探到的遗物初步判断该城为隋唐时期[4]。2015 年，成都市文物考古工作队对该城址进行了复查，结合 20 世纪 60 年代的航片（图三），确定广都城整体呈长方形，南北长约 400、东西宽约 240 米，城墙总长约 1280 米，遗址范围约 96000 平方米。城址西侧原有一条河道，可能为护城河遗迹，现已不存。并在城内北部中央一平面略呈长方形台地上钻探到建筑遗迹。从钻探到的遗物来看，可确定该遗址为唐广都城，使用时间可能延续到宋[5]。通过两次调查可以确认华阳"广都城"为唐故城，距离成都天府广场约 19 公里，与《元和郡县图志》《大明一统志》《读史方舆纪要》《大清一统志》等文献记载的四十余里接近。应该是龙朔三年乔师望重奏所置广都县治。

　　所以，中兴场古城址为唐广都城。那汉广都城又在何地呢？

　　（三）汉广都城

　　汉时文献对于广都城具体位置失于记载。据《后汉书》可知，广都距离成都约五十里，"（吴汉）公从广都五十里悉步骑赴之"[6]。同书在叙述岑彭攻公孙述时也说，广都"去成都数十里"，唐李贤注曰："广都，县名，属蜀郡，故城在今益州成都县东南。"[7]

　　但《华阳国志》却说广都县在"郡西三十里"。刘琳先生以为"郡西三十里"当为"郡南三十里"[8]。同书《大同志》："特等相合得七百余人，夜袭之，因放火杀廞军略尽，进成都……文武散尽。廞独与妻子乘小船顺水至广都，为下人朱竺所杀。"[9]《晋书》也载："李苾、张征等夜斩关走出，文武尽散。廞独与妻子乘小船走至广都，为下人朱竺所杀。"[10]可见此事不虚。"江"当系"检江"或"郫江"，二江在南河口汇合[11]。据江流方向，广都城应在成都南，今府河下游。至迟晋代，广都城仍在成都南。

　　上文已经提到，《太平寰宇记》认为汉广都城在唐广都城北一十二里。《大明一统志》记载了三处广都

1. 陈法驾等修，曾鉴等纂：《民国华阳县志》卷 27，见《中国地方志集成·四川府县志辑》，成都：巴蜀书社，1992 年，第 351 页。
2. 刘佶等修，刘咸荣等纂：《民国双流县志》卷 1，见《中国地方志集成·四川府县志辑》，成都：巴蜀书社，1992 年，第 649 页。
3. 四川省双流县志编纂委员会编纂：《双流县志》，成都：四川人民出版社，1992 年，第 796 页。
4. （成都）市考古工作队、双流县文管所：《双流县广都遗址调查报告》，《成都文物》1991 年第 1 期。
5. 成都文物考古研究院：《成都广都遗址调查简报》，《成都考古发现》2015，北京：科学出版社，2017 年。
6. [南朝宋] 范晔：《后汉书》卷 18《吴汉传》，北京：中华书局，1965 年，第 682 页。
7. [南朝宋] 范晔：《后汉书》卷 17《岑彭传》，北京：中华书局，1965 年，第 662 页。
8. 刘琳：《华阳国志校注》卷 3《蜀志》，成都：巴蜀书社，1984 年，第 249 页。
9. 刘琳：《华阳国志校注》卷 8《大同志》，成都：巴蜀书社，1984 年，第 623 页
10. [唐] 房玄龄：《晋书》卷 120《李特载记》，北京：中华书局，1974 年，第 3024 页。
11. 刘琳：《华阳国志校注》卷 3《蜀志》，成都：巴蜀书社，1984 年，第 204 页。

城古迹："广都废县，在府城南四十五里……汉城在县东北十五里。晋城在县北十二里。"[1]《读史方舆纪要》则进一步认为，"广都废县，县东南七里。此唐所置之广都县也……龙纪初王建败西川将山行章等于广都，即此。宋仍曰广都县，元复省入双流。《一统志》：广都废县在府城南四十五里，唐所置即此城也。又有汉广都城在废县东北十五里。晋广都城在废县北十二里。似广都有三故城矣。"[2]《大清一统志》亦云："广都故城，有二。一在华阳县东南，汉置县，属蜀郡。晋永和中分置宁蜀郡。领广汉、广都、升迁、西乡四县。后周郡废。隋改广都县曰双流，而此城废。一在双流县东南，唐析置，属成都府。元省。"[3]《续通典》也说："唐广都县，置于汉故县西南十二里。"《四川通志》大致与《大清一统志》相同[4]。可见明清以来，在唐广都城的东北面十余里有一处城址，多以为是汉广都城。唐广都城东北面十余里则为中和场（今中和镇），明清时期属华阳县，后归双流县。

图三　唐广都城

近十年新发现的考古资料也愈发表明汉广都城在中和场附近。为配合城市基础设施建设，成都文物考古研究院在中和镇、华阳镇一带进行了大规模的考古调查、勘探和发掘，对该地域的遗迹分布有了详细的了解。

中和场一带多属于 20 世纪八九十年代的老建筑，地表为密集的水泥建筑和道路。近些年中和场一带新建设不多，缺乏对该地域的考古勘探，地下文物情况不详[5]。但中和场周边建设蓬勃发展，在配合建设勘探中发现大量汉代遗存。中和场西面、府河对岸一带（今天府一～四街一带）有较为丰厚的汉代堆积层，伴出陶瓮、钵、罐、盆等遗物。中和场南面也发现不少汉代遗存，近 50% 的建设项目内都勘探到汉代遗存，且

1. [明] 李贤等撰：《大明一统志》卷 67《成都府》，西安：三秦出版社，1990 年，第 1044 页。
2. [清] 顾祖禹：《读史方舆纪要》卷 67《四川》二，北京：中华书局，2005 年，第 3143～3144 页。
3. [清] 穆彰阿等：《嘉庆重修一统志》卷 387《成都府》，北京：中华书局，1986 年，第 19306 页。
4. [清] 常明、杨芳灿：《四川通志》卷 49《舆地》，成都：巴蜀书社，1984 年，第 1896～1897 页。
5. 中和镇原属双流县管辖，2010 年划归成都高新南区，考古勘探工作才由成都文物考古研究院直接负责，得以正常开展。

从南向北越靠近中和场一带汉代遗存发现越多，堆积越好。如新川创新科技园靠近红星路南延线一带有汉代遗址和淤积层，发现灰坑、沟等遗迹，出土瓦片、钵等遗物。长治南阳御龙府发现一处保存很好的汉代遗址，探沟中出土大量瓦片。从周边勘探情况来看，中和场一带应该会有大型汉代遗址发现。

遗址分布于平坝上，墓葬则主要发现于中和场东面山地上，基本沿着平坝边缘的丘陵山地分布。从成仁路东面的复地御香山到麓山大道北侧的香山半岛、半山艾马仕，穿过新川创新科技园、应龙湾至三圣乡成都烈士陵园一带发现大量墓葬，总数在万座以上，以东汉、六朝时期崖墓为主，还有战国、西汉土（岩）坑墓。从调查和发掘情况来看，已发现田家寺、广福村（复地御香山）、庙儿山（半山艾马仕）、寨子山、蛮洞子山、黄家官山、卢家冲、九龙山（来龙山）、谢家坟包、狮子山、凉风顶、魏家大山、板栗湾、板凳湾、李家岩、壕子口、彭主山、红花沟、娃娃山、唐家山、姚家山、新官山、老官山、陈家坟山、石牛山、应龙湾、三圣乡烈士陵园等墓地（图四）[1]，其中应龙湾墓地是一处大型的战国秦汉时期墓地，由数十个山包组成，墓葬密集[2]。墓葬总体分布规律与汉代遗址相近：越向北墓葬数量愈多，时代愈早，规模越大；向南则相反。战国墓地主要分布于红花沟以北至应龙湾一带；西汉岩（土）坑墓主要分布于三圣乡至卢家冲一带；东汉墓葬分布范围更广，但最密处还是在应龙湾一带；卢家冲向南以六朝崖墓居多，特别是最南端的田家寺墓地绝大多数为六朝时期墓葬。唐宋时期墓葬则越向南越多，因为越向南则距离华阳的唐代广都城越近。唐广都城附近遗存以唐宋为主，如广都城东面、寨子山汉代崖墓群西面发现了东寺村唐代遗址。

中和街道西面的平坝上也发现有部分汉代砖室墓、土坑墓，如骑龙村[3]、家益欣城[4]、伏龙村[5]、绿水康城[6]等汉代墓地。

从上文论述再结合图二可知，附近的汉代遗址和墓葬以老中和场为中心呈环形分布。此处地势平坦、开阔，土地肥沃；又临府河，有交通、商贸之利；北面不远则为蜀郡治所，又有政治之便，实为设立县治的绝佳之所。金秉俊曾经对汉代县城与墓葬距离进行过研究，"从整体上来看，西汉时期的墓葬主要分布在县城附近"，"东汉时期的墓葬与西汉相比，与县城距离较远的居多"[7]，从战国、西汉墓葬分布来看，县城亦应在老中和场附近。根据聚落分布规律，农业社会的墓葬区不会离居住区很远，且越接近聚落中心，墓葬数量便会越多。所以，根据墓葬和遗址的分布可知，中和镇一带有一处大型秦汉聚落，其中心大致在老中和场附近，从墓葬数量和遗址面积来看，显然非一般村落、乡里，很有可能达到县邑级别。

广都县虽建置于武帝时期，但县境内曾是蜀王都城所在，《蜀王本纪》言："蜀王据有巴蜀之地，本治广都樊乡，徙居成都。"[8]秦灭蜀后，广都县经济更为发达。《华阳国志·蜀志》言："（李冰）又识察水脉，穿广都盐井、诸陂池，蜀于是盛有养生之饶焉。"[9]繁荣的经济必然以大量人口为基础。中和场一带发现大量先秦墓葬，其时代以战国中晚期为主，少数可达战国早中期，可与《蜀志》相互印证。入汉以后广都县经

1. 资料暂存成都文物考古研究院。
2. 成都市博物馆考古队：《双流县中河乡应龙村东汉岩墓群发掘简报》，《成都文物》1989年第2期；成都市博物馆：《一九八四年第二季度文物考古工作简讯》，《成都文物》1984年第3期；后来配合非典医院建设，又发现一批东汉崖墓，资料存于成都文物考古研究院。
3. 资料存成都文物考古研究院。
4. 成都文物考古研究所、双流县文物管理所：《四川双流华阳镇"家益欣城"地点西汉土坑墓及唐宋砖室墓清理简报》，《成都考古发现》（2010），北京：科学出版社，2012年。
5. 资料存双流县文物保护管理所。
6. 成都市文物考古研究所、双流县文物管理所：《成都市双流县华阳镇绿水康城小区发现一批砖室墓》，《成都考古发现》（2003），北京：科学出版社，2005年。
7. 金秉骏：《汉代聚落分布的变化——以墓葬与县城距离的分析为线索》，《考古学报》2015年第1期。
8. 张震泽：《扬雄集校注》，上海：上海古籍出版社，1993年，第248页。
9. 刘琳：《华阳国志校注》卷3《蜀志》，成都：巴蜀书社，1984年，第210页。

济持续繁荣、人口继续增加，于是武帝时期置县、筑城。

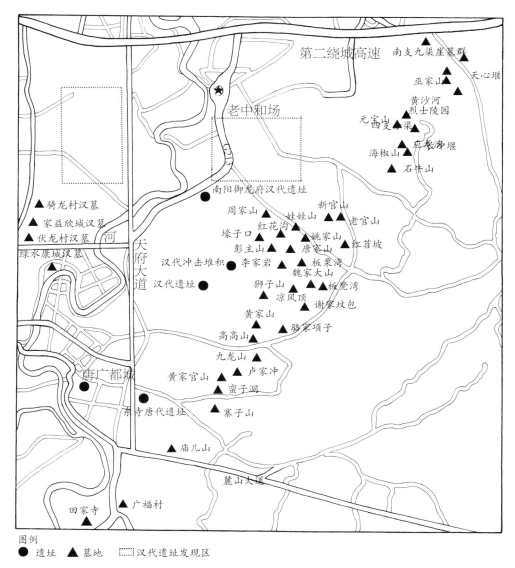

图例
● 遗址　▲ 墓地　□ 汉代遗址发现区

图四　中和场附近汉代遗迹位置示意图

（四）结论

由于文献记载简略，长期以来对于汉代广都城位置争论不休，一直未有令人完全信服的观点。而近来的考古发现为探索汉代广都城位置提供了重要信息。通过梳理历史文献再结合新近考古发现，大致可以将汉代广都城框定在中和场附近，唐广都城则在华阳镇古城村。由于近世基建繁多，中和场原貌不复存在，汉广都城城墙、护城河等地面遗迹难以寻踪，但是地下部分应该会保留一定线索，将来的考古工作中需要予以充分注意。

第三节　双流考古与历代墓葬考察

一、遗址

双流历史悠久，自新石器时代以来已有居民生活。河池遗址位于双流区华阳街道河池社区欣宇都市港湾楼盘西侧（现华阳街道滨江社区），是双流境内迄今发现年代最早的遗址。遗迹有灰坑、房址及墓葬。器物有大量陶器、石器。陶器陶质有泥制陶和夹砂陶两种，器形有花边口沿罐、高领罐、尊形器等。石器为磨制，器形有斧、锛等。时代约为"宝墩文化"第三期。

商周时期，发现的遗存增多，有三官堂遗址、长沙村遗址等。

汉代遗址发现不多。骑龙村遗址位于双流区华阳街道北，东临剑南大道，北靠锦江路四段，西邻四川文化产业职业学院，向南1000米左右即为江安河。成都文物考古研究所曾在该遗址试掘。堆积分4层，第4层为汉代文化层。陶片绝大部分为泥质灰陶，少量泥质红陶。器形有钵、豆、鼎、釜、瓮、罐、盆等。骑龙村遗址堆积较为单一，未发现遗迹，遗物也不丰富。年代为西汉时期[1]。该遗址距离田家寺崖墓群直线距离约7.4公里，距离中和场约7公里。

中和场的西面（今天府一～四街一带）、南面（南阳御龙府）在考古勘探中都发现有汉代遗存[2]。

二、汉代墓葬

双流区汉墓发现不少，主要有崖墓和砖室墓两种类型。其中崖墓发现最多，分布范围广。目前见报道的崖墓群主要有以下几处：

应龙湾崖墓群位于中和镇应龙村五组（现中和街道应龙社区），紧邻中柏公路。墓葬均开凿在应龙湾红砂岩石壁上，分布面积41527.78平方米。经1988、1989年两次清理，目前能够确认为崖墓的有6座，均为汉代，部分被多次盗掘。崖墓有单室墓与多室墓两类，由墓道、墓门、墓室、龛组成，弧形顶，用花纹砖或石条封门。室内有排水设施。出土陶罐、甑、釜、碗、钵、灯、案、仓、灶、井、房、钱树座、马、狗、鸡、俑及铜带钩、顶针、铃、弩机、箭镞、五铢钱、大泉五十、铁锄、铁刀等器物[3]。

鸡翅拐崖墓群位于黄龙溪镇古佛村七组，老双黄路西侧崖壁上，鸡翅拐崖的东坡。东坡下为公路、府河。鸡翅拐崖墓群为东汉时期。南北绵延数公里，崖墓密布于山腰，总分布面积7860平方米。目前地表可见崖墓13座，修建公路和盗掘使多处墓葬被扰乱，破坏严重，部分崖墓现暴露在外。1983年12月成都市博物馆考古队曾在此发掘了两座崖墓，出土有陶棺、陶俑、铜玺等。器物现存成都市博物馆。

磨子山崖墓位于三星镇河山村北300米磨子山上。墓葬开凿于山体半山腰，高出地面2.1米，红砂岩质。一座墓葬已暴露，该墓墓口朝东，占地面积80平方米。原由墓门、1个主室和7个侧室组成，早年盗掘使墓门被损，墓室被严重扰乱。墓门高0.7米；主室平面呈正方形，边长5.1米，室内正中心有一根八棱柱，周长2.23、高1.6米；7个侧室平面呈长方形，约长2、宽1.5米，总面积60约平方米。原"二普"时曾于主室发现瓦棺材盖1件，长2.27、宽0.6、厚0.2米。据墓葬形制确定该墓为东汉时期[4]。

龙灯山崖墓位于永安镇新街村北1公里处的龙灯山崖壁上。发现崖墓1座，距地面约3米。墓门高1.5、宽1米，拱形顶，甬道长2、宽1、高0.6米。主室长3.7、宽1.68、高1.5米。耳室长3.46、宽2.52、高1.5米。出土器物有陶罐、五铢钱等[5]。

何家埂崖墓群位于大林镇小堎沟村南2公里处。在长80米，距地面约5～10米的崖壁上，发现崖墓9座。以M4为例，该墓为多室墓，由主室、左室、右室组成。平顶，带三层门楣。主室长10.1、宽2、高2.1米。

1. 成都文物考古研究所、双流县文物管理所：《双流县骑龙村"四川社会科学馆"汉代遗址发掘简报》，《成都考古考古发现》2014，北京：科学出版社，2016年。
2. 资料存成都文物考古研究院。
3. 国家文物局：《中国文物地图集·四川分册（上）》，北京：文物出版社，2009年，第124页。（《成都文物》1989年第2期有对此次工作的简述）
4. 关于墓地和相关遗存的描述，基本遵照原简报，部分器物定名可能存在的问题，但无确证，只有遵从原文。
5. 国家文物局：《中国文物地图集·四川分册（上）》，北京：文物出版社，2009年，第12□页。

左室长 4、宽 1.3、高 1.5 米。右室长 3.4、宽 3.5、高 1.5 米[1]。

小河村崖墓群位于籍田街道小河村东 500 米处。在长约 500 米，距地面约 10 ~ 15 米的崖壁上，发现崖墓 5 座。以 M4 为例，该墓与 M5 相通。墓门高 2、宽 1.5 米。墓室长 2.5、宽 2、高 2 米，拱顶。葬具为陶棺。出土器物有陶鸡、马、俑等[2]。

前进村崖墓群位于中和街道前进村。1984 年，省石油局总医院基建施工中发现东汉崖墓 3 座。M1 出土器物有陶碗 2 件，陶罐 3 件，陶钵 1 件，陶庖厨俑 1 件，铜筷 1 双，银指环 1 件，筒瓦 2 件，汉砖 2 块，五铢钱 8 枚，货布 1 枚，货泉 2 枚，大泉五十 1 枚；M2 出土陶说唱俑 2 件（残），五铢钱 2 枚；M3 出土铜摇钱树干 3 件[3]。

九倒拐崖墓群位于胜利镇白塔村（现白塔社区），紧邻牧山干渠燕子窝电灌站，西距大件路约 200 米。墓群开凿于南北长 2300 米，东西宽 30 米，距地面约 15 米的山体半山腰上，共 76 座，占地面积 4500 平方米。1964 年修牧马山干渠时发现，当时一些墓葬已被盗，随即四川省考古队对部分墓葬进行了发掘，所发掘墓葬有汉代崖墓，出土器物有陶房、陶俑、陶鸡、铜剑等。已发掘墓葬有多种形制，但多被盗空。据"二普"资料记载，其中 M56 墓口朝西，单门楣，宽 1.35 米。有四室，前室长 14.9、宽 6.3、高 1.8 米，有一周长为 2.51 米的八棱石柱立于室中，南北壁各开 1 龛；侧室长 8.48、宽 2、高 1.96 米，一壁开一龛；中室长 9、宽 8、高 1.8 米；后室长 2.3、宽 1.155 米[4]。

东寺村崖墓群位于华阳街道东寺村六组（现华阳街道位于今新川创新科园内），沙河段浅丘与平原接壤的山梁边，东距东寺村通村公路 20 米。山梁由北向南呈弧线形走向，山梁下有现代民居、树林。该墓群分布在长约 500 米的山梁西侧，分布面积 12000 平方米。红砂石质，利于人工开凿。可见的墓葬 30 座，基本已被盗。因盗掘形势严峻，2007 年 7 月至 9 月，成都市文物考古队与双流县文管所联合对其中一座被盗崖墓进行了发掘，该墓由墓道、甬道、墓室、两侧耳室组成，墓口向东，墓道长 20 米，甬道长 8 米，出土了画像石棺 2 具及其他随葬品。其他残墓内可见部分典型陶棺、陶罐残片及汉花纹砖碎块。

庙山村崖墓群位于新兴街道庙山村六组，清水堰西北侧的一个小山坡中部，中心地理坐标为东经 104° 08'137"、北纬 30° 33'21.3"，海拔 487.7 米，山坡周围为农家院落和庄稼地，于 2008 年 2 月"三普"工作时发现。随后由成都文物考古研究所会同双流县文物管理所对崖墓进行了抢救性发掘。共清理崖墓三座，均开凿于山坡中的红色岩石中，该岩石带沙性不坚固，有脱层现象。其中 M1 为"甲"字形墓，由长方形斜坡墓道、墓门、甬道、主室、北侧室、南侧室组成，墓向 50°，主室长方形，长 4.08、宽 1.4、高 1.8 米，顶部为平顶，底部略倾斜，前低后高。北侧室位于主室北壁的后部，近似正方形，宽 3.08 ~ 3.22、高 1.8 米。北侧室有一个壁龛，长方形，长 0.84、高 0.4、进深 0.4 米。龛高出北侧室底部 0.9 米。墓室门用石块封堵，石块大小不一。随葬器物有陶钵 3 件、陶耳杯 3 件、陶灶 2 件、五铢 10 枚等，时代推断为东汉早、中期。M2、M3 由于破坏严重，未进行完全发掘[5]。

庙儿山崖墓群位于华阳街道广福村庙儿山。2011 年成都文物考古研究所、双流县文物管理所对其进行了勘探和发掘。经勘探发现崖墓 94 座，已清理 89 座。墓葬分为单室墓和多室墓。单室墓较小，长度多在 5 米以下，平面呈凸字形，一般由墓道、排水沟、墓门、墓室、棺台等组成，有些带有壁龛。墓道相对较短，

---

1. 国家文物局：《中国文物地图集·四川分册（上）》，北京：文物出版社，2009 年，第 124 页。
2. 国家文物局：《中国文物地图集·四川分册（上）》，北京：文物出版社，2009 年，第 124 页。
3. 成都市博物馆：《一九八四年第二季度文物考古工作简讯》，《成都文物》1984 年第 3 期。
4. 国家文物局：《中国文物地图集·四川分册（上）》，北京：文物出版社，2009 年。
5. 成都文物考古研究所：《成都市双流县庙山村崖墓发掘简报》，《成都考古发现》2007，北京：科学出版社，2009 年。

长3～7米，还发现有竖穴墓道；排水沟多位于墓道的一侧，也有位于墓道中部者；门框稍加修整，多为单重，少数两重；墓顶多呈平顶，有些为弧形；棺台位于一侧，或左右两侧都有；墓内葬具多为木棺或其他木质葬具，几乎不见陶棺；随葬品很少，一般为罐、灯、钵、釜等。多室墓以中型为主，由墓道、排水沟、墓门、主室、侧室（或是前后室）、棺台等组成，有些带原岩石灶和中心柱。多室墓可分成两类：一是在主室一侧开一至两个侧室，此种多为小型墓；一种是前后室，也有的前后室分别带有侧室，侧室内带龛和棺台，这类墓道较长，多在6米以上，有些墓道的近墓门处有天井；排水沟位于墓道一侧；门框有1至3重；仅M87发现有图像装饰，柱子中间刻画有熊、鱼等图像，房屋底部镂空；葬具多为陶棺，最多的墓内有四具陶棺，木棺发现较少。出土器物数量较多，以陶器为主，有罐、釜、灯、钵、瓮、灶、井、鸡、狗以及人俑等；铜器有镜、弩的扳机、构件等；钱币有大泉五十、货泉、五铢等；有些墓葬中发现有漆皮，可能是漆器。发掘者推测这批崖墓的时代为东汉早中期[1]。

沙河村崖墓位于华阳镇沙河村（现华阳街道沙河社区）。1985年11月，省石油工程二处在此扩建配电房时发现该崖墓，随后成都市博物馆考古队进行了抢救性的发掘。该墓北面临山，墓室布局呈“品”字形，通过甬道连接三室，按清理顺序依次编为Ⅰ、Ⅱ、Ⅲ室。Ⅰ、Ⅱ室大小分别为长4.75、宽2.40米，长4.75、宽3.10米。Ⅱ室连接甬道处均凿为门框状。在靠近南侧各有一砖棺，棺内壁长1.80、宽0.50米。其中，Ⅱ室砖棺为长方形菱形花边砖砌成，Ⅰ室以带榫卯的楔形砖砌成。在Ⅱ室西壁有一长1.20、宽0.25、高0.40米的壁龛。Ⅲ室隔甬道与Ⅱ室相对，其大小为长8.00、宽1.75米。南壁有一长2.20、宽1.00、高0.40米的壁龛。室内二具素面陶棺，其一在近室口，下垫四匹青砖；另一在室之中央，棺、盖分离。室顶为平顶。甬道沿东北方向向山边伸延，方位为北偏东34°，修造方式是从甬道口凿天井。墓室内已严重扰乱，出土器物分布零散，且多为残破，其中陶罐11件、陶釜4件、陶钵3件、豆、井、灶、田、灯等各1件；陶俑6件；铜背罐鸟1件，尾、足残，尖嘴，秃头，背上有一瓶状物，空心，残高6.8厘米；还有五铢、货泉等钱币。该墓推定为凿于东汉早期，延续使用至东汉中期甚至更晚[2]。

黄佛村崖墓群位于黄龙溪镇黄佛村南2公里，大部处于双流县南部直到彭山县北部的牧马山山脉上，部分处于黄佛乡古佛大队、嘉禾大队的交界处（当时建置）。1983年民工在此开山筑路时发现，随后成都市文管处于1983年12月至次年1月进行了抢救性发掘清理。一共发现东汉崖墓四座，编号分别为古嘉一号、二号、五号、黄龙一号；三国时期墓葬一座，为古嘉四号。墓葬均由通道、甬道、墓室三部分组成。墓室大都凿刻得比较规则，有方形或长方形的主、侧室，墓道呈斜坡形状。其中古嘉一号，墓道已无。现存墓门、甬道、主室、北侧室和主室南壁棺台。并设排水沟措施。为五棺合葬墓，其中一棺已倾倒于棺台上，疑是被盗后翻倒所致。出土器物主要有：铜镜一面，“五铢”钱数枚，陶器有盘、俑（持铲俑、持箕俑、服侍俑、武俑）以及钵、灯、狗、鸡等。另外还有大口器、平底器、瓮、甑、罐等器物残片和一锈残的铁农具。古嘉四号，由甬道、主室、北侧室、南侧室和主室前部分南壁棺台构成。为双棺合葬墓。甬道南侧有用卵石砌成的排水沟。在距墓门内一米处发现有三面大小不同、纹饰不同的铜镜残片，而在北侧室又发现一面完整的铜镜，这些铜镜（包括残片）厚薄不一，并无锈迹，光泽照人。其他出土遗物还有“巨胜”钱、“直百五铢”、“五铢”铜钱及盂、釜等。铁器有带环的刀。陶器有俑、房、钵、罐、瓮、甑、鸡、鸭、猪等。从出土的蜀汉钱币等遗物分析，此墓或为蜀汉墓葬。黄佛村崖墓墓葬形制较简单、出土遗物不多，与本市金牛区天回山

1. 成都文物考古研究所、双流县文物管理所：《双流县华阳庙儿山东汉崖墓》，《中国考古学年鉴》2012，北京：文物出版社，2013年。
2. 李加锋：《双流华阳乡沙河村崖墓发掘简报》，《四川文物》1991年第6期。

以及新津、彭山等地的东汉崖墓在结构上有所不同[1]。

关门山崖墓群位于万安街道东林村西 1 公里处。开凿于长 10 米，距地面 5 米的崖壁上。发现崖墓 3 座。墓向朝北。以 M1 为例，单门楣，墓门高 1.7、宽 1.38 米。由前室、主室、后室和耳室四部分组成，带壁龛。墓顶平顶。残存陶棺盖，长 0.73、宽 0.45、厚 0.22 米。出土有陶罐、陶房、陶瓦等残片[2]。

牧马山崖墓群位于胜利镇境内牧马山西麓的燕子窝提灌站。1957 年 11 月，四川省博物馆为配合兴修牧马山灌溉工程，对该区域进行了调查发掘工作。共清理古墓 21 座，其中东汉崖墓 10 座，南北朝崖墓 11 座。东汉崖墓分为单室墓与双室墓，每墓均有排水沟。葬具有瓦棺和木棺两种，保存完整者很少，其中大部分墓葬曾被盗扰。10 座墓中仅 M12 和 M19 无随葬器物，其余 8 座墓均有，多者达 58 件，少者仅 4 件，共 415 件。各墓所出的随葬器物，均以陶器为最多，可辨器形有罐、釜、盆、钵、盌、盒、灯、耳杯、鼎、钟、瓿、缸、鉴、案、纺轮、井等，另有田塘、灶、房等模型器，此外还出陶俑 52 件，动物模型 33 件。俑可辨有舞俑、背物女俑、侍从俑、持箕帚俑、抚琴俑、抚耳俑、庖厨俑等。动物模型可辨有鸡、鸭、狗、猪。其次是铁器、铜器等，铁器可辨器形有镢、镰、斧、凿、刀、镞、矛、剑、釜、权等，铜器可辨有釜、弩机、镜等，钱币以五铢钱为主，另有半两、大泉五十、货泉。南北朝崖墓墓室依山岩凿成，无墓道、结构简单。墓室略似一长方形，前窄后宽。斜长方形墓口，墓口前有长方门框，其厚度不一致。门框内有封门砖，但皆不全，仅残存少部分。墓砖或有花纹，或有"建安"年号，亦有汉砖、晋砖。随葬器物主要以陶器、模型器为主，陶器可辨器形有罐、盌、钵、釜、瓿、杯、灯、鸡圈等，模型器可辨有鸡、狗、镇墓俑等。此外，还出土有铁剪、铜锅、铜环、玛瑙珠等。钱币有少量"剪边"五铢、"直百五铢""定平一百"。墓砖可分花纹砖和文字砖两种。花纹砖的砖侧有方格纹，砖长 0.34、宽 0.17、厚 0.06 米。字砖上面有"建安五年……"等字，砖长 0.36、宽 0.17、厚 0.06 米。墓室内铺有铺地砖，砖的大小与门砖同，部分砖上亦有"建安"年号。墓门外有排水沟[3]。

从发现的崖墓来看，主要有两个分布带：一处沿着牧马山山脉分布，另一处沿着锦江分布，从中和到新兴、籍田、黄龙溪一带。

汉代土坑墓和砖室墓主要位于平坝上。已发现以下几处。

伏龙村墓群位于华阳镇伏龙村西侧家益欣城楼盘（现华阳街道伏龙社区），当地俗称"吴家大坟包"，西距天府大道北段约 1 千米，东临锦江，南与翠拥大道及"慕和南道""绿水康城"等住宅小区对望。共清理出西汉竖穴土坑墓 2 座。其中 M13 距地表深约 2.1 米，墓向 160°。墓葬平面呈长方形，长 3.14、宽 1.64、残深 0.14～0.26 米。墓圹四边残留有白膏泥，墓室内填黄褐色花土，土质紧密有韧性。墓室南面留有生土二层台，宽 0.64、高 0.1 米。墓底残存木炭灰烬，可能属于木质葬具的痕迹，之下铺有 2 厘米厚的白膏泥垫层。两座西汉土坑墓出土器物以陶器为主，可辨器型有盆、鼎、瓮、罐等。另有铜车轮 1 个，直径 5.7 厘米；铁器有斧、剑；钱币发现"半两"和"五铢"两种。7 座汉代砖室墓破坏严重，随葬品亦基本无存[4]。

青杠村墓群位于双流区东升街道以东约 5 千米处，西面紧邻成都双流国际机场，东与西南民族大学新校区相望，南临大件路。2008 年 9 月，该地规划纳入双流国际机场新航站区建设范围内，成都文物考古研究所和双流县文物管理所在此共调查发现了 5 处封土包，分别编为一号至五号。2009 年至 2010 年，为配合成绵乐铁路机场段的兴建，成都文物考古研究所与双流县文物管理所联合对一、二号墓地开展了正式的考古

1. 毛求学：《双流黄佛发现崖墓》，《成都文物》1984 年第 3 期。
2. 国家文物局：《中国文物地图集·四川分册（上）》，北京：文物出版社，2009 年，第 123 页。
3. 邓伯清：《四川牧马山灌溉渠古墓清理简报》，《考古》1959 年第 8 期。
4. 成都文物考古研究所、双流县文物管理所：《四川双流华阳镇"家益欣城"地点西汉土坑墓及唐宋砖室墓清理简报》，《成都考古发现》（2010），北京：科学出版社，2012 年。

发掘。

一号墓地，当地称之山坡岭，所在原为青枫村四组，中心地理坐标北纬30°34'09"，东经103°57'25"。现为一处平面近椭圆形、最高处高出周围地表2～3米的巨大土墩。共清理出墓葬35座[1]。这批墓葬以汉代墓葬为主体，共五组30座，每一组有彼此独立的茔域范围，且朝向趋同，代表了一个家族墓地。第Ⅰ组墓葬：位于发掘区中部和北部，共13座，均为砖室墓，年代跨度从王莽至东汉中晚期，分别编号M1～M7、M12～M17。其中M1年代最早，相当于王莽之际，为带斜坡墓道的单室砖墓，墓道平面呈长方形，底为斜坡状，砖砌封门。墓室平面呈长方形，券顶用扇形砖横联。墓内有三具瓦棺，棺内人骨无存，葬式不明。出土陶器、铁器、钱币等遗物20余件。第Ⅱ组墓葬：位于发掘区南部，共9座，包括砖室墓和土坑墓两种类型，年代跨度从西汉中晚期至东汉初，分别编号M11、M19～M21、M28～M32。其中M30年代最早，约在西汉中期偏晚（武帝元鼎四年至昭宣之际），为竖穴土坑木椁墓。封土大部分被破坏，平面轮廓可辨为方形。墓圹及椁室均呈长方形，椁室内南部残存木棺一具，棺内人骨无存，葬式不明。出土遗物有陶器、铜器、漆器、钱币四类，部分陶器上带有漆绘装饰。第Ⅲ组墓葬：位于发掘区中部偏南，共4座，包括土坑墓和砖室墓两种类型，年代在西汉中晚期，分别编号M10、M25～M27。其中M27年代最早，约在西汉中期偏晚（武帝元鼎四年至昭宣之际），为竖穴土坑木椁墓。封土保存较完好，立面为双重覆斗形。墓圹及椁室均呈长方形，椁室内西部保存有三具木棺，棺内人骨无存，葬式不明。出土遗物有陶器、铜器、铁器、石器、钱币五类，部分陶器上带有漆绘装饰。第Ⅳ组墓葬：位于发掘区中部，仅M18一座，为竖穴土坑木椁墓，墓葬年代在西汉中期偏晚（武帝元鼎四年至昭宣之际）。封土保存较完好，立面为双重覆斗形。墓圹及椁室均呈长方形，椁室内分厢成东、西两部分，西部放置两具木棺，棺内人骨保存差，仅发现有零星的牙齿，葬式不明。出土遗物有陶器、铜器、铁器、玉器、竹编器、钱币六类，部分陶器上带有漆绘装饰，玉器出土于北棺内，一套共9件，可辨有心形玉佩、玉璜、玉环、舞人形佩玉、爪形佩玉等。第Ⅴ组墓葬：位于发掘区北部，共3座，包括土坑墓和砖室墓两种类型，年代约在西汉中晚期，分别编号M33～M35。其中M35年代最早，约在西汉中期偏晚（武帝元鼎四年至昭宣之际），为竖穴式土坑木椁墓。封土保存较完好，立面呈双重覆斗形，墓圹及椁室均呈长方形，椁室内西侧放置两具木棺，人骨保存状况差，仅北棺内可辨别痕迹，为仰身直肢葬。出土遗物有陶器、铜器、铁器、钱币四类，包括一枚铜印章，出土于北棺人骨右肩部附近，为龟钮覆斗形，印面刻"王君之印"四字。在第Ⅴ组墓葬的南侧揭露一处房屋建筑址，编号F1，平面轮廓呈长方形，墙体使用土坯垒砌，房屋内地表及墙体外侧散落大量绳纹瓦和卷云纹瓦当等遗物，屋内中部偏西处发现有一处灶膛，西墙外侧清理出一条用筒瓦构筑的排水管道。从F1在整个墓地中的方位看，其正好处于该组墓葬封土的正前方，直线距离仅2～3米，可能属于墓前的"祠堂"建筑或其它具有祭祀性质的附属设施。

二号墓地 位于青枫村五组，中心地理坐标为北纬30°34'03"、东经103°57'09"，海拔491米，为一处人工垒筑而成的台地，平面大体呈圆形，共清理出汉、唐、宋代墓葬17座。其中汉墓7座，均为砖室墓，其中M1～M5大致排列于一条直线上，M6和M7则位于它们的南面。这些墓葬的施工方式是先在地面筑起一夯土平台，再在夯台上开挖竖穴土坑，随后在墓穴内砌砖墙和券拱，最终垒筑封土将墓葬封闭覆盖。M6位于台地中部偏南，为凸字形券拱砖室墓，由墓圹、墓道、甬道、墓室四部分组成。墓圹长8.27、宽2.63、残深0.8米。墓道残长0.68、宽1.00、残深0.18米。甬道位于墓室之前，平面呈方形，长1.61、宽2、残高0.3米。墓室为单室结构，平面呈长方形，长6.48、宽2.45、残高0.3～0.42米。四壁直墙采用平砖纵向错缝抹泥砌筑，厚0.22米。墓底平铺一层砖，为横向错缝式。墓砖均为长方形实心花纹砖，两侧模印无边框的

---

1. 资料存成都文物考古研究院。

连璧纹图案，规格为长 33、宽 22、厚 6 厘米。出土器物大多集中于甬道和墓室前部，有陶罐、陶井、陶仓、陶俑、陶鸡、五铢钱等。5 具陶棺摆放于墓室后部，前排 2 具，后排 3 具，陶棺之下垫有数块墓砖，棺间出土铜环与少量五铢、货泉。7 座汉代墓葬共出土陶器 60 余件，主要有生产生活用具、陶俑、动物模型三类，另有红砂石羊 2 件，钱币 14 枚，铜器有摇钱树残片及 1 鎏金铺兽[1]。

乌龙村墓群位于华阳街道乌龙村绿水康城小区，当地俗称"江西坟"。在 20 世纪 70 年代改土时，台地大部分被挖掉，东北部又被挖成鱼塘，现仅存一小部分。2001 年 12 月，在配合城市基建过程中发现，随后成都市文物考古研究所会同双流县文物管理所进行了文物勘探发掘。共发现墓葬 38 座，均为砖室墓。汉墓包括 M1 ~ M3、M12 ~ M15、M19、M21 ~ M24、M26 ~ M28、M30、M34、M35、M38，墓室建筑方法相同，墓壁皆是在铺底砖上以顺砖错缝平砌而成。其中 M22，墓室结构较为特殊，该墓为长方形双室墓，两室并列，但两室大小不一致，两室共用一券拱顶，两墓室长均为 4.7 米，东室宽 0.6 米，西室宽 1.6 米，墓室残高 0.9 米，两室底部皆顺铺一层砖，基顶为横向并列连拱顶，以扇形砖建成。墓门在西室南壁，墓葬南部为一变电房，墓道未作清理。墓砖为素面砖，规格为长 31 ~ 37、宽 20、厚 6 厘米，或为长 40、宽 18、厚 8 厘米，墓向 235°。两墓室内未见葬具。西室西南角随葬 3 件陶钵，东南部随葬 1 件陶钵，底部散落 3 件货泉。东室随葬 1 件陶罐、4 件陶钵。19 座汉代墓葬出土器物有罐 28 件、仓 2 件、俑 10 件以及铜器、钱币等，其中铜弩机 1 件，通长 12.4、通高 11.5 厘米。乌龙村汉代砖室墓年代偏早，对研究四川地区砖室墓的起源意义重大[2]。

骑龙村墓群位于华阳镇北（现华阳街道骑龙社区），府河西岸的台地之上，北距成都市区约 7.5 千米。西临剑南大道，南临华府大道，东面与"家益欣城"点汉 ~ 宋墓群紧邻，中心地理坐标为东经 104° 02'52.3"、北纬 30° 31'59.6"，平均海拔 483 米。2009 年 2 月由于城市基础建设的需要，文物部门对其建设区域进行勘探时发现。同年 3 月，成都市文物考古工作队、双流县文物保护管理所对其进行抢救性考古发掘。共发现清理土坑、砖室墓 36 座，时代从西汉延续至南宋。骑龙村墓群原为一座人工垒筑的大型土堆，平面近椭圆形，东西长 122、南北宽 75 米，高出四周地表约 2.2 米，墓群总体呈东西向分布。汉代墓葬主要位于土堆地势较高处，唐宋墓葬则集中于土堆的东面和东南面地势低洼处[3]。

双流境内这些汉晋时期墓葬的发现为讨论田家寺墓葬形制、葬俗、时代等问题提供了可靠的参考。

第四节　田家寺崖墓群考古发掘与整理经过

一、发掘经过

2012 年 7 ~ 9 月，为配合成都传媒集团建设，成都文物考古研究所、双流县文物保护管理所对田家寺墓地进行了抢救性的考古发掘。发掘前，先根据崖墓分布及地形特点，环山布设探沟，确定墓葬数量及分布，然后逐墓清理。墓葬清理从外至内，先清理墓道，然后沿着墓室向内逐个墓室清理。由于墓葬大部分被扰乱，墓门封石、砖被破坏，墓内多有大量淤土。器物被扰乱，大多散乱于扰土之中，但仍按照墓室来收集、记录

1. 成都文物考古研究所、双流县文物管理所：《四川双流县青枫村汉、唐、宋代墓地发掘报告》，《成都考古发现》（2010），北京：科学出版社，2012 年。
2. 成都文物考古研究所、双流县文物管理所：《成都市双流县华阳镇绿水康城小区发现一批砖室墓》，《成都考古发现》（2003），北京：科学出版社，2005 年。
3. 成都文物考古研究所、双流县文物管理所：《双流县华阳镇骑龙村"欧香小镇"唐宋墓葬发掘简报》，《成都考古发现》（2011），北京：科学出版社，2013 年。

器物，以方便修复、整理及后续研究。

考古领队为索德浩，发掘人员有索德浩、李国、刘守强、张成俊、杨兵、杨永鹏、胡义等。现场照片由索德浩负责拍摄。

二、资料整理以及报告的编排

田野结束后不久即转入室内整理工作，首先对器物进行清洗，然后修复、拓片、绘图、照相。

器物号原则上以田野发掘的编号为准，但是器物出土时多是碎片，形制不是很清晰，所以出现了一器多号、多器一号或者无号的问题。整理时候采取了不动原来编号的原则，对多器一号或者修复出未编号的器物，从最后一个号续编；一器多号，多是因为发掘时将同一个器物编成了多个号，后被修复出来，应以第一个号为准，其它的编号空出，但不重新编入器物；或者有些编号根本无法修复和辨认也予以保留，尽量保汪田野发掘时器物出土顺序和面貌，保证器物不会因为整理而被人为移动位置。出于扰土中、无法确定位置的器物，一般编在有位置的器物之后。

崖墓方向以墓道方向为基准。土坑（岩坑）墓以头向为基准。无墓道或人骨，仅将正北方向标注于图上。

器物定名和描述以客观为原则。尽量复原该器物的汉代名称，如果有些器物无法做到，则采取约定俗成的名称。

本报告分成三个部分。第一章主要介绍田家寺墓地和所在地双流县的地理环境、历史沿革、历年来县境内汉晋墓葬及遗址的发现情况。然后介绍田家寺墓地的发掘经过、资料整理和编写情况。历史地理环境的介绍为读者认识田家寺墓地情况提供一个大致背景。双流区境内遗存的发现有助于了解双流地区考古发现及同时期墓葬资料信息，田家寺墓地的发掘经过和资料整理过程的介绍有利于读者复原发掘、整理过程，更深入地了解田家寺墓地相关现象。

第二章对墓葬资料进行详细的、客观的报告。先介绍墓葬位置、保存状况、发掘情况，再介绍每座墓葬形制、及出土器物，器物按照陶、铜、铁、金银等质地逐类叙述。尽量将发掘中的所有遗迹现象和遗物都写入报告中（部分过于破碎、无法看出形制者除外）。器物按照现代考古学术语进行描述。一般先描述质地，然后再自上而下对器物各部特征进行客观叙述，尽量减少编写者的主观认识和判断。

第三、四章是墓葬的初步研究。先对墓葬形制、器物进行初步的类型学研究。然后比较成都、四川及中原地区相关墓葬，结合墓地出土的钱币等具有时代特征的器物对墓葬进行分期和年代研究，最后探讨墓地布局、开凿、成汉俑等问题。

本报告的体例参考众多优秀报告的成果，结合目前报告的流行做法，既希望能减少笔者的主观判断并能详细、客观报告墓葬发现情况，又希望能在此基础上对墓葬进行初步的研究，将笔者在墓葬发掘、整理研究中的一些想法表达出来，有利于读者对于田家寺墓地有更深入的了解。

第二章
墓葬分述

田家寺墓地由东、西两座山组成，主体由侏罗纪红砂石构成。东山为一近圆形丘陵。南、东、西三面原为冲沟，现已经开垦为农田和鱼塘。西山仅有东坡局部位于建设区域内。由于建设方对山体清理过表土及杂草，部分墓葬被机械破坏。

东山山体高约31米，北面部分被成仁路破坏。地表覆盖黄土和红褐色沙土，黄土主要分布于山顶部分，山坡上为红褐色沙土，土厚约0.2~1米。地表上原种植庄稼。山顶有一户民居。该山上墓葬发现最多。崖墓主要发现于东、西坡（图六）。西坡有M16、M29~M37，东坡有M17~M28。从四川崖墓分布规律来看，北坡面江处崖墓分布应该最为密集，但北坡大部被老成仁路破坏，仅残存M39~M42四座崖墓。明清时期墓葬主要位于西坡上部，有M5~M13、M15、M38，山顶上仅发现M14。

西山，当地称为青龙嘴。仅东坡局部位于建设区域，该区域内发现崖墓四座，M1~M4（图五）。

田家寺墓地共发现墓葬42座。其中崖墓30座，明清时期土（岩）坑墓12座。下面逐墓叙述。

第一节　2012SHTM1

一、墓葬形制

位于西山山坡东侧，东北邻M4。墓顶大部被破坏，墓道上部部分破坏。

单室墓，由墓道、墓门、甬道和墓室组成（图七；彩版一，1）。墓向50°。

墓道位于墓室东部，平面呈梯形，内宽外窄，剖面呈三角形。底部西高东低，由内向外倾斜，利于排水。残长4.1、宽1~1.6、最高处1.2米。

排水设施位于墓道底部中轴线上，始于墓门处，穿过墓道，通向墓室外。先开凿沟槽，上面覆盖一层红砂石，前部盖石不存。排水沟平面呈长方形，剖面呈长方形。残长4.32、宽0.2~0.32、深0.1米。

墓门位于墓室东部，正视呈长方形。门洞宽0.94、高0.8米。门外侧凿有单层门框，宽1.12、进深0.24米。墓门处有一台阶，墓室内较墓道高0.14米。墓门已经被打开，封门情况不详。

墓室平面略呈梯形，内窄外宽，长2.6、宽0.66~0.94、高0.86~0.96米。底部西高东低，由内向外倾斜，以便排出墓内积水。墓顶为平顶略带弧形。墓内填满淤土，底部为黄褐色土，上层为红褐色沙土。

墓道南北两壁用尖凿由东向西开凿并修整，凿痕宽0.8~1厘米。墓门门框可见尖凿留下的点状凿痕，凿头宽0.2~0.4厘米。墓室南北两壁用尖凿由东向西开凿并修整，西壁可见尖凿留下的点状凿痕。墓底及墓顶用尖凿由东向西进行修整，可见稀疏凿痕。

未发现人骨。葬具已完全腐朽，但在墓室中部发现少量铁棺钉，推测葬具为木棺。

出土随葬品共3件，包括陶罐1件、瓷碗1件、铜錾1件。其中陶罐和瓷碗放置于墓门中部，铜錾发

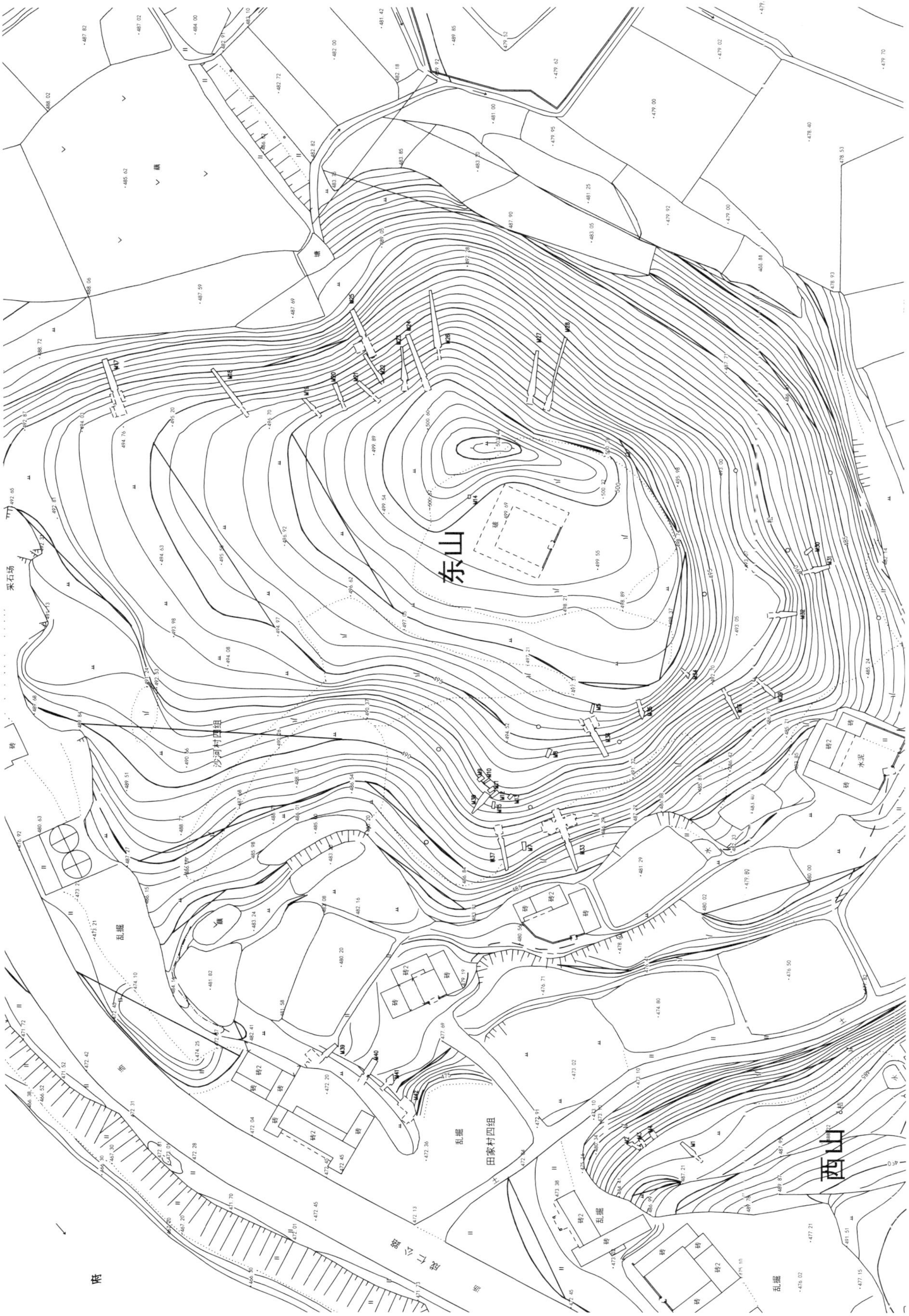

东山

西山

图五 华阳崖墓平面分布示意图

19

图六　田家寺墓地发掘后情况

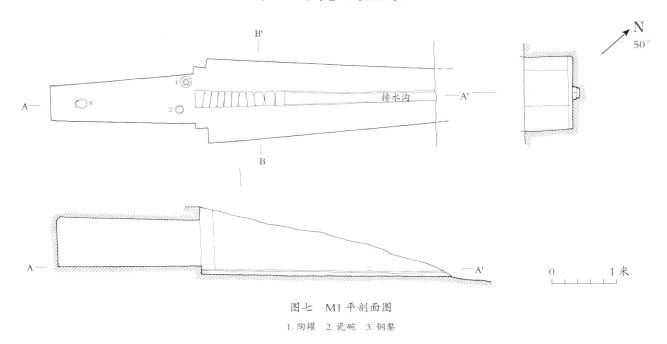

图七　M1 平剖面图
1. 陶罐　2. 瓷碗　3. 铜鍪

现于墓室后端西南角。

二、出土器物

1. 陶器

罐 1 件。M1:1，夹细砂灰陶。侈口、厚圆唇、束颈、圆肩、上腹部圆鼓、下腹斜收、平底。肩部饰两

20

圈凹弦纹。器身轮制。口径 10、
底径 11.8、高 15.2 厘米（图八 ,1；
彩版三七，2）。

2.瓷器

碗 1 件。M1:2，灰色胎，器
物外壁及内壁口部附近施灰白色化
妆土，上饰青釉，釉面脱落。敞口，
圆唇，斜弧腹，平底略上凹。口沿
下饰一圈凸棱纹。器身轮制。口径
15、底径 9.2、高 5.4 厘米（图八，
3；彩版六三，1、2）。

3.铜器

鍪 1 件。M1:3，略带盘口，
束颈，溜肩，鼓腹，圜底。颈部饰
一竖向辫索纹环耳。口径 12.6、最大腹径 17.7、高 16.2 厘米（图八，2；彩版六四，2）。

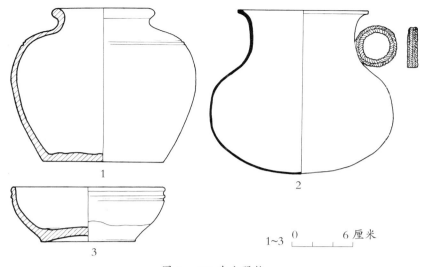

图八　M1 出土器物

1.陶罐（M1:1）2.铜鍪（M1:3）3.瓷碗（M1:2）

第二节　2012SHTM2

位于西山东坡，南邻 M3。墓道大部被破坏。墓葬遭盗扰，封门被破坏。墓室后壁正中有盗墓留下的圆锥形凿洞。

单室崖墓，由墓道、墓门和墓室构成（图九；彩版一，2；彩版二，1）。墓向 30°。

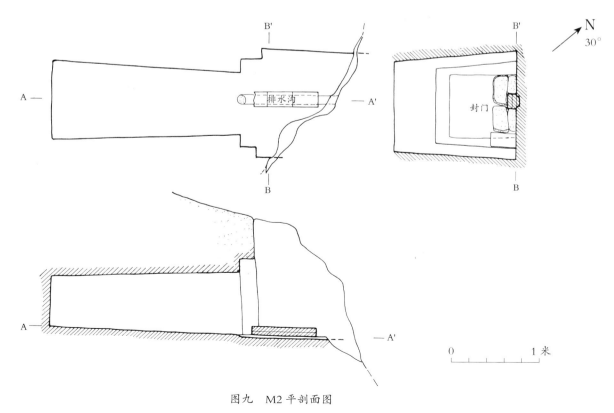

图九　M2 平剖面图

墓道位于墓室东部，残存部分，内宽外窄，剖面呈三角形。底部西高东低，由内向外倾斜，利于排水。残长 1.3、宽 1.12、最高处 1.4 米。墓道内填红褐色含砂性黏土。

排水沟位于墓道底部中轴线上，始于墓门处，贯通墓道。先开凿沟槽，在沟槽内放置碎瓦砾，再覆盖两层青砖。排水沟残长 1.1、宽 0.12、深 0.04 米。

墓门位于墓室东部，正视呈长方形。门洞宽 0.76、高 0.78 米。门外侧凿有单层门框，宽 1.08、高 0.92、进深 0.4 米。封门为砖、石混合，仅存底部两层。墓内堆积大量淤土。

墓室平面略呈梯形，内宽外窄，长 2.2、宽 0.76 ~ 0.92、高 0.6 ~ 0.76 米。底部西高东低，由内向外倾斜，以便排出墓内积水。南壁上部有一圆锥形洞。平顶。

墓道南北两壁主要用粗凿由东向西开凿，并略加修整，凿宽 2 ~ 4 厘米。墓门门框可见尖凿留下的点状凿痕。墓室东西两壁先用粗凿，然后用细尖凿由北向南修整。墓底及墓顶用尖凿由北向南修整，凿痕稀疏。

未发现人骨及随葬器物。葬具已完全腐朽，不详。

第三节　2012SHTM3

位于西山东坡，北邻 M2，南邻 M4。墓葬破坏严重，墓门及墓道大部不存（图一〇；彩版一，2；彩版二，2）。墓向 70°。

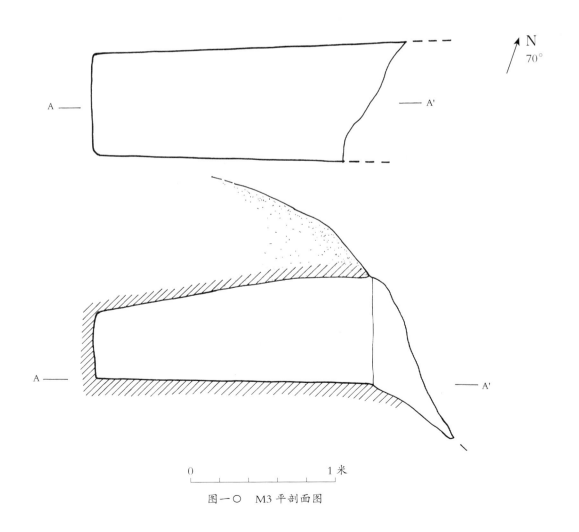

图一〇　M3 平剖面图

墓室平面略呈梯形，内窄外宽，长 2.2、宽 0.76～0.9、残高 0.5～0.8 米。底部西高东低，由内向外倾斜，以便排出墓内积水。墓内底部有一层厚约 0.3 米的黄褐色黏土，土质致密。平顶，墓角略呈弧形。

墓顶、两壁、墓底用宽凿由东向西开凿，并用小凿修整，西壁可见尖凿留下的点状凿痕。凿痕稀疏。

未发现人骨。葬具已完全腐朽，不详。未发现随葬器物。

第四节　2012SHTM4

位于西山东坡北部，北邻 M3，南邻 M1。崖墓破坏较为严重，墓道、墓门等均已不存，残存墓室（图一一；彩版一，2）。墓向 66°。

墓室平面略呈梯形，内窄外宽，长 1.82、宽 1.36、高 0.72～1.1 米。底部西高东低，由内向外倾斜，以便排出墓内积水。墓室顶部东高西低。墓内淤积黄褐色沙土，土质疏松。

排水沟仅存墓室部分。墓室中部开挖沟槽，延伸向外。平面呈长条形，残长 1.8、宽 0.06 米。

墓室先用 2～3 厘米的宽凿开凿，局部用尖凿修整。墓室西壁可见尖凿留下的点状凿痕。

未发现人骨。葬具已完全腐朽，不详。未发现随葬器物。

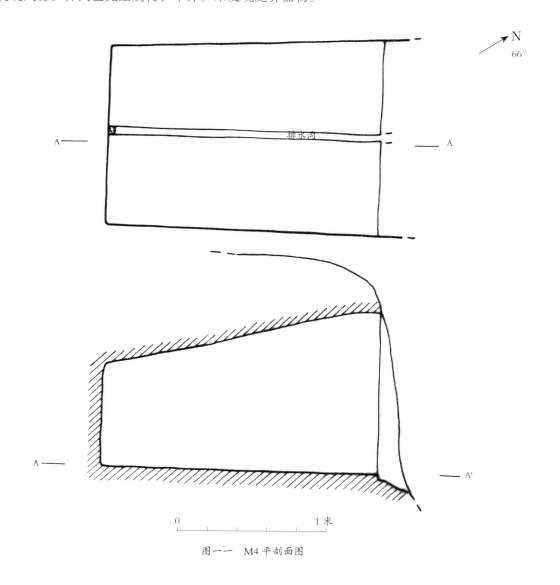

图一一　M4 平剖面图

第五节　2012SHTM5

位于东山西侧，西邻 M36。上部被机械破坏。墓向 110°。

开凿于岩石上。墓圹平面呈长方形，长 2.6、宽 1.9、残高 0.2 米。分为南、北两个墓室，两个墓室紧邻，形制和大小基本一致。南墓室长 2.1、宽 0.6、残高 0.2 米；北墓室平面略呈梯形，长 2.4、宽 0.8、残高 0.2 米。墓内填青灰色黏土。南、北墓室东西两侧均有青灰色素面板瓦，推测用于枕头或垫脚（图一二）。墓底由东部向西部倾斜。

墓葬南室发现一具人骨，根据出土时人骨摆放情况推测为仰身直肢葬。葬具已完全腐朽，但在南室人骨的四周发现有大量炭屑，且南北两室均有铁棺钉数枚。据此推测南北两室的葬具为木棺。

未发现随葬器物。

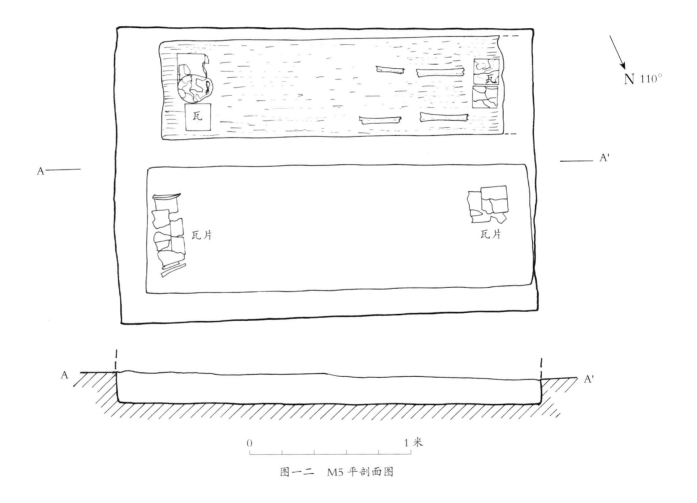

图一二　M5 平剖面图

第六节　2012SHTM6

位于东山西侧。南邻 M7，北面为 M37。上部被机械破坏。墓向 50°。

墓圹开凿于原岩上，平面呈梯形，长 2.2、宽 0.7～0.92、残高 0.2 米。墓室平面略呈梯形，长 2.14、宽 0.68～0.88、残高 0.2 米。墓内填黄褐色土夹红砂石。墓底由东北向西南，由内向外倾斜。墓室中部有炭屑，东端头骨位置发现有枕瓦（图一三）。

墓内发现一具人骨，仰身直肢葬。葬具已完全腐朽，但在墓室中部发现少量铁棺钉，推测葬具为木棺。未发现随葬器物。

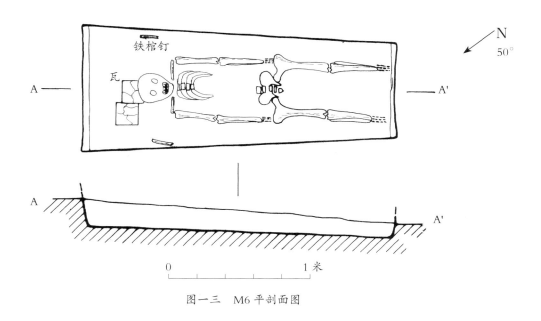

图一三　M6 平剖面图

第七节　2012SHTM7

位于东山西侧，北邻 M37，南邻 M33。墓向 85°。墓葬上部被机械破坏。

开凿于原岩上，墓圹平面呈梯形，长 2.16、宽 0.82 ～ 1.04、残高 0.38 米。墓室平面略呈梯形，长 1.98、宽 0.72 ～ 1、残高 0.4 米。墓内填红色沙土夹杂黄色黏土。墓底由东向西略倾斜。墓室中部有灰屑（图一四）。

发现一具人骨，仰身直肢葬。葬具已完全腐朽，但墓室中部发现少量铁棺钉，推测葬具为木棺。未发现随葬器物。

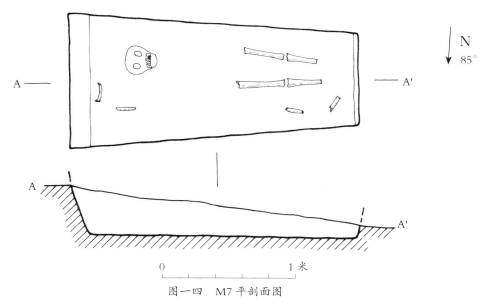

图一四　M7 平剖面图

第八节　2012SHTM8

位于东山西侧。墓室上部被破坏。

开凿于岩石上。墓圹平面呈梯形，长 2.3、宽 0.8 ~ 1、残高 0.62 米。墓壁倾斜，口宽底窄。墓底由东向西略倾斜。墓室中部位置发现有炭屑，炭屑范围大致呈长 1.96、宽 0.6 米的长方形（图一五）。墓内填黄褐色黏土。

未发现人骨。葬具已完全腐朽，墓室中部发现少量铁棺钉，推测葬具为木棺。未发现随葬器物。

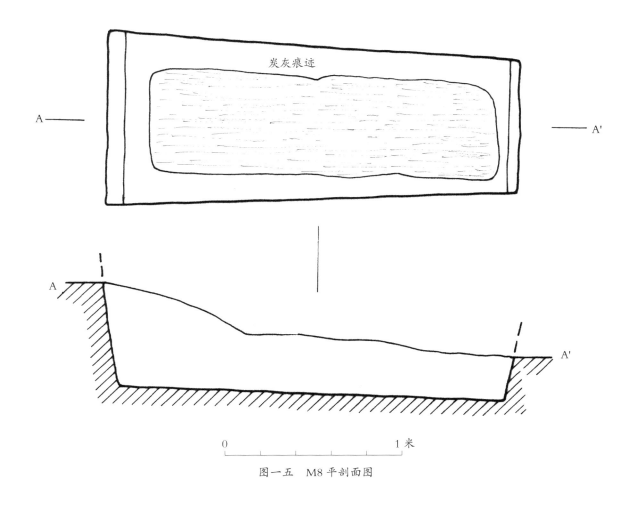

炭灰痕迹

0　　　　　　　　　　　1 米

图一五　M8 平剖面图

第九节　2012SHTM9

位于东山西侧，南邻 M10。破坏较为严重。墓向 150°。

开凿于岩石上，墓圹平面略呈长方形，残长 1.38、宽 1.04、残高 0.28 米。底部由南向北倾斜。墓内填黄褐色黏土，土质疏松。墓室南部位置发现有枕瓦（图一六）。

墓内发现一具人骨，葬式不明。木棺腐朽，但墓室中部留有炭屑一层以及铁棺钉。未发现随葬器物。

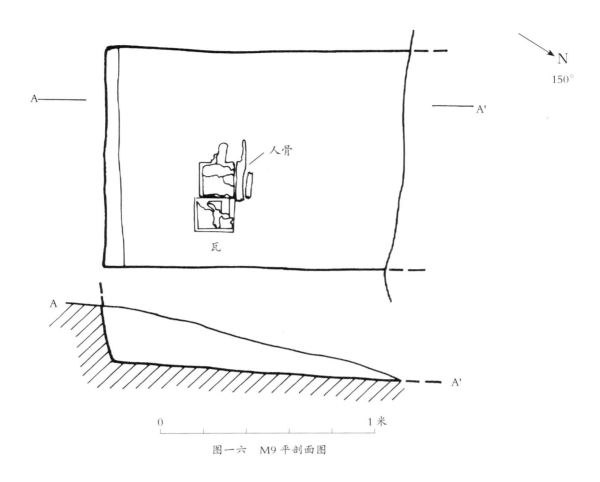

图一六　M9平剖面图

第十节　2012SHTM10

位于东山西侧，北邻 M9，西南邻 M11。墓向 148°。墓葬上部被破坏。

开凿于原岩上。墓圹平面呈梯形，长 1.8、宽 0.4 ~ 0.5、残高 0.15 米。墓内填黄褐色黏土。墓室南部发现枕瓦数片。底部由南向北倾斜。另在墓室中部发现少量炭屑（图一七）。

人骨已经腐朽，仅有残渣。葬具已完全腐朽，但在墓室中部发现少量铁棺钉，推测葬具为木棺。未发现随葬器物。

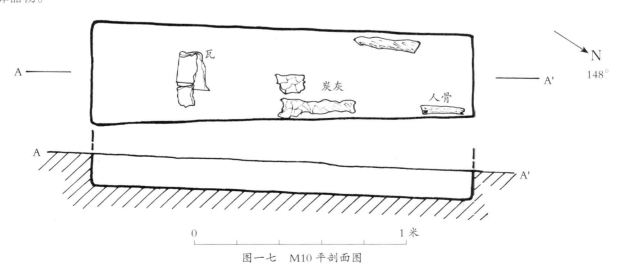

图一七　M10平剖面图

第十一节　2012SHTM11

位于东山西侧，东北邻 M10，西邻 M12，西北邻 M38。墓向 152°。破坏严重，其北部不存。

开凿于原岩上，残存墓圹平面呈梯形，残长 1～1.84、宽 0.9、残高 0.24 米。墓内填黄褐色黏土。墓室中部发现少量炭屑，南部距离墓室南壁约 0.1 米处有枕瓦数片（图一八）。

人骨已经腐朽，仅存残渣。葬具已完全腐朽，但在墓室中部发现少量铁棺钉，推测葬具为木棺。

未发现随葬器物。

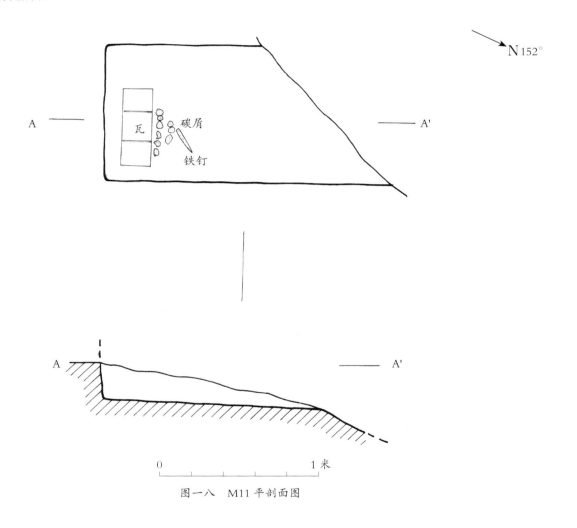

图一八　M11 平剖面图

第十二节　2012SHTM12

位于东山西侧，北部紧邻 M38，东邻 M11，西邻 M15，南部靠近 M13。墓室上部被破坏。墓向 150°。

开凿于岩石上。墓圹平面略呈梯形，长 2.1、宽 0.8～0.9、残高 0.3 米。墓内填黄色黏土。底部由南向北倾斜。另在墓室南部发现有枕瓦（图一九）。

人骨大部腐朽，仅残存腿骨局部。葬具已完全腐朽，但在墓室中部发现少量铁棺钉，推测葬具为木棺。

未发现随葬器物。

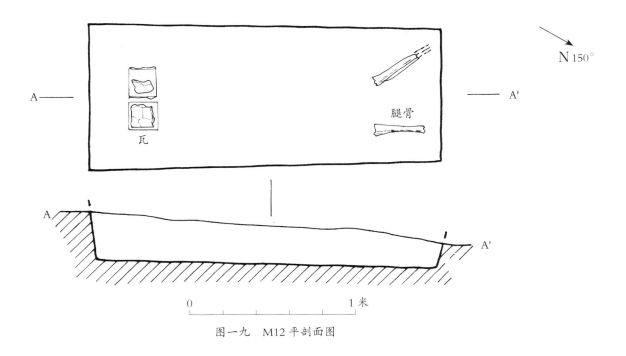

图一九　M12 平剖面图

第十三节　2012SHTM13

位于东山西侧，北邻 M12。墓葬破坏较为严重，现仅存墓圹和墓室南部。

开凿于原岩上，墓圹平面呈梯形，残长 1.62、宽 0.9、残高 0.42 米（图二○）。底部由南向北倾斜。墓室内填黄褐色花土。

未发现人骨。葬具已完全腐朽，但在墓室中部发现少量铁棺钉，推测葬具为木棺。未发现随葬器物。

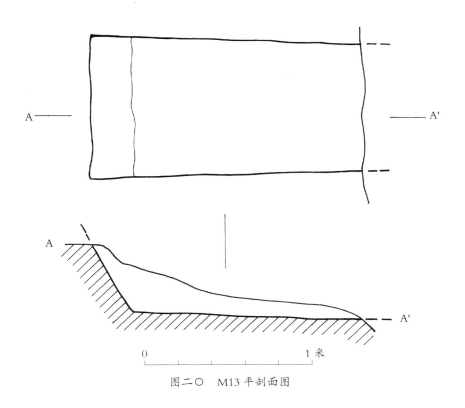

图二○　M13 平剖面图

第十四节　2012SHTM14

位于东山西侧。墓葬被破坏严重。

开凿于原岩上。墓圹平面呈长方形，长 0.94、宽 0.66、残高 0.14 米。四周有生土二层台，宽约 0.12 米，深度 0.03 ~ 0.07 米不等。石圹内的二层台上用青砖砌砖室，砖室与石圹之间填灰黄色花土。墓内填疏松的红砂石。墓室平面呈长方形，长 0.7、宽 0.43、残高 0.8 米。墓室四壁由长方形青灰色素面砖平砖两层砌成。无铺地（图二一）。

墓顶已不存，不详。墓葬用砖为长方形青灰色素面砖，长 17、宽 12、厚 3 厘米。未发现人骨。葬具已完全腐朽，不详。未发现随葬器物。

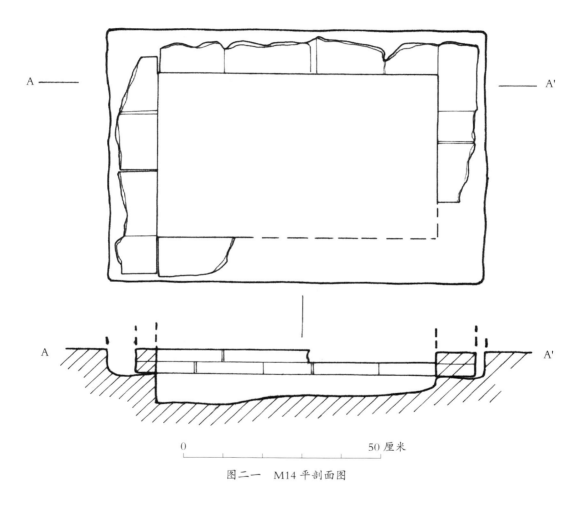

0　　　　　　　　　　50 厘米

图二一　M14 平剖面图

第十五节　2012SHTM15

位于东山西侧，北邻 M38，东邻 M12。墓葬被破坏。墓向 100°。

开凿于原岩上。墓圹平面呈梯形，残长 1.8、宽 0.7 ~ 0.8、残高 0.2 米。墓内填褐色花土。底部由东向西倾斜。另在墓室东部发现有枕瓦（图二二）。

未发现随葬器物。墓内发现一具人骨，仰身直肢葬。葬具已完全腐朽，但墓室中部发现少量铁棺钉，推测葬具为木棺。

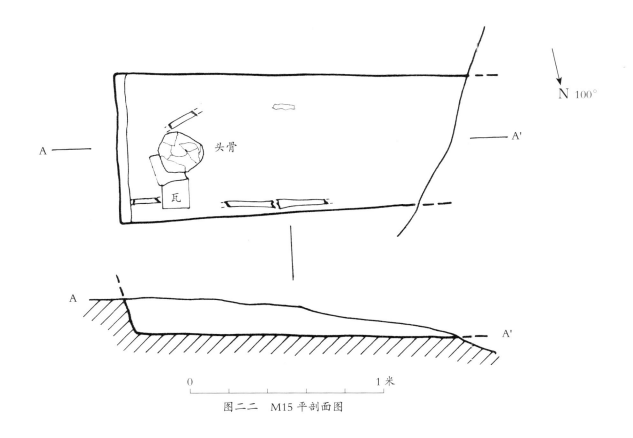

图二二　M15 平剖面图

第十六节　2012SHTM16

一　墓葬形制

位于东山西侧，东北邻 M34，南邻 M29。墓室前端顶部被破坏。

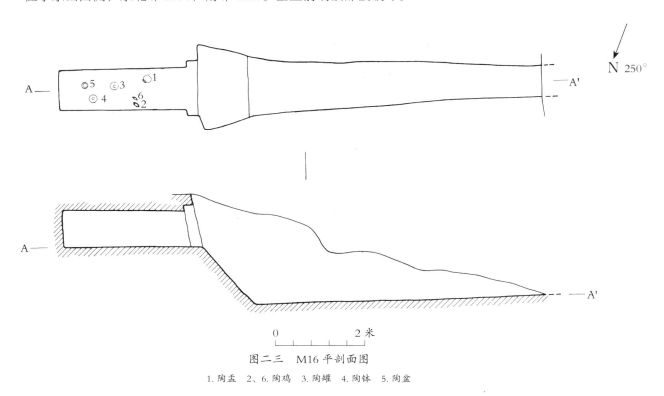

图二三　M16 平剖面图

1.陶盂　2、6.陶鸡　3.陶罐　4.陶钵　5.陶盆单室崖墓，由墓道、墓门和墓室组成（图二三；彩版三，1、2）。墓向250°。

墓道位于墓室西部，平面呈梯形，内宽外窄。墓道前端平缓，总体东高西低，由内向外倾斜，以利于排水。距墓门约1.12米处，突然抬升，形成斜坡，与墓门相接。总长7.48、宽0.72~1.96、最高处2.08米。无排水设施。墓道内填红砂土夹杂少量红砂石块，无夯筑痕迹。

墓门位于墓室西部，正视呈长方形，单层门框结构。门洞宽1~1.28、高0.96米。门外侧凿有单层门框，进深0.2米。无封门。

墓室平面略呈长方形，长2.76、宽1、高0.84米。底部东高西低，由内向外倾斜，以便排出墓内积水。平顶。墓内有淤土及垮塌的红砂石。

墓道南北两壁用尖凿由西向东开凿并修整，墓道底部留有宽凿痕迹。墓门门框可见尖凿留下的点状凿痕。墓室南北两壁用尖凿由西向东开凿并修整，墓室东壁可见尖凿留下的点状凿痕。墓顶用尖凿由西向东修整，凿痕稀疏。

未发现人骨。葬具已完全腐朽，但在墓室中部发现少量铁棺钉，推测葬具为木棺。

出土随葬品共6件，均为陶器，包括罐1件、盂1件、鸡2件、钵1件和盆1件。其中盂和鸡分置于墓室前部南北两侧，罐发现于墓室中部，钵和盆则放置于墓室后端中部。

二 出土陶器

罐1件。M16：3，夹细砂灰陶。近直口，圆唇，短颈微束，鼓肩，鼓腹，下腹斜收，平底，平底略上凹。颈部与肩部之间饰一圈凸棱。肩、腹之间饰一周短线组成的带状纹饰，器身轮制。口径12.2、最大腹径26、底径14.8、高22.6厘米（图二四，5；彩版三七，3）。

钵1件。M16：4，夹细砂灰陶。敞口，圆唇，折腹，下腹斜收，平底饼足，内底略凹，似假圈足。器身轮制。口径15、底径5、高5.3厘米（图二四，4）。

盆1件。M16：5，夹细砂灰陶。敞口，方唇，折沿，束颈，斜弧腹，下腹斜收，平底。器身轮制。口径14.8、底径8、高6.6厘米（图二四，6；彩版四七，1）。

盂1件。M16：1，夹细砂灰陶。侈口，尖圆唇，束颈，溜肩，鼓腹，下腹斜收，平底，平底略上凹。肩部饰两圈凹弦纹。器形不规整，口部平面略呈椭圆形。器身轮制。口径10.8~13.2、最大腹径15.4、底径9.2、高10.4厘米（图二四，2；彩版五一，6）。

鸡2件，手工捏制做工粗糙。M16：2，夹细砂灰陶。头部残，身体略前倾，昂首向前，

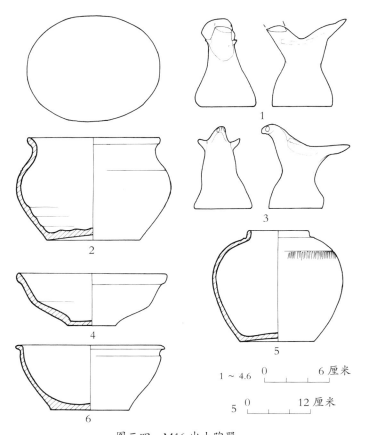

图二四　M16出土陶器

1、3. 鸡（M16：2、M16：6）　2. 盂（M16：1）
4. 钵（M16：4）　6. 盆（M16：5）　5. 罐（M16：3）

双翅合拢贴于身体两侧，尾部上翘，立于圆锥形器座上。腹部与器座通体连接，中空。长 8.8、高 8.5 厘米（图二四，1）。M16：6，夹细砂灰陶。小首，无冠，尖喙略圆，圆眼，颈部较粗，身体略前倾，昂首向前，双翅合拢贴于身体两侧，尾部上翘，立于圆锥形器座上。腹部与器座通体连接，中空。大小与 M16：2 相同（图二四，3；彩版五九，5）。

第十七节　2012SHTM17

一　墓葬形制

位于东山东侧，南邻 M18。被盗扰。

墓葬由墓道、墓门、甬道和墓室组成（图二五；彩版四，1、2）。墓向 60°。

墓道位于墓室北部，平面呈梯形，内宽外窄，剖面呈长方形。底部南高北低，由内向外倾斜，利于排水。长 8.26、宽 1.3 ~ 1.9、最高处 2.22 米。墓室内填土可分为三层：第 1 层为现代耕土层；第 2 层为疏松黄褐色黏土层；第 3 层为红砂土层含砂岩块。

排水设施位于墓道南侧底部，始于墓道墓门处，贯穿整个墓道。紧挨南壁开凿，沟槽内放置青灰色绳纹筒瓦，首尾套接成排水管道，墓门处未铺设排水管。排水沟残长 8.74 米，青灰色绳纹筒瓦长 0.46、直径 0.1 ~ 0.16 米。

墓门位于墓室东部，正视呈长方形，单层门楣结构。门洞宽 1.3、高 1.6 米。门楣宽 1.9、高 0.24、进深 0.2 米。用开凿墓葬所出的红砂乱石块封门，上部已被盗墓者破坏，仅残留底部两层。

甬道位于墓门和墓室之间，平面近长方形。长 0.6、宽 1.3、高 1.6 米。

墓室平面呈刀形，长 6.7、宽 1.42 ~ 2.6、高 1.6 米。底部南高北低，由内向外倾斜，以便排出墓内积水。墓室分成前后两区。前区较窄，平面呈长方形，东、西两壁各有一棺龛。西壁前端的棺龛，平面呈长方形，宽 2.76、高 0.8 ~ 1.06、进深 0.8 米，东壁前侧的棺龛，平面呈长方形，宽 2.8、高 1.2 ~ 1.24 米、进深 0.9 米。墓室后区平面呈方形，西壁后侧的棺龛，平面呈长方形，宽 2.8、高 1.16、进深 0.91 米。平顶，墓室前部有垮塌。由于封门被破坏，墓内涌入大量泥土，分成上下两层：上层以黏淤土为主，夹杂岩石块，下层为褐色含砂黏土。

墓道东西两壁用尖凿由北向南开凿并修整，墓门可见尖凿留下的点状凿痕。墓室东西两壁前侧用尖凿由南向北修整，中部及后侧则用尖凿由北向南开凿并修整，墓室东壁可见尖凿留下的点状凿痕。墓底及墓顶用尖凿由北向南修整，凿痕稀疏。墓室西壁前侧和后侧各凿有一棺龛，西壁前侧棺龛和西壁后侧棺龛的南北两壁、顶部和底部为用尖凿由东向西开凿并修整，西壁可见尖凿留下的点状凿痕。墓室东壁前侧凿有一棺龛，东壁前棺龛的南北两壁、顶部和底部为用尖凿由西向东开凿并修整，东壁可见尖凿留下的点状凿痕。

墓内均未发现人骨。葬具已完全腐朽，但在墓室中部发现少量铁棺钉，推测葬具为木棺。

出土随葬品共 25 件，以陶器为主，包括罐 4 件、俑 2 件、耳杯 2 件、钵 5 件、瓿 1 件、釜 3 件、盘 1 件、盆 2 件、狗 1 件、鸡 1 件、瓮 1 件、模型 1 件等，并在北壁前端的棺龛内发现壶 1 件。另外还有散落的钱币。由于盗扰严重，器物位置被扰乱，大部分器物出于扰土之中。

二　出土器物

1. 陶器

罐 4 件。M17：1，夹细砂灰陶。侈口，圆唇，束颈，圆弧肩，鼓腹，下腹斜收，平底，平底略上

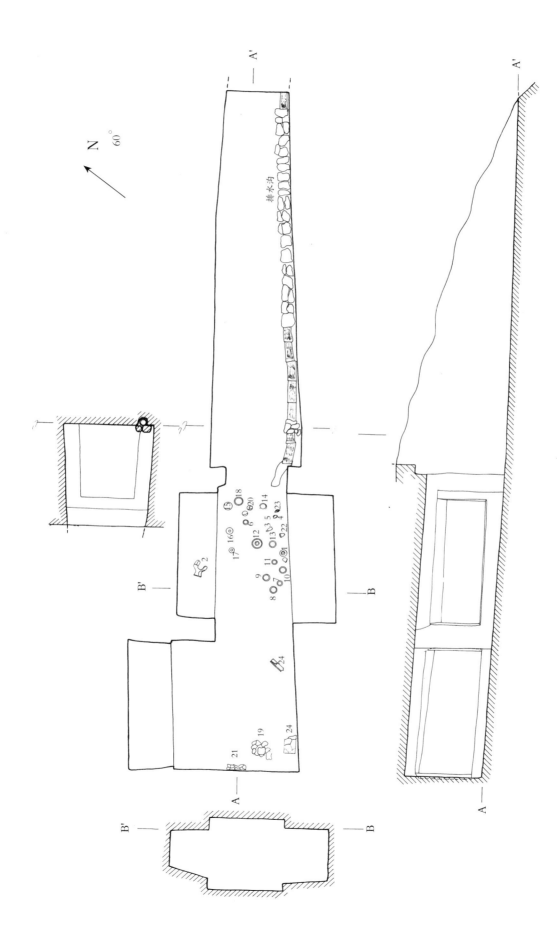

排水沟

N
60°

0   1 米

图二五　M17 平剖面图

1、16、17、20. 陶罐　2. 陶壶　3、22. 陶俑　4、5. 陶耳杯　6、13、14. 陶釜　7～11. 陶盒　12. 陶甑　15. 陶盘　18、19. 陶盆　21. 陶狗　23. 陶鸡　24. 陶楼型

凹。肩部饰两圈凹弦纹。器身轮制，内壁留有痕迹。口径 8.2、最大腹径 15.4、底径 8.4、高 12.2 厘米（图二六，2；彩版三八，1）。M17：16，夹砂灰陶。侈口，厚圆唇，束颈，溜肩，鼓腹，下腹斜收，平底，内底上凹。肩部饰两圈凹弦纹。器身轮制，内壁留有痕迹。口径 8.2、最大腹径 14.8、底径 8.2、高 11.6 厘米（图二六，3；彩版三八，2）。M17：17，夹砂灰陶。敛口，厚圆唇，束颈，颈下有一周凹弦纹，弧肩略折，弧腹，平底略上凹。肩部饰两圈凹弦纹。器身轮制，内壁留有痕迹。口径 9.8、最大腹径 19、底径 12、高 14 厘米（图二六，1；彩版三八，3）。M17：20，夹砂灰陶。侈口，方唇，束颈，弧肩，鼓腹，下腹斜收呈平底，平底略上凹。肩部饰两圈凹弦纹。器身轮制。口径 11.4、最大腹径 18.8、底径 11.4、高 17 厘米（图二六，4）。

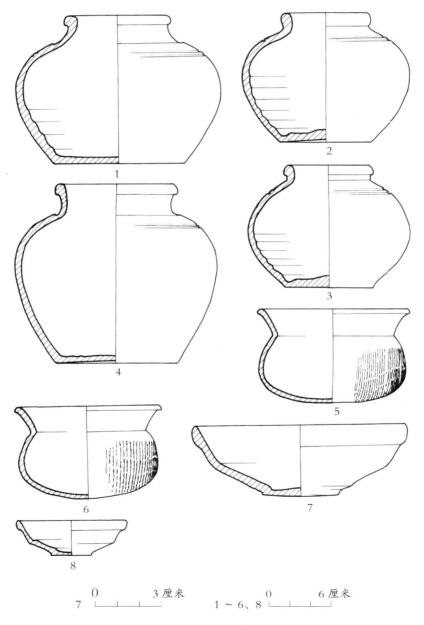

图二六　M17 出土陶器

1 ～ 4. 罐（M17：17、M17：1、M17：16、M17：20）　5、6. 釜（M17：13、M17：14）　7、8. 钵（M17：8、M17：7）

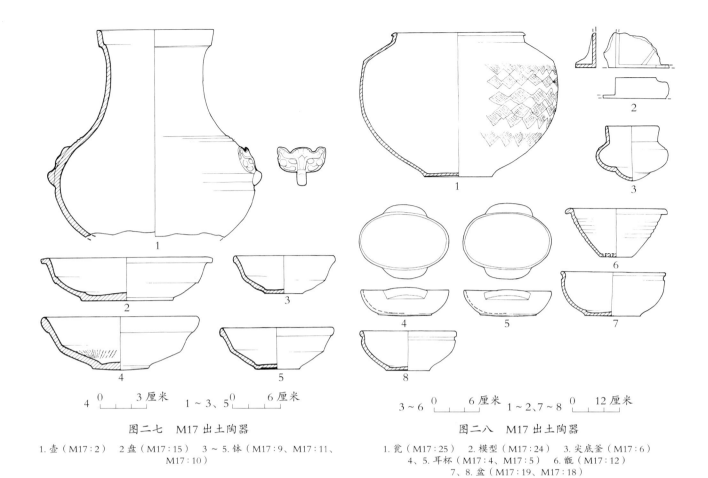

图二七　M17 出土陶器

1.壶（M17：2）　2.盘（M17：15）　3～5.钵（M17：9、M17：11、M17：10）

图二八　M17 出土陶器

1.瓮（M17：25）　2.模型（M17：24）　3.尖底釜（M17：6）　4、5.耳杯（M17：4、M17：5）　6.甑（M17：12）　7、8.盆（M17：19、M17：18）

　　壶1件。M17：2，夹粗砂红陶。盘口，方唇，高束颈，溜肩，鼓腹，底残。肩部饰三道凸棱纹，腹部两侧饰对称铺首，眼、眉清晰，鼻凸起。铺首下有两圈凹槽。器身轮制。口径14.6、残高26.5厘米（图二七，1）。

　　盘1件。M17：15，夹砂灰陶。敞口，方唇，宽平沿，折腹，下腹斜收，平底，器底内部略凹，似假圈足。器身轮制。口径21.6、底径11.6、高5.5厘米（图二七，2；彩版五四，1）。

　　耳杯2件。M17：4，夹细砂灰陶。杯身椭圆如蛋壳形，腹较浅，对称的新月形双耳微上翘，矮圈足。口部长径11.6、短径7.6厘米，器身高3.7厘米（图二八，4）。M17：5，陶耳杯，夹细砂灰陶，杯身椭圆如蛋壳形，腹较浅，对称的新月形双耳微上翘，矮圈足。口部长径11.4、短径7.6厘米，器身高3.5厘米（图二八，5）。

　　尖底釜1件。M17：6，夹砂灰陶。口部略向撇，圆唇，肩部略折，扁腹外凸，下腹斜收呈尖底。尖底制作粗糙，似捏制后附加于器身。器身轮制。口径7、最大腹径9.4、高7.1厘米（图二八，3；彩版五〇，5）似为陶灶附属物。

　　圜底釜2件。M17：13，夹细砂灰陶。敞口外撇，圆唇略方，束颈，溜肩，扁鼓腹，圜底。腹部和底部饰有规律的竖向绳纹。器身轮制。口径14、高9厘米（图二六，5；彩版五〇，6）。M17：14，夹细砂灰陶。敞口外撇，圆唇，束颈，溜肩，扁腹略鼓，圜底。腹部和底部饰有规律的竖向绳纹。器身轮制。口径13.6、高8.8厘米（图二六，6；彩版五一，1）。

　　钵5件。M17：7，夹细砂灰陶。敞口，圆唇略尖，折腹，下腹斜收，饼足。器身轮制。口径10.4、底径 3.8、高 3.3 厘米（图二六，8；彩版四三，1）。M17：8，夹细砂灰陶。敞口，圆唇略尖，折腹，下腹斜收，饼足。器身轮制。口径 10、底径 3.5、高 3.4 厘米（图二六，7）。M17：9，夹细砂灰陶。敞口，尖唇，折腹，下腹斜收，饼足。器身轮制。口径 12.8、底径 4.7、高 4.8 厘米（图二七，3）。M17：10，夹细砂灰陶，敞口，尖唇，折腹，下腹斜收，平底略上凹。器身轮制。口径 14.4、底径 5.7、高 5.3 厘米（图二七，5；彩版四三，2）。M17：11，夹细砂灰陶。敞口，圆唇，折腹内收，下腹斜收，饼足。下腹部饰斜向细绳纹。器身轮制。口径 10、底径 3.6、高 3.4 厘米（图二七，4）。

甑 1 件。M17：12，夹细砂灰陶。敞口，宽折沿，圆唇，斜直腹，底部有箅孔，略残。器身轮制，腹部留有痕迹。口径 13.2、底径 4.2、高 6.4 厘米（图二八，6；彩版五三，3）。

盆 2 件。M17：18，夹砂灰陶。侈口，厚圆唇，沿下内束一周，斜弧腹，下腹斜收，平底略上凹。器身轮制。口径 24.8、底径 11.2、高 10.4 厘米（图二八，8；彩版四七，2）。M17：19，夹砂灰陶。侈口，厚圆唇，沿下内束一周，斜弧腹，下腹斜收，平底内侧下凹，似假圈足。器身轮制。口径 27.2、底径 14.4、高 9.4 厘米（图二八，7；彩版四七，3）。

瓮 1 件。M17：25，夹砂灰陶。敛口，圆唇，短领，折肩，弧腹，下腹内曲，平底略上凹。腹部饰成组的网格拍印纹。器身轮制。口径 34.6、最大腹径 51.2、底径 17.5、高 37.8 厘米（图二八，1；彩版四九，5）。

俑 1 件。M17：3，夹细砂黄陶。整体头略后仰，脸向右侧略偏。头梳高髻，脑后似束发凸起。面部五官略模糊，仅见轮廓，细眉，双目微闭，高鼻阔嘴，面带微笑。左臂弯曲上举作抛袖状，右手提裙放于右侧。双脚分立，左腿微曲着地，右腿略抬脚。身着右衽交领宽袖长袍，绣褶式半袖，下摆布一圈花边，袍下着裙，盖住双脚。整体中空。宽 16.8、高 28.6 厘米（图三〇，1）。

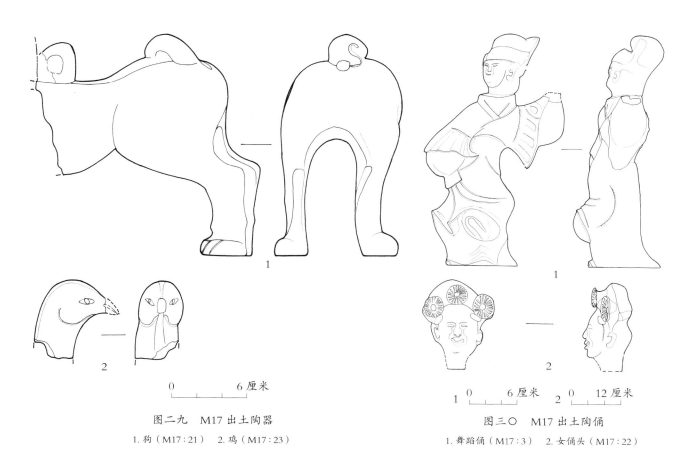

图二九　M17 出土陶器

1. 狗（M17：21）　2. 鸡（M17：23）

图三〇　M17 出土陶俑

1. 舞蹈俑（M17：3）　2. 女俑头（M17：22）

俑头1件。M17:22，夹砂灰陶。头束高髻，簪三花。面部丰满，略带微笑。下部略残。残高21.6厘米（图三〇，2）。

狗1件。M17:21，夹砂红陶。狗头部已残。身体呈站立状，后两肢较粗壮，尾巴向上卷曲。背部立一环形圆穿。腹中空。制作精美。残长17.8、宽9.8、高18厘米（图二九，1）。

鸡1件。M17:23，夹砂红陶。仅存鸡头部分。圆眼，颈部较细，残喙，无冠。刻画清晰。宽3.4、残高6.4厘米（图二九，2）。

模型1件。M17:24，夹砂黄陶。平面呈长方形，仅存一角。残长17、残宽9、高5.4厘米（图二八，2）。

2. 钱币[1]

M17:26，出土于墓室中部扰土中。钱币19枚。

五铢4枚，其中1枚残。均为A型。

Ⅱ式1枚。直径2.6、穿长1厘米（图三一，1）。

Ⅲ式1枚。直径2.5、穿长1厘米（图三一，2）。

Ⅳ式1枚。郭外残留有铸造痕迹。直径2.5、穿径1厘米（图三一，3）。

货泉 15枚，其中3枚残。钱币铸造规整。圆形方穿，有内外廓，正方形穿，穿之两面有廓，钱面模铸篆文"货泉"二字，笔画较细，清晰工整。直径2.2、穿长0.7厘米（图三一，4～10）。

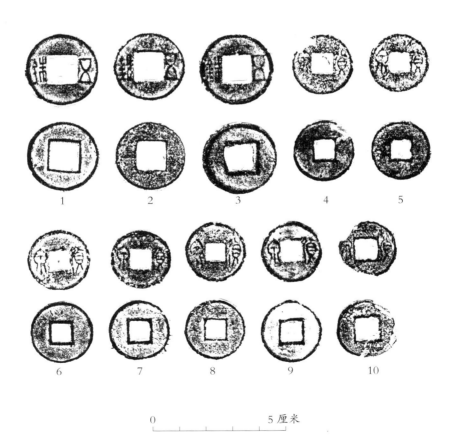

0   5厘米

图三一 M17出土钱币

1.五铢Ⅱ式（M17:26-1） 2.五铢Ⅲ式（M17:26-2） 3.五铢Ⅳ式（M17:26-3） 4～10.货泉（M17:26-5～M17:26-11）

1. 后文对钱币进行了统一的型式划分，为行文方便，此处根据后文型式划分进行叙述。

第十八节　2012SHTM18

一　墓葬形制

位于东山东侧，北邻 M17，南面为 M19。该墓被盗扰，墓门上部有一半圆形盗洞。

单室崖墓，由墓道、墓门、甬道和墓室组成（图三二；彩版五，1、2）。墓向 55°。墓葬总体内高外低。

墓道位于墓室东部，平面呈梯形，内宽外窄，剖面亦呈梯形，上宽下窄。底部西高东低，由内向外倾斜，以利于排水。现长 11.4、宽 0.76 ~ 1.5、最高处 2 米。墓道内填土分为两层：上层为红砂土，下层为红砂土夹杂红砂石块。

排水设施起于墓道北侧底部，穿过门框底部，贯通整个墓道。先开凿沟槽，在排水沟内放置青灰色绳纹筒瓦，使其前后套接成排水管道。排水管道破坏严重，仅存墓门处两节筒瓦。排水沟残长 6.2 米，青灰色绳纹筒瓦长 0.46、直径 0.1 ~ 0.16 米。

墓门较墓道高一级台阶。墓门位于墓室东部，正视呈长方形，双层门框结构。门洞宽 0.8、高 0.96 米。封门分成两个部分，内用不甚规则的红砂石垒砌，外立砌长方形青灰色素面砖。上部有盗洞，盗洞内回填红砂石块。似早期被盗。

甬道位于墓门和墓室之间，平面略呈梯形，内宽外窄。底部内高外低，由内向外倾斜。长 0.7、宽 0.8、高 0.96 米。

墓室较甬道又高一级台阶。墓室平面近长方形，长 2.32、宽 0.94 ~ 1、高 1 米。底部西高东低，由内向外倾斜。平顶。墓室内有疏松潮湿红褐色夹砂黏土，应该是从盗洞处涌入。

墓道南北两壁用尖凿由东向西开凿并进行修整，墓门门框可见尖凿留下的点状凿痕。墓室南北两壁前侧用尖凿由西向东修整，中部及后侧用尖凿由东向西开凿并进行修整，墓室南壁可见尖凿留下的点状凿痕。墓底及墓顶用尖凿由东向西进行修整，凿痕稀疏。

未发现人骨。葬具已完全腐朽，但在墓室中部发现少量铁棺钉，推测葬具为木棺。

随葬品被扰乱，出土器物共 4 件，均为陶器，包括盂 1 件、罐 2 件和瓦当 1 件。

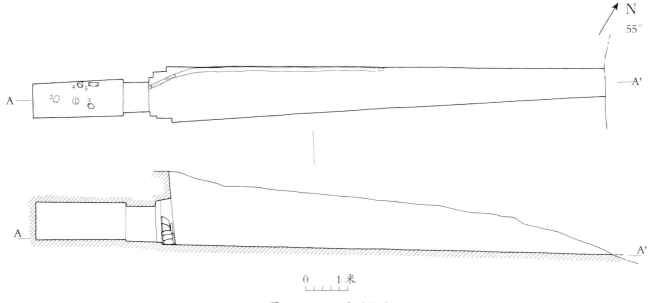

图三二　M18 平剖面图

1. 陶盂　2、3. 陶罐　4. 瓦当　5. 板瓦

二 出土陶器

盂1件。M18：1，夹砂灰陶。盘口，圆唇，束颈，溜肩，鼓腹略扁，下腹斜收，平底。素面。器身轮制。口径14.6、最大腹径14.4、底径9.2、高10.1厘米（图三三，4；彩版五二，1）。

罐2件。M18：2，夹砂灰陶。侈口，尖唇，束颈，弧肩略折，弧腹，下腹斜收，平底略上凹。肩上及上腹部各有一周纹饰。器身轮制。口径10.2、最大腹径18、底径8.3、高19厘米（图三三，3；彩版三八，4）。M18：3，泥质灰陶。侈口，圆唇，束颈，圆肩，鼓腹，下腹斜收，平底上凹。素面。器身轮制。口径8.6、最大腹径12.6、底径8.4、高9.4厘米（图三三，2；彩版三八，5）。

瓦当1件。M18：4，夹细砂灰陶。圆形，残存一半。边沿有郭，正中为一圆形凸钮。纹饰以中部圆形凸钮为轴心呈同心圆状分布，以凸棱为界分为三圈。外圈饰一圈三角连纹，中间部分为残存"昌"字，周边饰对称云纹，内圈纹饰则饰于凸钮上，已残，似为"富"字。直径14、厚2.5厘米（图三三，1；彩版五七，4）。

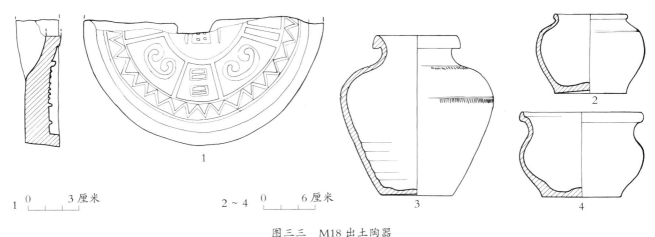

1 0 　　3厘米　　　　　2～4 0 　　6厘米

图三三　M18出土陶器

1. 瓦当（M18：4）　2、3. 罐（M18：3、M18：2）　4. 盂（M18：1）

第十九节　2012SHTM19

一 墓葬形制

位于东山东侧，北邻M18，南邻M20。被盗扰。

单室崖墓，由墓道、墓门和墓室组成（图三四；彩版六，1、2；彩版七，1）。墓向50°。总体内高外低。

墓道位于墓室东部，平面呈梯形，内宽外窄，剖面亦呈梯形。底部西高东低，由内向外倾斜。残长4.8、宽1～1.54、最高处1.64米。填土分两层：上层为疏松的红砂土，下层为疏松的红砂土含黄色黏土层。

排水设施位于墓道底部中轴线上，起于墓门处，贯穿整个墓葬。先开凿沟槽，在沟槽内放置青灰色板瓦碎片。沟内板瓦破坏较严重，仅在距墓门约2米的墓道中部处发现有板瓦残片。

墓门位于墓室东部，正视呈长方形。门洞宽1.04、高1.28米。门外侧凿有单层门框，进深0.12米。单层门楣，宽0.12、进深0.08米。红砂石块封门，现仅存四块堆砌成两层的封门石。

墓室平面呈长方形，长3.24、宽1、高0.92～1.28米。底部西高东低，由内向外倾斜。平顶。墓室内堆积红褐色疏松夹砂黏土。

用宽凿开凿，细凿修整。墓道南北两壁用宽凿由东向西开凿并修整，墓门门框可见细尖凿留下的点状凿痕。墓室南北两壁用尖凿由东向西开凿并修整，南壁可见尖凿留下的点状凿痕。墓底及墓顶用尖凿由北向南修整，凿痕稀疏。

墓室中部偏南发现腐朽人骨痕迹。葬具已完全腐朽，但在墓室中部发现少量铁棺钉，推测葬具为木棺。

出土器物共6件，有陶罐2件、陶釜1件、陶钵1件、铜灯1件、瓷四系罐1件。器物扰动不大，其中陶器和瓷器均较集中地放置于墓室前端近墓门处，铜灯发现于墓室中部。

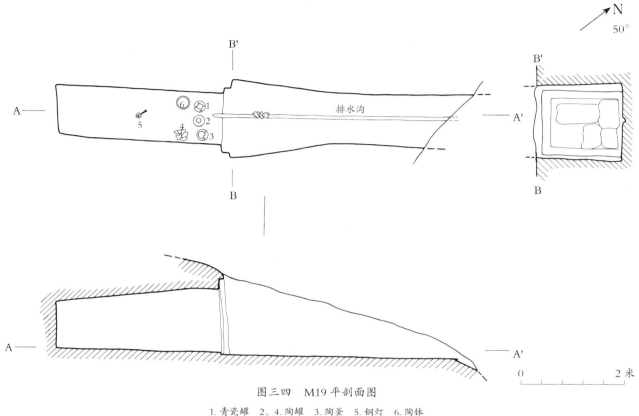

图三四　M19平剖面图

1.青瓷罐　2、4.陶罐　3.陶釜　5.铜灯　6.陶钵

二　出土器物

1.陶器

罐2件。M19:2，夹砂灰陶。侈口，厚圆唇，束颈，圆肩，弧腹略鼓，下腹斜收，平底。肩部饰两圈凹弦纹。器身轮制，内壁留有轮制痕迹。口径10、最大腹径20、底径13.8、高16.6厘米（图三五，1；彩版三八，6）。M19:4，夹砂灰陶。侈口，厚圆唇，束颈，圆肩，弧腹略鼓，平底略上凹。肩部饰一圈附加堆纹，上有平行竖向纹组成一周带状纹饰。器身轮制。口径14.4、最大腹径24.2、底径15.4、高21.6厘米（图三五，6；彩版三九，1）。

釜1件。M19:3，夹砂灰陶。侈口外撇，唇部略方，高领内束，溜肩，鼓腹略扁，圜底。内壁近口沿的位置有一圈凹槽，腹部及底部饰斜向粗绳纹。器身轮制。口径11.8、最大腹径17.7、高15厘米（图三五，3；彩版五一，2）。

钵1件。M19:6，夹砂灰陶。敛口，尖圆唇，折腹，上部呈弧腹，下腹微束，平底略上凹。上腹饰一圈凹弦纹。器身轮制。口径19.6、底径9.2、高7厘米（图三五，2；彩版四三，3）。

2.瓷器

四系罐1件。M19:1，灰色胎，外壁印有布纹。口部、肩部及腹部饰青黄釉，釉面局部脱落。敛口，方唇，短颈，溜肩，鼓腹，平底略上凹。肩部饰四个对称的横桥形耳。器底压印一方格，内有斜线纹。口径 10、最大腹径 19.6、底径 11.2、高 17.8 厘米（图三五，4；彩版六三，3、4）。

　　3. 铜器

　　灯 1 件。M19：5，器身呈盏状。敞口，方唇，斜直腹，平底，底部中间附加一圆柱。下有三个对称的兽足。器身一侧附加扁状把手，截面呈长方形。口径 8.8、底径 8、高 4.6 厘米（图三五，5；彩版六四，3）。

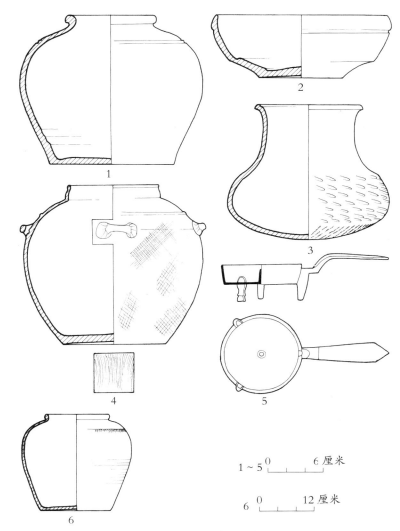

图三五　M19 出土器物

1、6.陶罐（M19：2、M19：4）　2.陶钵（M19：6）　3.陶釜（M19：3）　4.瓷四系罐（M19：1）　5.铜灯（M19：5）

第二十节　2012SHTM20

一　墓葬形制

　　位于东山东侧，北邻 M19，南邻 M21。墓葬早期已被盗扰。

　　单室崖墓，由墓道、墓门和墓室组成（图三六；彩版七，2；彩版八，1；彩版九，1）。墓向 70°。墓葬总体内高外低。

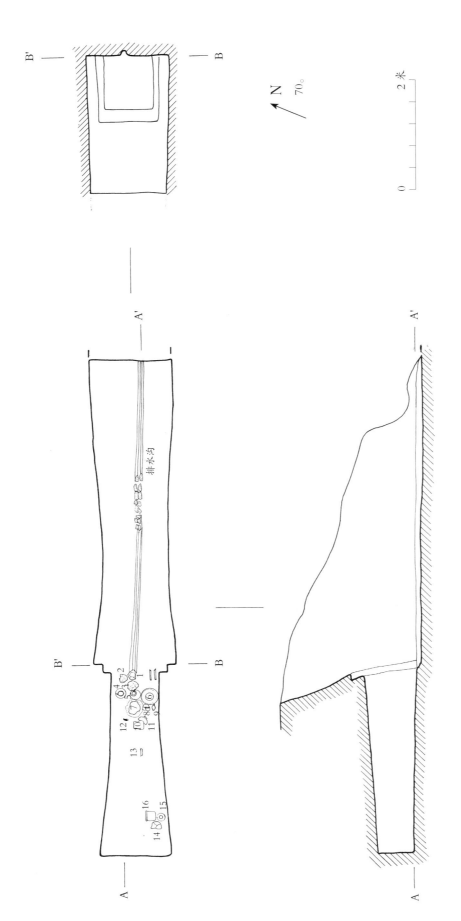

图三六　M20 平剖面图

1、6.陶盆　2、5、10.陶盂　3、7、8、14.陶罐　4.陶俑　9.陶鸡　11.陶钵　12.铜饰品　13.铁剑　14.瓷四系罐　16.陶井

墓道位于墓室东部，平面略呈亚腰性，内、外宽，中间窄，剖面呈梯形。底部西高东低，由内向外倾斜，利于排水。长 5.5、宽 1.16 ~ 1.44、最高处 2.36 米。墓道内填两层土：上层为红砂土的耕土层，下层为黄褐色较疏松黏土混合红砂土。

排水设施位于墓道底部中轴线上，起于墓门处，贯穿整个墓道。先开凿沟槽，局部放置有碎瓦片。残长约 1 米。排水沟平面呈长方形，长 5.5、宽 0.12、深 0.08 米。

墓门位于墓室东部，正视呈长方形。门洞宽 0.84、高 0.88 米。门外侧凿有单层门框，进深 0.12 米。未发现封门。

墓室平面略呈梯形，内宽外窄，长 3.28、宽 0.84 ~ 1.24、高 0.62 ~ 0.88 米。底部西高东低，由内向外倾斜。平顶。墓内堆积大量土，分上下两层：上层为褐色黏土，下层为黏土夹杂白色物质，似霉斑。

墓道两壁留有宽凿痕迹。墓门门框可见尖凿留下的点状凿痕。墓室南北两壁用尖凿由东向西开凿并修整，西壁可见尖凿留下的点状凿痕。墓底及墓顶用尖凿由东向西修整，凿痕稀疏。

未发现人骨。葬具已完全腐朽，但在墓室中部发现少量铁棺钉，推测葬具为木棺。

墓葬虽有扰乱，但大部分器物位置变化不大。器物主要放置于墓室前部近墓门处，另有陶罐、瓷四系罐和陶井各 1 件发现于墓室后端的中部位置。出土随葬品共 16 件，多为陶器，另有少量铜器、铁器和瓷器。陶器包括盂 3 件、罐 4 件、俑 1 件、盆 2 件、鸡 1 件、钵 1 件和井 1 件，另有瓷四系罐 1 件、铜饰 1 件和铁剑 1 件。

二 出土器物

1. 陶器

盂 3 件。M20:2，夹砂灰陶。口部残，束颈，溜肩，鼓腹略扁，下腹斜收，平底略上凹。肩部饰两圈凹弦纹。器身轮制。最大腹径 14.6、底径 10.6、残高 10.6 厘米（图三七，8）。M20:5，夹砂灰陶。侈口，圆唇，束颈，肩部略折，弧腹，下腹斜收，平底略上凹。肩腹部之间饰两圈凹弦纹。器身轮制。口径 12.4、最大腹径 15.6、底径 10、高 11.7 厘米（图三七，4；彩版五二，2）。M20:10，夹砂灰陶。侈口，圆唇，束颈，溜肩，曲腹略扁，下腹斜收，平底略上凹，内底凸凹不平。肩部饰两圈凹弦纹。器身轮制。口径 11.8、最大腹径 14.6、底径 10、高 12.4 厘米（图三七，6；彩版五二，3）。

罐 4 件。M20:8，夹砂灰陶。口部微侈，厚圆唇，溜肩，鼓腹，下腹内曲，平底略上凹，内底凸凹不平。肩部饰一圈凹弦纹。器身轮制。口径 10、最大腹径 14.2、底径 7.4、高 9.7 厘米（图三七，7；彩版三九，3）。M20:3，夹砂灰陶。敛口，厚方唇，矮领，溜肩，弧腹略鼓，下腹斜收，平底略上凹，内底凸凹不平。肩部饰一圈凹弦纹。器身轮制。口径 9、底径 9.6、高 12.4 厘米（图三七，3）。M20:7，夹砂灰陶。敛口，厚方唇，矮领，溜肩，弧腹略鼓，下腹斜收，平底略上凹，内底凸凹不平。肩部饰两圈凹弦纹。器身轮制。口径 15.4、最大腹径 24.6、底径 13.6、高 19.8 厘米（图三七，2；彩版三九，2）。M20:14，夹细砂黄陶。敛口，厚方唇，矮领，溜肩，弧腹略鼓，下腹斜收，平底略上凹，内底凸凹不平。肩部饰一圈凹弦纹。器身轮制，内壁留有痕迹。口径 10、最大腹径 16.6、底径 9.4、高 12 厘米（图三七，5；彩版三九，4）。

盆 2 件。M20:1，夹砂灰陶。敞口，尖唇，平沿较窄，颈部微束，斜弧腹，下腹斜收，饼底部略上凹。器身轮制。口径 16.8、底径 7.8、高 8.6 厘米（图三八，5；彩版四七，4）。M20:6，夹砂灰陶。敞口，圆唇，宽平沿，斜弧腹，下腹斜收，平底略上凹。上腹饰两圈凹弦纹。器身轮制。口径 26.6、底径 14、高 8.2 厘米（图三七，1；彩版四七，5）。

钵（盖）1 件。M20:11，夹砂灰陶。敛口，尖唇，弧腹，矮圈足。器身轮制。口径 15.4、底径 6、高

6 厘米（图三八，2；彩版四三，4）。

井 1 件。M20：16，夹细砂灰陶。近直口，尖圆唇，折沿，沿部中间下凹，近直腹，平底略上凹，内底凸凹不平。器身轮制。口径 13.8、底径 11.6、高 13.4 厘米（图三八，6；彩版五五，6）。

俑 1 件。M20：4，夹细砂黄陶。头部已残，双手置于胸前位置，手执一物。下身呈喇叭状。着长袍，盖住双脚。器身中空。残高 19.2 厘米（图三八，1；彩版六〇，1）。

鸡 1 件。M20：9，夹细砂灰陶。器身小首，小冠，尖喙略圆，圆眼，颈部较细，身体略向前倾，尾部已残，立于圆锥形座上。器身与器座通体连接，中空。手工捏制。制作粗糙。残长 9.3、宽 7.4、高 10 厘米（图三八，4）。

2. 瓷器

四系罐 1 件。M20：15，灰胎。口部、肩部及腹部表面施青釉，局部釉面已脱落。直口，圆唇，矮领，溜肩，扁鼓腹，下腹内曲，平底略上凹。肩部贴塑四个对称的四横桥形耳。肩部四耳附近饰两圈凹弦纹。器身轮制。口径 6.8、最大腹径 11.6、底径 6.8、高 7.2 厘米（图三八，3；彩版六三，5）。

3. 铜器

饰品 1 件。M20：12，腐朽成渣，无法提取。

4. 铁器

剑（刀？）1 件。M20：13，锈蚀严重。长条状，断面呈菱形。残长 21、厚 0.4 ～ 0.6 厘米（图三八，7）。

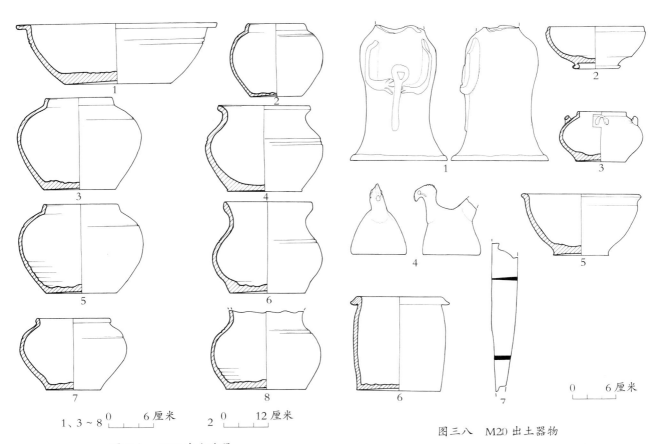

图三七　M20 出土陶器

1. 盆（M20：6）　　2、3、5、7. 罐（M20：7、M20：3、M20：14、M20：8）
4、6、8. 陶盂（M20：5、M20：10、M20：2）

图三八　M20 出土器物

1. 陶俑（M20：4）　2. 陶钵（M20：11）　3. 瓷四系罐（M20：15）
4. 陶鸡（M20：9）　5. 陶盆（M20：1）　6. 陶井（M20：16）
7. 铁剑（M20：13）

第二十一节　2012SHTM21

一　墓葬形制

位于东山东侧，北邻 M20，南邻 M22、东南 M25。该墓未经盗扰，保存较好。总体内高外低。

单室崖墓，由墓道、墓门、甬道和墓室组成（图三九；彩版八，2；彩版九，2；彩版十，1）。墓向55°。

墓道位于墓室东部，平面略呈梯形，内宽外窄，剖面呈长方形。底部西高东低，由内向外倾斜。残长5.4、宽1.3、最高处2.2米。墓道填土分成两层:上层为红褐色沙土，经耕作扰乱；下层为红褐色沙土夹杂碎砂石块。

排水设施位于墓道底部中轴线上，起于墓门，贯穿于整个墓道。先开凿沟槽，在距离墓门两米内，排水沟内放置青灰色绳纹板瓦。

墓门较墓道高一级台阶。墓门位于墓室东部，正视呈长方形。门洞宽1、高1.08米。门外侧凿有单层门框，进深0.1米。从封门砌筑情况来看，该墓葬曾二次下葬。第一次封门用青灰色扇形砖和红砂石块混合封门，青灰色扇形砖包括素面砖、菱形纹砖以及菱形纹带"田"字纹砖，其中菱形纹砖长20、宽30～35、厚6厘米；菱形纹带"田"字纹砖长20、宽35～40、厚6厘米。第二次将封门砖上部打开，葬后用砖和瓦棺残片简单立砌封堵。

甬道位于墓门和墓室之间，平面略呈长方形，南北壁略成弧形。长0.8、宽0.8、高0.9米。

墓室内较甬道高一台阶，台基高约0.14米。墓室平面略呈梯形，内宽外窄，长3.4、宽0.96～1.16、高0.84～1.04米。底部西高东低，由内向外倾斜。墓室西南角凿有一石灶，保存较为完好，方形灶面，单火眼，与火门相连。由于封门未完全封闭，墓内渗进淤土，土底部夹杂白色物质，似白灰或者霉斑。平顶。

墓道南北两壁用尖凿由东向西开凿并修整，墓门门框可见尖凿留下的点状凿痕。墓室南北两壁用尖凿由东向西开凿并修整，南壁可见尖凿留下的点状凿痕。墓顶用尖凿由东向西进行修整，凿痕稀疏。

未发现人骨。葬具已完全腐朽，但在墓室中部发现少量铁棺钉，推测葬具为木棺。

随葬器物共10件，包括鸡1件、罐2件、盂2件、盆3件和仓1件，另有铁削1件。其中4件陶器和1件铁器呈西北－东南向有序放置于墓室中部，另外的陶器均集中置于墓室前部与甬道间的底部南侧。墓门处器物被二次下葬扰动，堆放一侧。

二　出土器物

1.陶器

盆3件。M21:1，夹细砂灰陶。敞口，方唇，斜直腹，平底略上凹。器身轮制。口径15、底径8.4、高9厘米（图四〇，2；彩版四七，6）。M21:2，夹砂灰陶。敞口，方唇，斜直腹，平底略上凹。器身轮制。口径13.5、底径9、高6.6厘米（图四〇，5；彩版四八，1）。M21:9，夹砂灰陶。敞口，厚圆唇，斜直腹，平底略上凹。器身轮制。口径14.4、底径7.1、高7.4厘米（图四〇，3；彩版四八，2）。

罐2件。M21:4，夹细砂灰陶。敛口，厚圆唇外折，束颈，溜肩，鼓腹，下腹斜收，平底略上凹。肩颈部之间有一圈凹槽。器身轮制。口径12.2、最大腹径19.6、底径12.2、高15.4厘米（图四〇，1；彩版三九，5）。M21:7，夹砂灰陶。口部残，折肩，鼓腹，下腹斜收，平底略上凹，内底凸凹不平。肩上侧饰一圈凹弦纹，肩下侧有一圈凸起的平行竖向线纹，似附加堆纹，腹部饰一圈刻划的平行竖向短线纹。器身轮制。最大腹径19.2、底径10.5、残高14.8厘米（图四〇，4；彩版三九，6）。

盂2件。M21:6，夹砂灰陶。侈口，领部外翻，圆唇，束颈，折肩，斜弧腹，平底略上凹。肩部饰三圈凹弦纹。器身轮制。口径12、最大腹径13.6、底径8.8、高10厘米（图四〇，6；彩版五二，4）。

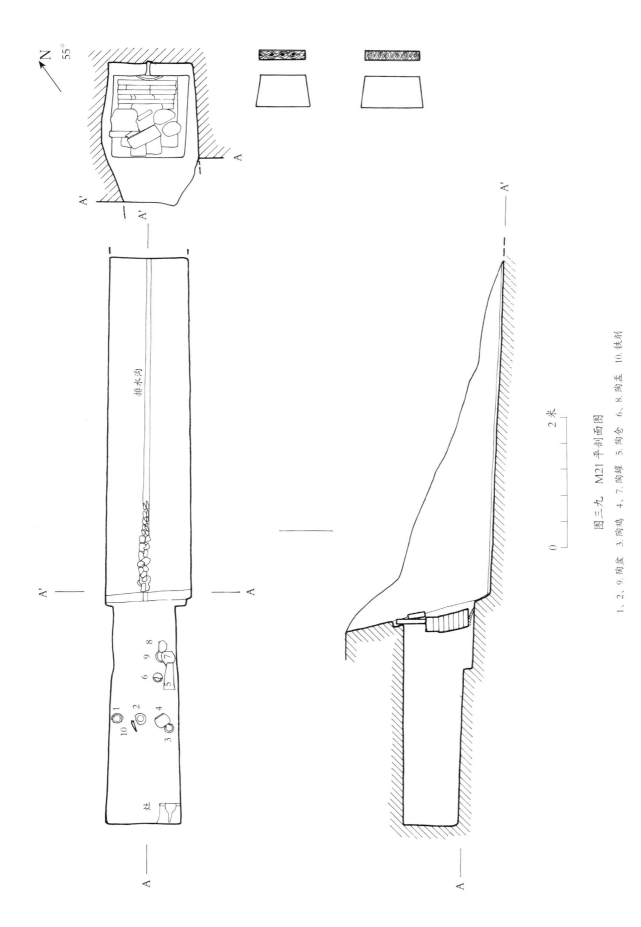

图三九　M21 平剖面图

1、2、9.陶盆　3.陶鸡　4、7.陶罐　5.陶仓　6、8.陶盂　10.铁削

排水沟

灶

N
55°

0　　　　　　　　2米

M21:8，夹细砂灰陶。敞口，领部外翻，圆唇，束颈，折肩，弧腹，下腹下部内曲，平底略上凹。口沿内侧有一圈凹槽，肩腹部之间饰两圈凹弦纹。器身轮制。口径11.6、最大腹径12.6、底径8、高9.8厘米（图四〇，7；彩版五二，5）。

仓1件。M21:5，夹砂灰陶。敛口，尖唇，宽卷沿，束颈，折肩，斜直腹自肩部向下变宽，平底。腹上部及中部各饰一组两圈凹弦纹。整体呈筒状，上窄下宽。器身轮制，内壁留有痕迹。口径8.8、底径15.4、高34.4厘米（图四一，1；彩版五五，1）。

鸡1件。M21:3，夹细砂灰陶。鸡首较小，冠部不明显，尖喙略张，圆眼呈饼状外凸，颈部较粗，身体略前倾，昂首挺胸，向外伸展，尾部上翘，立于圆锥形器座上。颈部前方有一圆孔。器身与器座通体连接，中空。制作粗糙，手工捏制为主。长14.4、高11.9厘米（图四一，2；彩版五九，6）。

2. 铁器

削1件。M21:10，锈蚀严重，尖锋和柄部残。弧背，单面刃，断面呈三角形。长15.4、厚0.5厘米（图四一，3）。

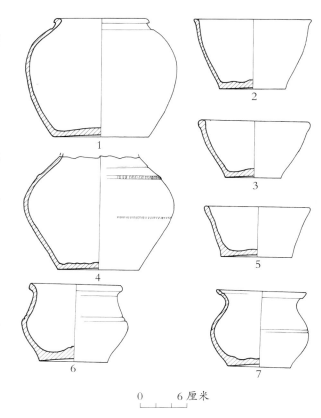

0   6厘米

图四〇　M21 出土陶器

1、4.罐（M21:4、M21:7）　2、3、5.盆（M21:1、M21:9、M21:2）
6、7.盂（M21:6、M21:8）

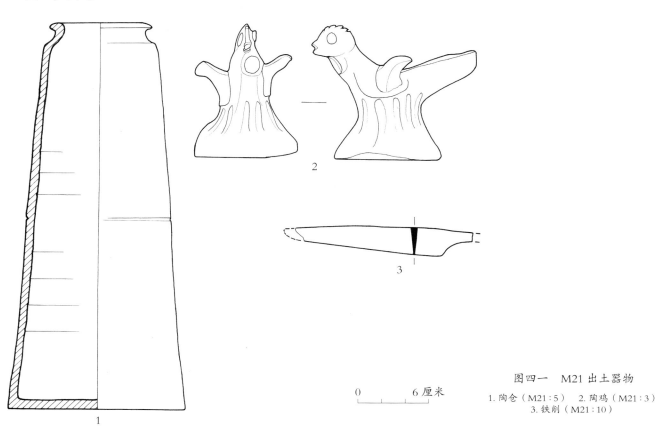

0   6厘米

图四一　M21 出土器物

1.陶仓（M21:5）　2.陶鸡（M21:3）
3.铁削（M21:10）

第二十二节　2012SHTM22

位于东山东侧，北邻 M21，南部紧邻 M23。该墓未开凿完，属于半成品。

仅有墓道、墓门、排水，未见墓室（图四二；彩版一〇，2）。墓向 70°。

墓道位于墓室东部，平面呈梯形，内宽外窄，剖面呈长方形。底部西高东低，由内向外倾斜。长 9.8、宽 0.7~1.26、最高处 3.42 米。墓道有两层回填土，上层为红砂层耕土，下层为黄褐色黏土。

排水设施起于墓道后部、距墓门 3.28 米处，贯穿整个墓道中轴线。先开凿沟槽，在排水沟内放置绳纹板瓦残片，瓦片从前向后铺设，后、前叠压。

墓门正视呈长方形，单层门框结构。门洞宽 1.2、高 1.08、进深 0.44 米。门楣高 0.1 米。

墓室未开凿完成，仅在墓门下部开凿一不规则形洞。

从未开凿完处，可以看到崖墓开凿用两种凿，先用大宽凿向内凿出石块，凿出墓室的空间，墓道两壁留有大宽凿痕迹；然后再用小尖凿修整，墓门门框可见尖凿留下的点状凿痕。

未发现相关下葬痕迹。

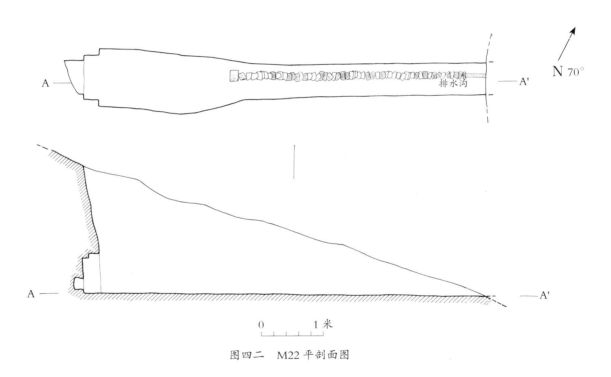

图四二　M22 平剖面图

第二十三节　2012SHTM23

一　墓葬形制

位于东山东侧，北邻 M22 和 M25，南邻 M24。该墓未被盗扰。墓葬总体内高外低，以利于排水。

单室崖墓，由墓道、墓门、甬道和墓室组成（图四三；彩版一一，1、2；彩版一二，1、2；彩版一三，1）。墓向 85°。

墓道位于墓室东部，平面呈梯形，内宽外窄，剖面呈梯形，上窄下宽。墓道西高东低，由内向外倾斜。长 8.5、宽 0.54~1.76、最高处 2.54 米。填土分成两层，无夯打痕迹：上层为红褐色较疏松含砂黏土，包含

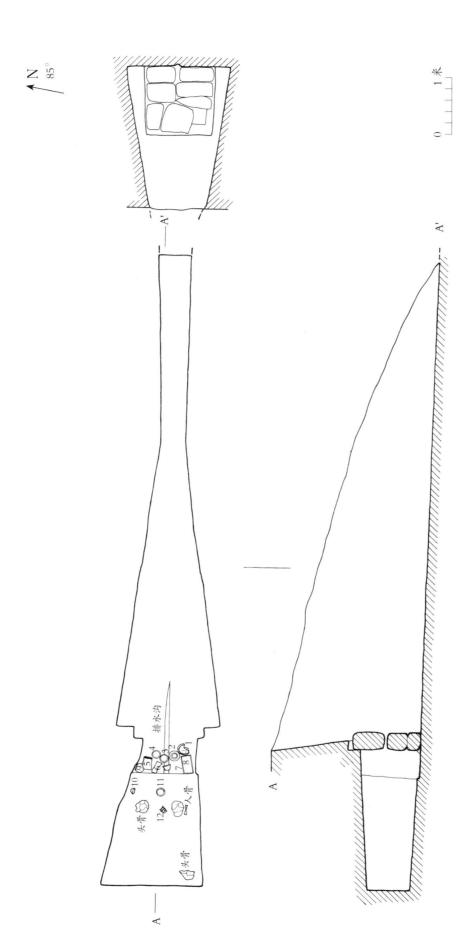

图四三　M23 平面剖图

4. 陶盂　2、7 陶罐　1、3、9. 陶盆　5. 陶井　6、12. 陶俑　8. 陶房　10、11. 陶镙

大量植物根系；下层为红色沙土夹杂大量红砂石块。

排水沟起于墓门处，位于墓道中轴线上，仅靠近墓门处凿有沟槽，墓道前部未见。沟长 1.68、宽 0.08、深 0.06 米。

墓门位于墓室东部，正视呈长方形，单层门框结构。门洞宽 0.9 ~ 1.1、高 0.96、进深 0.62 米。封门用红砂石块错缝砌筑而成，红砂石块均为规整长方体，应该是开凿本墓葬时，用多余石块雕凿而成。

甬道位于墓门和墓室之间，平面略呈梯形。底部西高东低。宽 0.9、高 0.96、进深 0.62 米。

墓室较甬道高一级台阶，高约 0.04 米。墓室平面呈梯形，内宽外窄，长 2.04、宽 1.1 ~ 1.72、高 0.76 ~ 0.94 米。底部西高东低，由内向外倾斜。墓内有淤土，应该是从石缝中渗入。土质为红褐色黏土，中间夹杂大量白色物质，可能是霉斑。平顶。

墓道南北两壁用宽凿由东向西开凿，凿痕略向上翘。墓道和墓室底部也留有宽凿痕迹。墓门和墓壁用细尖凿修整。墓门门框可见尖凿留下的点状凿痕。墓室南北两壁用尖凿由东向西开凿并修整，西壁可见尖凿留下的点状凿痕。

墓室发现有 3 具人骨，腐朽严重，在墓室后部和墓室前部、近甬道两侧各发现 1 具头骨，另在南侧东端的头骨残片处发现有一节肢骨。葬式不详。葬具已完全腐朽，但在墓室中部发现少量铁棺钉，推测葬具为木棺。

出土随葬品共 13 件，均为陶器，主要放置于墓室前部。其中陶俑头发现于墓室中部，2 件钵发现于墓室前侧近甬道的位置，另 9 件陶器均放置于墓门，位置未经扰动。出土器物包括井 1 件、罐 2 件、钵 2 件、盂 2 件、盆 3 件、房 1 件、俑 1 件和俑头上簪花 1 件。

二 出土器物

钵 2 件。M23：10，夹砂灰陶。敛口，尖唇，折腹，矮圈足外撇。口沿下有一圈凸棱，上腹饰一圈凹弦纹。器身轮制。口径 12.2、底径 7、高 6.8 厘米（图四四，8）。M23：11，夹砂灰陶。敛口，圆唇，折腹，矮圈足外撇。口沿下饰一圈凹弦纹。器身轮制。口径 12.7、底径 6.4、高 7 厘米（图四四，6；彩版四三，5）。

罐 2 件。M23：2，夹砂灰陶。敛口，厚方唇，短束颈，圆肩，鼓腹，下腹内收，平底略上凹，内底凸凹不平。器身轮制。口径

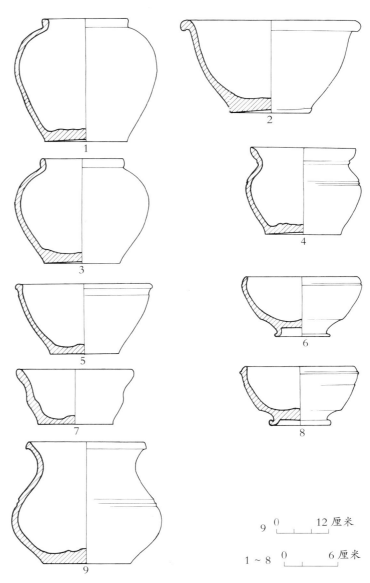

图四四　M23 陶器

1、3. 罐（M23：2、M23：7）　2、5、7. 盆（M23：9、M23：3、M23：1）
4、9. 盂（M23：4、M23：14）　6、8. 钵（M23：11、M23：10）

9.8、最大腹径 16.2、底径 9.4、高 14.3 厘米（图四四，1；彩版四〇，1）。M23：7，夹砂灰陶。敛口，厚圆唇，束颈，圆肩，鼓腹，下腹斜收，平底略上凹。器身轮制。口径 9.6、最大腹径 15.2、底径 8.6、高 12.2 厘米（图四四，3）。

盂 2 件。M23：4，夹砂灰陶。敞口，尖唇，束颈，溜肩，鼓腹，下腹内收，平底略上凹。颈部饰一圈凸弦纹，肩部饰两圈较粗的凹弦纹，下腹部饰两圈细密的凹弦纹。器身轮制。口径 12、最大腹径 13、底径 8.6、高 10.1 厘米（图四四，4；彩版五二，6）。M23：14，夹砂灰黄陶，敞口，方唇，束颈，溜肩，肩部饰两圈凹弦纹，鼓腹，下腹斜收，平底。器形不规整。器身轮制。口径 13.6、高 14.2、底径 10、最大腹径 17 厘米（图四四，9）。

盆 3 件。M23：1，夹砂灰陶。敞口，厚圆唇，曲腹，平底，内底中间凸起。

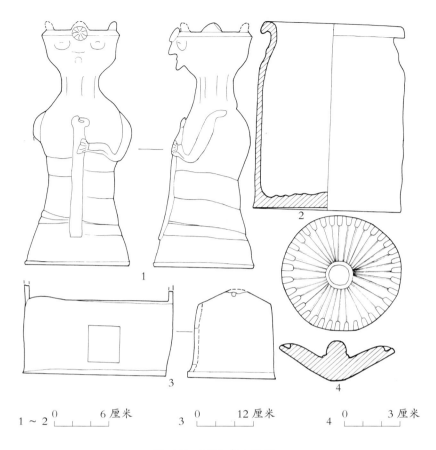

图四五　M23 出土陶器

1.俑（M23：6、M23：12）　2.井（M23：5）　3.房（M23：8）　4.簪花（M23：13）

中间凸起。器身轮制。口径 13.4、底径 8.6、高 6.4 厘米（图四四，7；彩版四八，3）。M23：3，夹砂灰陶。敛口，厚方唇，斜弧腹，平底，内底中间凸起。唇部下侧有一圈凹槽。器身轮制。口径 15.6、底径 7.8、高 8.2 厘米（图四四，5；彩版四八，4）。M23：9，夹砂灰陶。敞口，厚圆唇，宽卷沿，曲腹，平底略上凹。器身轮制。口径 20.4、底径 9、高 10.7 厘米（图四四，2；彩版四八，5）。

井 1 件。M23：5，夹砂灰陶。侈口，方唇，宽卷沿，束颈，直腹，平底略上凹，内底凸凹不平。器身轮制，制作粗糙。口径 15.8、底径 16.2、高 20.6 厘米（图四五，2；彩版五六，1）。

房 1 件。M23：8，夹砂灰陶。整体呈长方体，由五块墙板构成，上部略残。屋顶不存，山墙中间凸起，呈三角形，顶部有一圆形穿孔。房前留有长方形门洞，后墙上刻画有一方形窗。制作粗糙。长 31.2、宽 19.6、残高 19.4 厘米（图四五，3；彩版五六，3）。

俑 1 件。M23：6、12，夹砂灰陶。头、身分制后套接。头平顶，顶两侧有犄角，中间有一凸起。近方形脸，双目圆凸，额头上簪一花。高鼻。吐舌。身体呈筒状，下身喇叭状。手拿一环首杖形器物。下着长袍，盖住双脚。器身中空。制作较粗糙。头高 8、身高 20、身宽 11.4、通高 27 厘米（图四五，1；彩版六〇，2、3）。

簪花 1 件。M23：13，泥质灰陶，平面呈圆形，花心凸起，四周阴刻线形成花瓣。应是俑头上簪花。直径 6.5 厘米（图四五，4）。

第二十四节　2012SHTM24

一　墓葬形制

位于东山东侧，北邻 M23，南邻 M26。墓葬被盗扰，墓门上部留有圆形盗洞。墓葬总体内高外低。

单室崖墓，由墓道、墓门、甬道和墓室、棺龛组成（图四六；彩版一三，2；彩版一四，1）。墓向70°。

墓道位于墓室东部，平面呈梯形，内宽外窄，剖面呈长方形。墓道西高东低，由内向外倾斜，利于排水。长 11.46、宽 1.06 ~ 1.7、最高处 3 米。

排水设施位于墓道底部南壁下，始于甬道南侧，穿过门框底部，贯通墓道。先开凿沟槽，剖面呈长方形，沟槽内放置青灰色绳纹陶质筒瓦，筒瓦前后套接成排水管道。管道起始处覆盖碎瓦片，应该是起过滤泥沙作用，但管道内仍淤满沙土。除了墓门附近用排水管外，前部沟槽上覆盖红砂石块。排水沟总长 12.1 米，其中筒瓦套接的排水管道长 3 米。

墓门位于墓室东部，正视呈长方形，单层门楣结构。门洞宽 1.14、高 1.6 米。未发现封门遗迹。

甬道位于墓门和墓室之间，平面呈梯形，内宽外窄。底部西高东低。长 0.64、宽 1.14、高 1.6 米。

墓室平面略呈长方形，长 3、宽 1.7、高 1.6 米。底部西高东低，由内向外倾斜，以便排出墓内积水。墓室北壁凿有一棺龛，平面呈长方形。棺龛较墓室底部高 0.12 ~ 0.18 米，宽 2.76、高 0.94 ~ 0.98、进深 0.76 米。墓顶为平顶。墓室后壁及顶部有烟熏痕迹，可能是照明留下。墓内渗入大量红褐色沙土，土中夹杂白色物质，可能是霉斑。

墓道先用宽头凿开凿，然后南北两壁用尖凿由东向西开凿并修整。墓门门框可见尖凿留下的点状凿痕。墓室南北两壁东端用尖凿由西向东修整，中部及西端用尖凿由东向西开凿并修整，墓室西壁可见尖凿留下的点状凿痕，墓底及墓顶用平凿由东向西进行修整，凿痕稀疏。北壁棺龛东西两壁、顶部以及底部用尖凿由南向北开凿并修整，北壁可见尖凿留下的点状凿痕。

未发现人骨。葬具已完全腐朽，但在北壁棺龛中部发现少量铁棺钉，推测葬具为木棺。

出土随葬品共 10 件，以陶器为主，位置被扰乱，除了在墓室中部发现有残碎陶片外，其他均发现于

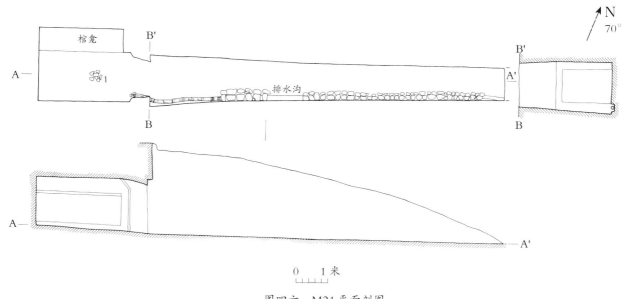

图四六　M24 平面剖图

1. 陶瓷

扰土中。包括俑头上簪花1件、罐2件、瓮1件、盒1件、釜2件、盆1件、水塘1件。还有零落钱币。

二 出土器物

1. 陶器

罐2件。M24:4，夹砂褐陶。侈口，厚圆唇，束颈，颈部以下残。器身轮制。口径11.6、残高3.6厘米（图四七，4）。M24:7，夹砂灰陶。敛口，方唇，矮领，溜肩，肩部以下残。器身轮制。口径17.4、残高5厘米（图四七，1）。

瓮1件。M24:1，夹砂灰陶。敛口，厚卷唇外凸，束颈，宽折肩，鼓腹，下腹斜收，平底略上凹。肩部饰一圈凹弦纹。近器底处有圆形孔。器身轮制。口径20.8、最大腹径34、底径16.6、高25.8厘米（图四七，6；彩版四九，6）。

盒（？）1件。M24:6，夹砂黄陶。敛口，圆唇，子口，斜弧腹，腹部以下残。器身轮制。口径17.2、残高3.6厘米（图四七，9）。

釜（？）2件。M24:3，夹砂灰陶。侈口，尖圆唇，束颈，溜肩，肩部以下残。肩颈部饰竖向绳纹。器身轮制。口径24、残高7.2厘米（图四七，5）。M24:8，腹部以上残，垂弧腹，圜底，

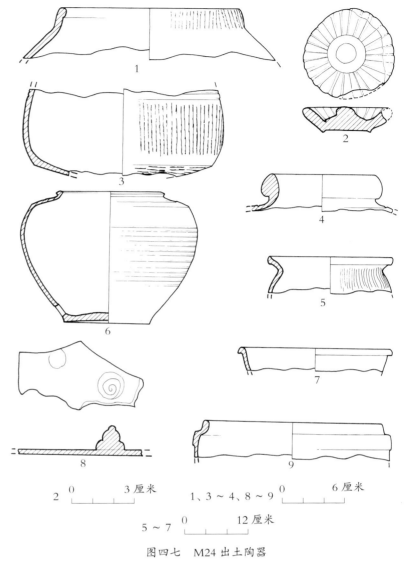

图四七　M24 出土陶器

1、4. 罐（M24:7、M24:4）　2. 簪花（M24:2）　3、5. 釜（M24:8、M24:3）
6. 瓮（M24:1）　7. 盆（M24:5）　8. 水塘（M24:9）　9. 盒（M24:6）

底部略残。上腹部残存两圈凹弦纹，凹弦纹以下饰竖向绳纹，器底饰横向绳纹。腹径19.4、残高8.4厘米（图四七，3）。与M24:3很可能为同一件器物。

盆1件。M24:5，夹砂灰陶。敞口，方唇，卷沿，弧腹，腹部及以下残。器身轮制。口径30、残高4.4厘米（图四七，7）。

水塘1件。M24:9，夹砂黄陶。残损严重，仅存部分。残面上附有一个田螺。残长12、残高3厘米（图四七，8）。

俑头上簪花1件。M24:2，夹砂黄陶。圆形菊花状，中间为一葫芦形凸钮，以凸钮为中心向外散射竖向条状凹槽。制作粗糙。直径4.4、残高1.2厘米（图四七，2）。

2. 钱币

M24:10，均出土于墓室扰土之中。共11枚，其中6枚残。均为A型。

Ⅰ式1枚。残，直径2.4、穿长1厘米（图四八，1）。

Ⅱ式1枚。直径2.6、穿长1厘米（图四八，2）。

Ⅲ式2枚。直径2.4～2.5、穿长1厘米。正面穿上有横（图四八，3、4）。

Ⅴ式1枚，残。直径2.5、穿长1厘米。正面穿上有横。铢字较为模糊。

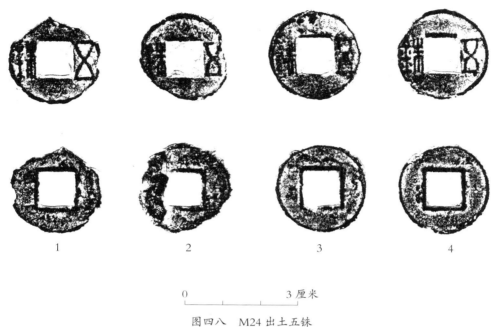

图四八　M24出土五铢

1. Ⅰ式（M24：10-1）　2. Ⅱ式（M24：10-2）　3、4. Ⅲ式（M24：10-6、M24：10-7）

第二十五节　2012SHTM25

一　墓葬形制

位于田家寺东山东侧，北邻 M22，南邻 M23。墓顶垮塌。墓内堆满砂石。墓葬总体内高外低，以利于排水。

由墓道、墓门、甬道、墓室、侧室、壁龛、灶等组成（图四九；彩版一四，2；彩版一五，1；彩版一六，1）。墓向65°。

墓道位于墓室东部，平面呈梯形，内宽外窄，剖面呈长方形。底部西高东低，且内向外倾斜。长7、宽1.1～1.66、最高处2.7米。墓道内回填土未发现夯筑痕迹，可分两层：上层为红砂土；下层为红砂土夹杂红砂石块。

排水设施位于墓道底部南侧，始于甬道南壁下，穿过门框底部，贯通墓道。先开凿沟槽，然后分段回填。在甬道至墓道后段位置的排水沟内堆满鹅卵石，余下部分则用红砂石块覆盖排水沟。排水沟总长7.54米，其中鹅卵石所铺的排水沟部分长2.4米，红砂石块覆盖的排水沟部分长5.14米。

墓门位于墓室东部，正视呈长方形。门洞0.96～1.06、高1.58米。门外侧凿有单层门框，宽1.12～1.22、进深0.16米。用夯土封门，夯土分成三层：上层为黄色黏土，中部为黄色黏土夹杂少量红砂石，下层为黄色黏土、红砂土与红砂石块的混合土。

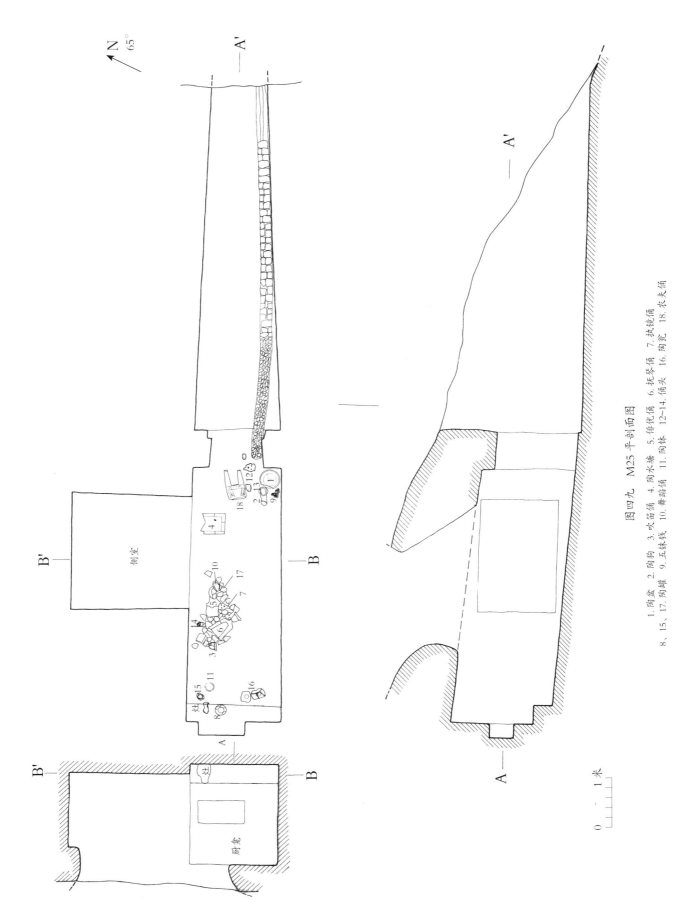

图四九 M25 平剖面图

1. 陶盆 2. 陶钩 3. 吹笛俑 4. 庖厨俑 5. 俳优俑 6. 抚琴俑 7. 执镜俑
8、15、17. 陶罐 9. 五铢钱 10. 舞蹈俑 11. 陶钵 12~14. 俑头 16. 陶瓮 18. 农夫俑

甬道位于墓门和墓室之间,平面略呈梯形,内宽外窄。高于墓道一个台阶。底部西高东低,由内向外倾斜。长 0.58、宽 1.06、高 1.58 米。

墓室平面略呈梯形,内宽外窄,长 5.12、宽 1.76 ~ 1.84、高 1.82 ~ 1.9 米。底部西高东低,由内向外倾斜。墓室后部凿有一个宽 1.82、高 0.36、进深 0.3 ~ 0.38 米的平台,平台北部凿有一灶,仅见圆形灶面,直径约 11 厘米,其他部分已被破坏。后壁上有一长方形壁龛,宽 0.9、高 0.48、进深 0.29 米,底部高于墓底 0.7 米。北壁中部凿有一侧室,起到棺室作用,平面略呈梯形,宽 2.28 ~ 2.4、高 1.5、进深 2.3 米,高于墓室底部。平顶。墓内有垮塌堆积,上层多为红砂石块,下层为褐色黏土夹杂白斑,可能是霉斑。

墓道南北两壁用宽凿由东向西开凿并修整。墓门门框的凿痕风化脱落严重,用凿方式不详。墓室南北两壁前侧用尖凿由西向东修整,中部及后侧用尖凿由东向西开凿并修整,墓室西壁可见尖凿留下的点状凿痕,墓顶垮塌严重,用凿方式不详。北棺龛东西两壁、顶部以及底部用尖凿由南向北开凿并修整,北壁可见尖凿留下的点状凿痕。西壁龛南北两壁及顶部和底部用尖凿由东向西开凿并修整,西壁可见尖凿留下的点状凿痕。

未发现人骨。葬具已完全腐朽,不详。

出土随葬品共 17 件,以陶器为主,另有钱币若干。陶器包括盆 1 件、狗 1 件、俑 5 件、水塘 1 件、罐 1 件、俑头 3 件、钵 1 件、瓮 1 件和罐底 2 件。器物位置被扰乱。大部分器物位于墓室前部,后部平台上有零星器物。其中俳优俑、抚琴俑和俑头发现于墓室中部,陶狗、陶盆、水塘、俑头主要放置于墓室前部,陶罐位于灶附近,另墓室近甬道处和侧室内均发现有钱币。

二 出土器物

1. 陶器

钵 1 件。M25:11,夹砂灰陶。敛口,尖唇,弧腹略折,下腹斜收。平底。器身轮制。口径 11.2、底径 8.4、高 4.8 厘米(图五〇,5;彩版四三,6)。

罐 1 件。M25:8,夹砂灰陶。侈口,方唇,束颈,溜肩略折,上腹略鼓,下腹斜直,平底略上凹。肩部饰一圈凹弦纹,肩部凹弦纹下侧和上腹部分别饰一圈刻划的平行竖向短线纹。器身轮制。口径 11.2、最大腹径 22.8、底径 11.8、高 23.6 厘米(图五〇,2;彩版四〇,2)。

盆 1 件。M25:1,夹砂灰陶。敞口,厚方唇,斜直腹,平底略上凹。腹部饰两圈凹弦纹。器身轮制。口径 38.4、底径 24.8、高 20.6 厘米(图五〇,1;彩版四八,6)。

罐底 2 件。M25:15,夹砂灰陶。上部残,鼓腹,下腹斜收,平底略上凹。器身轮制。底径 10.4、残高 7.4 厘米(图五〇,3)。M25:17,夹砂灰陶。上部

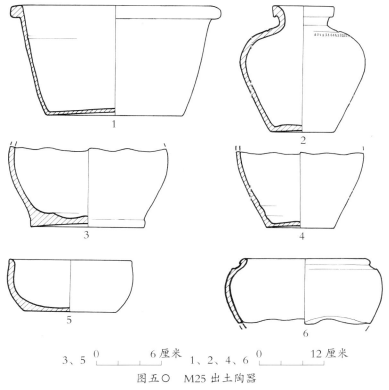

图五〇 M25 出土陶器

1. 盆(M25:1) 2. 罐(M25:8) 3、4. 罐底(M25:15、M25:17) 5. 钵(M25:11) 6. 瓮(M25:16)

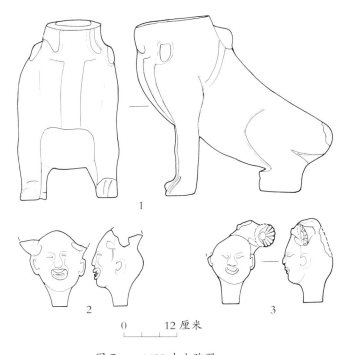

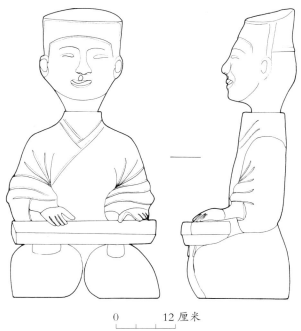

图五一　M25 出土陶器

1. 狗（M25:2）　2、3. 俑头（M25:12、M25:14）

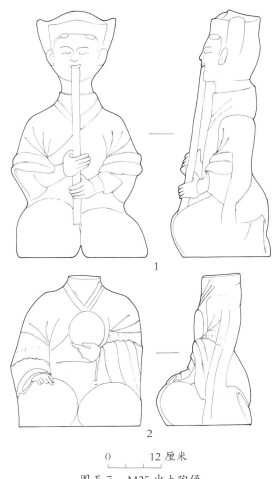

图五二　M25 出土抚琴俑（M25:6）

图五三　M25 出土陶俑

1. 吹笛俑（M25:3）　2. 执镜俑（M25:7）

残，斜弧腹，下腹斜收，平底略上凹。器身轮制。底径 12.4、残高 14 厘米（图五〇，4）。

瓮 1 件。M25:16，夹砂灰陶。敛口，厚圆唇，束颈，鼓肩，上腹较鼓，下腹斜收，底部残。器身轮制。口径 23.2、残高 11.2 厘米（图五〇，6）。

狗 1 件。M25:2，夹砂灰陶。头部已不见，尾部残。蹲坐状，前肢撑立，后肢蹲坐。颈、腹系带穿于背部的环形圆穿中。腹内中空。残长 44、宽 22.8、残高 41 厘米（图五一，1）。

水塘 1 件。M25:4，夹砂黄陶，残。平面呈长方形，宽沿。腹壁斜直，沿和壁之间有泥条连接，以起到加固作用。塘内有莲花。长 37、残宽 26、高 6.6 厘米（图五六）。

吹笛俑 1 件。M25:3，夹砂灰陶。面部丰满，正视前方，神情闲静。坐姿，双手握笛放于胸前，作吹奏状。头戴介帻，两鬓各有一个对称凸起，似是发巾束于此。身穿右衽交领，宽袖长袍，袖有褶纹，下摆盖住双脚。俑身中空。制作较好。宽 32.8、高 57 厘米（图五三，1；彩版六二，1）。

俳优俑 1 件。M25:5，夹砂黄陶。双目微闭，高

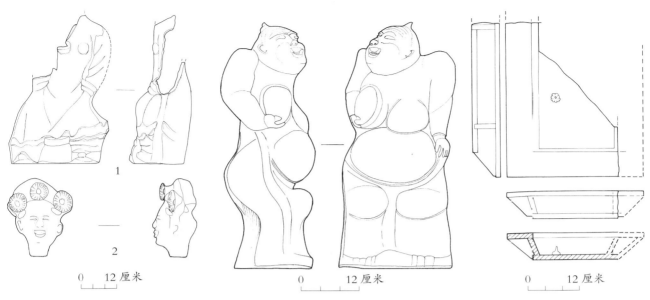

图五四　M25 出土陶俑　　　　　　　　图五五　M25 出土俳优俑（M25：5）　　　　图五六　M25 出土陶水塘（M25：4）

1. 舞蹈俑（M25：10）　　2. 女俑头（M25：13）

鼻阔嘴，面带微笑，神情陶醉。头向右上方仰，额上有多道皱纹。右臂弯曲握鼓置于胸前，左臂自然放于左侧，身体斜立，双脚弯曲分立。头中部束椎髻。袒胸露乳，腹部凸起。下着长裤，盖住双脚．裤腰处下滑于下腹部。俑身中空。制作较好。宽 23.2、高 52 厘米（图五五）。

　　抚琴俑 1 件。M25：6，夹砂灰陶。眼睛微闭，面带微笑，神情闲静。双腿席地而坐，膝上置琴，双手放于琴上，手指作抚琴状。头戴平巾帻，身穿右衽交领，宽袖长袍，袖有褶纹，下摆盖住双脚。俑身中空。制作较好。宽 28.4、高 59.4 厘米（图五二）。

　　执镜（便面？）俑 1 件。M25：7，夹砂灰陶。头部残，坐姿，右手自然放于膝盖，左手弯曲执物置于胸前。身穿右衽交领，宽袖长袍，外穿绣裾式半袖，两袖有褶纹，里层长袖下垂。下着长裙，盖住双脚。俑身中空，侧身有合范痕迹。制作较好。宽 29.6、残高 4.8 厘米（图五三，2）。

　　舞蹈俑 1 件。M25：10，夹砂灰陶。上部残，立姿，双臂自然放于膝盖，双脚分立。窄袖长袍，两袖有褶纹，多层下摆，仅露出双脚。双脚中间有一罐状物。器身中空。模制。残高 50.8 厘米（图五四，1）。

　　俑头 3 件。M25：12，夹砂黄陶。眼微闭，高鼻阔嘴，面带微笑，五官丰满。中空。制作较好。残高 17.4 厘米（图五一，2）。M25：13，夹砂灰陶。破坏严重。眼微闭，高鼻阔嘴，面带微笑。中空。制作较好。高 24.8 厘米（图五四，2）。M25：14，很有可能与 M25：7 为同一件器物。夹砂黄陶。眼微闭，高鼻阔嘴，面带微笑。头上带帽，帽饰簪花。中空。制作较好。宽 11.2、高 19 厘米（图五一，3）。

　　农夫俑（武士俑？）1 件。M25：18，仅存下半身。夹砂灰陶，陶质很差，未能修复。

　　2. 钱币

　　M25：9，保存较好者 50 枚，另外 2 枚残损严重，形制不辨。

　　大泉五十 2 枚。形制规整。圆形方穿，有内外郭。正方形穿，宽郭。正面篆书"大泉五十"四字，清晰工整。直径 2.2～2.5、穿长 0.9 厘米（图五七，1～2）。

　　货泉 10 枚。部分钱币稍残。钱币铸造规整。圆形方穿，有内外廓，正方形穿，穿之两面有廓，钱面铸篆文"货泉"二字，笔画较细，清晰工整。直径 2.15～2.2 厘米，穿径 0.7 厘米（图五七，3～9）。

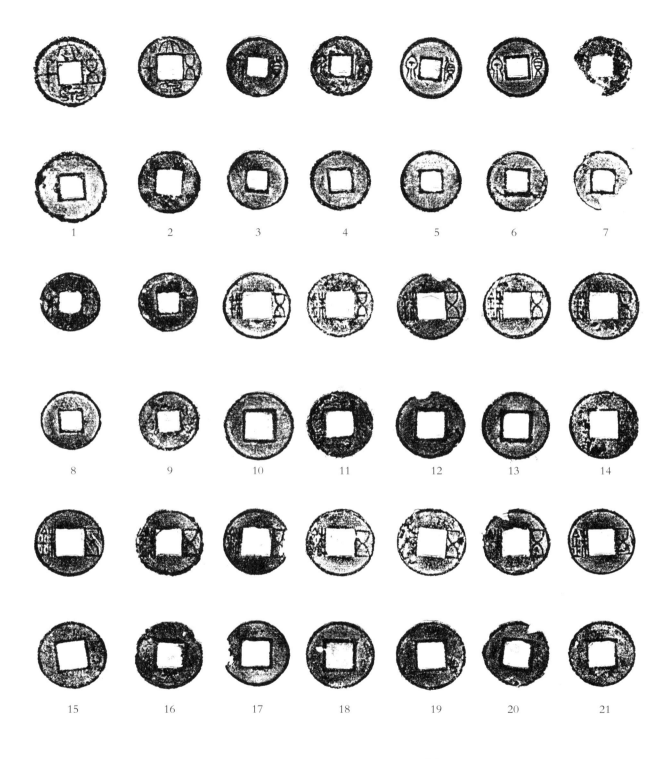

1～21　<u>0</u>　　　　　　　　5厘米

图五七　M25 出土钱币（M25∶9）

1、2.大泉五十（M25∶9-1、M25∶9-2）　3～9.货泉（M25∶9-3～M25∶9-9）　10、11.五铢 A 型Ⅲ式（M25∶9-13、M25∶9-14）
12、13.五铢 A 型Ⅳ式（M25∶9-15、M25∶9-16）　14～21.五铢 A 型 V 式（M25∶9-17～M25∶9-22、M25∶9-47、48）

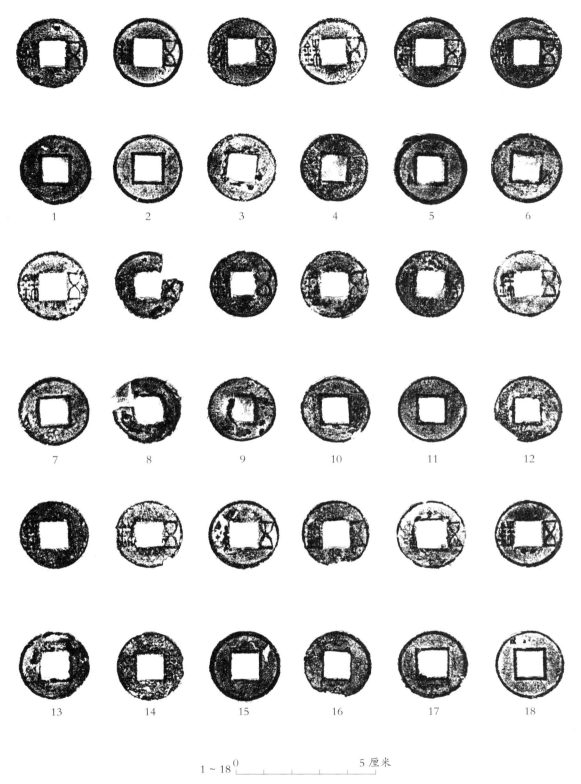

1 ~ 18 $\underset{0}{\vdash}$ |———|———|———|———| 5厘米

图五八 M25 出土五铢（M25∶9）

1、2.A 型 V 式（M25∶9-23、M25∶9-24） 3、4.A 型 Ⅵ 式（M25∶9-25、M25∶9-26） 5 ~ 7.A 型 Ⅶ式（M25∶9-27 ~ M25∶9-29）
8 ~ 15.A 型Ⅷ式（M25∶9-30 ~ M25∶9-37） 16 ~ 18.A 型 Ⅸ式（M25∶9-38 ~ M25∶9-40）

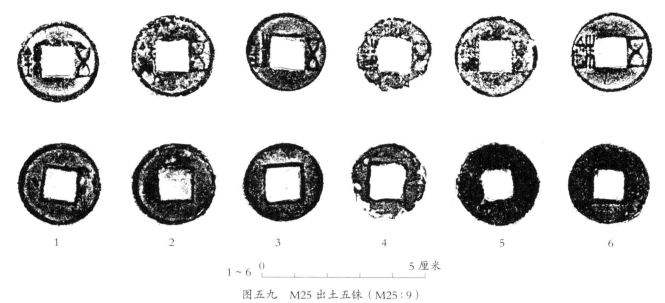

图五九　M25 出土五铢（M25：9）

1、2.A 型Ⅸ式（M25：9-41、M25：9-42）　3.A 型Ⅹ式（M25：9-43）　4.B 型（M25：9-44）　5、6.C 型（M25：9-45、M25：9-46）

五铢 38 枚。

A 型 35 枚。其中 2 枚不清。分为六式。

Ⅲ式 2 枚。直径 2.4 ~ 2.5、穿长 1 厘米。1 枚正面穿下有星（图五七，10、11）。

Ⅳ式 2 枚。钱径 2.5、穿长 1 厘米（图五七，12、13）。

Ⅴ式 10 枚。1 枚钱背穿下有"五"字。钱径 2.4 ~ 2.5、穿长 0.9 ~ 1.1 厘米（图五七，14 ~ 21；图五八，1 ~ 2）。

Ⅵ式 2 枚。钱径 2.4 ~ 2.5、穿长 1 厘米（图五八，3 ~ 4）。

Ⅶ式 3 枚。钱径 2.4、穿长 0.9 厘米（图五八，5 ~ 7）。

Ⅷ式 8 枚。钱径 2.4、穿长 0.9 ~ 1 厘米（图五八，8 ~ 15）。

Ⅸ式 5 枚。钱径 2.3 ~ 2.4、穿长 0.9 厘米（图五八，16 ~ 18；图五九，1 ~ 2）。

Ⅹ式 1 枚。钱径 2.4、穿长 1.1 厘米。正面穿下有横（图五九，3）。

B 型 1 枚。用 A 型Ⅷ式五铢制作。钱径 2.2、穿长 1 厘米（图五九，4）。

C 型 2 枚。用 A 型Ⅵ、Ⅶ式制作。钱径 2.4 ~ 2.5、穿长 1 厘米（图五九，5 ~ 6）。

第二十六节　2012SHTM26

一　墓葬形制

位于东山东侧，北邻 M24。墓葬未被盗扰。墓葬总体内高外低，以利于排水。

单室崖墓，由墓道、墓门、封门砖和墓室组成（图六〇；彩版一五，2；彩版一六，2；彩版一七，1）。墓向 80°。

墓道位于墓室东部，平面呈梯形，剖面亦呈梯形，上宽下窄。底部西高东低，由内向外倾斜。坡度较大，墓道前部缓缓上斜，至墓门 6 米处突然坡度增大。长 14.22、宽 0.44 ~ 1.6、最高处 2.04 米。墓道填土分成两层：上层为疏松的红砂土，下层为红褐色沙土夹杂大量石块。

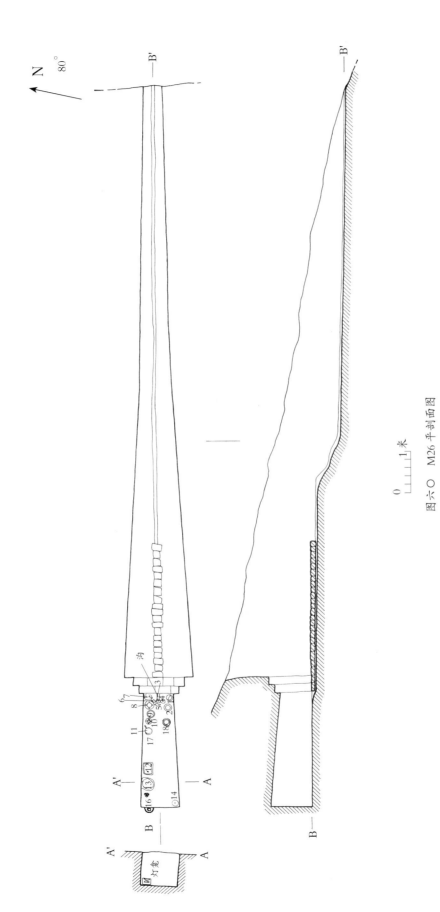

N
80°

沟

灯龛

图 灯龛

图六〇 M26 平剖面图

0 1 米

1、2. 陶罐 3、4、7. 陶俑 5、6. 陶鸡 8、10. 瓷罐 9、11. 陶杯 12. 陶房 13. 陶钵 14. 钱币 15. 钱币 16. 陶灯 17. 铜锥斗 18. 陶井

63

排水设施位于墓道底部中轴线上，始于墓门，自门框底部贯通墓道。先开凿沟槽，排水沟内覆盖一层宽约0.2～0.26米的红砂石块，红砂石块从墓门开始向墓道延伸约2.5米。排水沟长14.22、宽0.06、深0.04米。

墓门位于墓室东部，正视呈长方形，双层门框结构。门洞宽0.76、高0.76米。有封门。封门底部用青灰色扇形的菱形纹砖平砌一层，上部用较大红砂石块不规律砌筑，已被破坏。封门被墓道内夯土挤压变形。石块呈长方形，长约50、宽约30厘米，用凿墓多余石块雕凿。

墓室较墓道高0.04米左右。墓室平面呈梯形，较窄长，内宽外窄，长2.84、宽0.72～0.92、高0.76～0.96米。底部西高东低，由内向外倾斜。墓顶为平顶。后壁有一略呈圆形壁龛，壁龛内放置一灯。墓室内有烟熏痕迹。

墓道南北两壁用宽凿由东向西开凿并修整，墓室门框可见尖凿留下的点状凿痕。墓室南北两壁用尖凿由东向西开凿并修整，西壁可见尖凿留下的点状凿痕。墓底及墓顶用尖凿由东向西进行修整，凿痕稀疏。

未发现人骨。葬具已完全腐朽，不详。

出土随葬品共21件，以陶器为主，另有少量瓷器、铜器、铁器以及钱币若干。陶器包括罐4件、钵1件、盆1件、俑3件、灯1件、房1件、鸡2件和井1件，瓷器有四系罐2件，铜器包括盆1件、鐎斗1件、镜1件，另有器形不明的铁器1件和钱币若干。器物位置未被扰乱，主要放置于墓门处。其中陶器和瓷器均集中放置于墓室前端近墓门处，铜鐎斗发现于墓室中部北侧，紧邻瓷四系罐，陶房、铜盆以及钱币由东向西依次置于墓室后端北壁一侧，在墓室后端的西南角有一铜镜，后壁龛中有1陶灯。

二 出土器物

1.陶器

罐4件。M26∶1，夹砂灰陶。敛口，厚圆唇，矮领，溜肩，鼓腹，下腹内曲，平底略上凹，内底中间凸起。器身轮制。口径11、最大腹径16.2、底径9、高12.6厘米（图六三，4；彩版四〇，3）。M26∶2，夹砂灰陶。敛口，厚圆唇，束颈，溜肩，鼓腹，下腹斜收，平底略上凹。器身轮制。口径10.6、最大腹径15.9、底径10、高13.4厘米（图六一，4；彩版四〇，4）。M26∶19，夹砂灰陶。上部残，仅存底部。斜直腹，

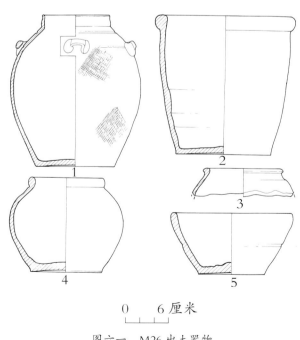

图六一　M26 出土器物

1. 瓷罐（M26∶8）　2. 陶井（M26∶18）
3、4. 陶罐（M26∶21、M26∶2）　5. 陶盆（M26∶9）

下腹斜收，平底。底径 9.6、残高 4.2 厘米（图六三，2）。M26：21，夹砂灰陶。下部残，仅存罐口。敛口，厚圆唇，束颈，溜肩，下部残。器身轮制。口径 11、残高 4 厘米（图六一，3）。

盆 1 件。M26：9，夹砂灰陶。敞口，圆唇，斜直腹，平底略上凹。内底凸凹不平。腹中部有一圈凹槽。器身轮制。口径 17、底径 9.2、高 8.7 厘米（图六一，5；彩版四九，1）。

钵 1 件。M26：11，置于鐎斗之上。夹砂灰陶。敛口，圆唇，下腹折收，圜底近平，圈足残。素面。器身轮制。口径 14.2、残高 6.6 厘米（图六三，5；彩版四四，1）。

灯 1 件。M26：16，夹砂灰陶。灯盘敞口，圆唇，折腹。腹部有两周凹弦纹。短柄，下接浅盘，柄中空连至盘底。柄上部有镂孔。器身轮制。制作较好。口径 9.8、底径 8.6、通高 7.3 厘米（图六四，6；彩版五四，3）。

井 1 件。M26：18，夹砂灰陶。敛口，厚圆唇，斜弧腹，下腹斜收，平底略上凹。器身整体近桶状，轮制。口径 19.6、底径 13.2、高 19.8 厘米（图六一，2；彩版五六，2）。

房屋 1 件。M26：12，夹砂灰陶。长方体箱型。由上、下、左、右、底五块板组成。长侧前后墙呈长方形。两短山墙侧上部呈三角形。平底略凸出。长侧一面的中部开有一梯形门。房顶缺失。制作粗糙。长 32、残宽 26.8、高 19.4 厘米（图六二；彩版五六，4）。

俑 3 件。M26：3，夹砂灰陶。双眼微闭，高鼻阔嘴，面带微笑，双手置于腹前。头戴尖帽（或束椎髻），身穿长袍，盖住脚。下身呈喇叭状。器身中空。手工捏制，制作较差。身宽 8.4、高 18.2 厘米（图六四，2；彩版六二，3、4）。M26：4，夹砂灰陶。形制同 M26：3。器身中空。模制，制作较差。宽 9、高 20.8 厘米（图六四，1）。M26：7，夹砂灰陶。头上装饰鹿角，鹿角前部有圆形凸起。五官丰满，眉弓较粗，圆眼，双目凸出，高鼻阔嘴，对称大耳。下巴处有胡须。面带微笑。左臂弯曲握于胸前，右手残，手中似执器物。身着长袍，盖住双脚。下身呈喇叭状。通体中空。器身模制，制作较好。宽 15.8、高 33.5 厘米（图六五，2；彩版六二，2）。

鸡 2 件。M26：5，夹细砂灰陶。器身小首，无冠，尖喙，圆眼呈饼状外凸，颈部较粗，身体略前倾，昂首挺胸。双翅合拢贴于身体两侧，尾部上翘，立于圆锥形器座上。器身与器座通体连接，中空，呈喇叭状。制作粗糙。长 17、宽 8.8、高 11.4 厘米（图六四，5；彩版五九，7）。M26：6，夹细砂灰陶。器身小首，

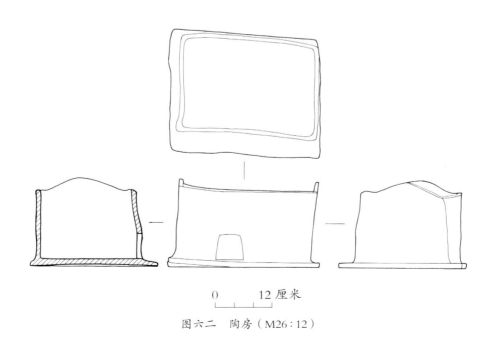

0　　　12 厘米

图六二　陶房（M26：12）

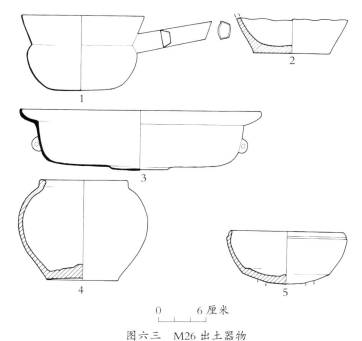

图六三　M26 出土器物

1. 铜鐎斗（M26：17）　2. 陶罐底（M26：19）
3. 铜盆（M26：13）　4. 陶罐（M26：1）　5. 陶钵（M26：11）

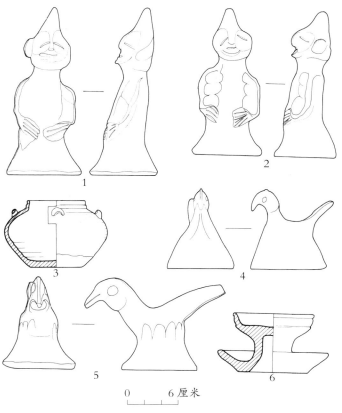

图六四　M26 出土器物

1、2. 陶俑（M26：4、M26：3）　3. 瓷罐（M26：10）
4、5. 陶鸡（M26：6、M26：5）　6. 陶灯（M26：16）

无冠，尖喙，圆眼呈饼状外凸，颈部较粗，身体略前倾，昂首挺胸。双翅合拢贴于身体两侧，尾部上翘，立于圆锥形器座上。器身与器座通体连接，中空，呈喇叭状。制作粗糙。长10、宽8、高9.8厘米（图六四，4）。

2. 瓷器

四系罐 2 件。M26：8，灰色胎，口部及腹部饰青釉，釉面局部脱落。直口，方唇，直领，溜肩，鼓腹，下腹斜收，平底略上凹。肩部附加四个对称的横桥形耳。肩部饰两圈线条不流畅的凹弦纹。通腹饰拍印布纹。器身轮制，器耳为捏制后附加于器身。器身轮制。口径9.4、最大腹径18.2、底径9、高21.6厘米（图六一，1；彩版六三，6）。M26：10，灰色胎。口部到腹部饰青釉，釉面局部脱落。直口，圆唇，矮领，折肩，上腹圆鼓，下腹斜收，平底。肩部附加四个对称的横桥形耳。器耳上侧饰一圈凹弦纹。器身轮制，内壁有轮制痕迹。器耳为捏制后附加于器身。器身轮制。口径7、底径6.2、高8.2厘米（图六四，3；彩版六四，1）。

3. 铜器

盆 1 件。M26：13，盘口外敞，尖唇，弧腹，圆底略平。腹部附两对称环耳。口径30.2、底径14.4、高7.6厘米（图六三，3）。

镜 1 件。M26：14，圆形镜面，鉴面生锈。镜背面有纹饰。镜缘略凸起，向内有一周折线纹，中间装饰圆点。又一周凸起，内为一周短线纹。短线内禽鸟云纹。又一周三角凸起，内又是一周短线纹。再向内一周乳丁。中间为圆形钮，中空。直径16.1、厚1.4厘米（图六六，图六七）。

鐎斗 1 件。M26：17，器身釜形，敞口，方唇，束颈，溜肩，弧腹，圆底近平。肩部处立一中空把手，截面呈梯形。口径15.4、高9.4厘米（图六三，1；彩版六四，5）。

4. 钱币

M26：15，19枚完整，10枚残。

大泉五十 2 枚。形制规整。圆形方穿，有

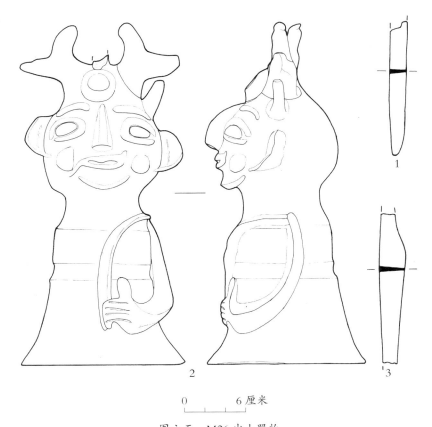

图六五　M26 出土器物

1、3. 铁削（M26：20、M26：21）　2. 镇墓俑（M26：7）

内外郭。正方形穿，宽郭。正面篆书"大泉五十"四字，清晰工整。钱径 2.6～2.7、穿长 1 厘米（图六八，1、2）。

五铢 16 枚。

A 型　16 枚。

Ⅱ式 2 枚。正面穿上下有横。钱径 2.6、穿长 1 厘米（图六八，3、4）。

Ⅲ式 2 枚。正面穿上下有横。钱径 2.5、穿长 1～1.1 厘米（图六八，5、6）。

Ⅳ式 2 枚。"五"字上有一横。正面穿上有横。钱径 2.55、穿长 0.9 厘米（图六八，7、10）。其中 1 枚（M26：15-8），宽郭。钱文凸出，字体较粗。"五"字整体比东汉五铢瘦，上下两横出头，中间两笔缓曲，仍具有西汉五铢特征。但"铢"字较小，结构紧凑。"朱"字上下圆折，上面两竖略外撇，具有东汉特征。暂归此式。

Ⅴ式 3 枚。一枚背面穿左侧有小"五"字（M26：15-11）。钱径 2.5、穿长 0.9～1 厘米（图六八，8、9、11）。

Ⅵ式 3 枚。一枚正面穿上有横，穿下有星。钱径 2.5、穿长 0.9～1 厘米（图六八，12～14）。

Ⅺ式 1 枚。正面穿上有"十"字。钱径 2.12、穿长 0.9 厘米（图六八，15）。

D 型 1 枚。钱径 2.5、穿长 1 厘米（图六八，16）。

5. 铁器

削刀 2 件。M26：21，锈蚀严重，仅存部分刀身。直背，单面刃，断面呈三角形。残长 14.6 厘米（图六五，3）。M26：20，锈蚀严重，仅存刀尖部分，直背，单面刃，断面呈三角形。残长 13 厘米（图六五，1）。

图六六　铜镜（M26:14）

图六七　铜镜（M26:14）

第二十七节
2012SHTM27

一　墓葬形制

位于东山东南侧，南邻 M28。墓葬遭盗扰，封门西侧上部有一方形盗洞，盗洞内出土晚期遗物。总体内高外低，以利于排水。

单室崖墓，由墓道、墓门、甬道和墓室组成（图六九；彩版一七，2；彩版一八，1；彩版一九，1）。墓向95°。

墓道位于墓室东部，平面呈梯形，内宽外窄，剖面亦呈梯形。底部西高东低，由内向外倾斜。长 11、宽 0.7 ~ 1.92、最高处 2.76 米。墓道填两层土:上层为红色疏松砂土，含大量植物根茎；下层为红褐色砂性土夹杂少量红砂岩石块。

排水设施位于墓道底部中轴线上，起于墓门前 4.4 米处，穿至墓道尾端。先开凿沟槽，在排水沟内放置绳纹板瓦残片。长 6.8、宽 0.16 ~ 0.4、深 0.04 米。

墓门较墓道高一台阶。墓门位于墓室东部，正视呈长方形，双层门框结构，内层门框较外层门框高一级台阶。门洞宽 1.2、高 1.28 米。青砖和红砂石块混合封门。封门分为上下两层，下层用不甚规则长方体红砂石错缝堆砌，上层用青砖平砌五层。青砖包括长方形菱形纹砖和扇形素面砖，其中长方形菱形纹砖长 20、宽 30 ~ 35、厚 6 厘米。

甬道较墓门高一台阶。甬道位于墓门和墓室之间，平面略呈梯形，内宽外窄。底部西高东低，由内向外倾斜。长 0.46、宽 1.2、高 1.28 米。

墓室高甬道一级台阶，高约 0.04 米。墓室平面略呈长方形，长 1.6、宽 1.68、高 1.24 米。底部西高东低，由内向外倾斜。

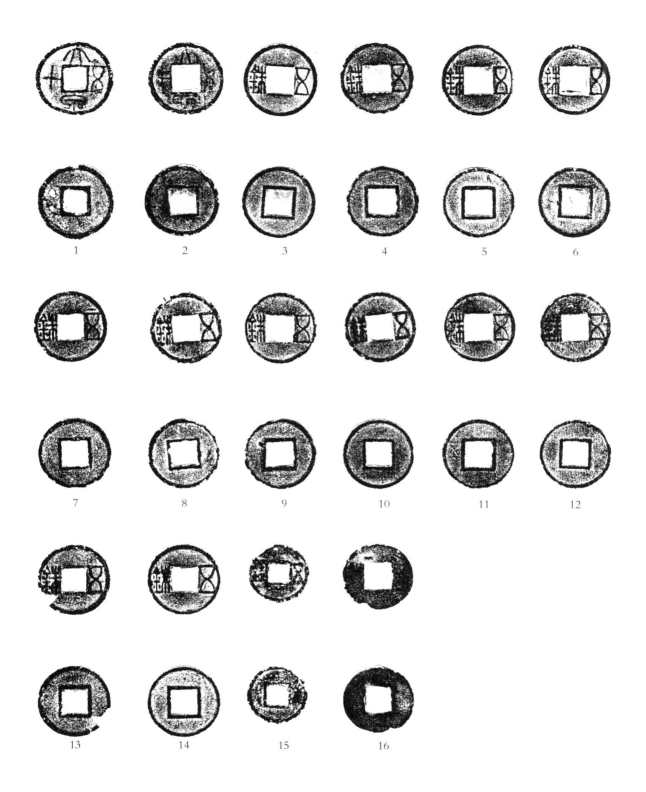

图六八　M26 出土钱币（M26：15）

1、2. 大泉五十（M26：15-1、M26：15-2）　3、4. 五铢 A 型Ⅱ式（M26：15-3、M26：15-4）　5、6. 五铢 A 型Ⅲ式（M26：15-5、
M26：15-6）　7、10. 五铢 A 型Ⅳ式（M26：15-7、M26：15-8）　8、9、11. 五铢 A 型 V 式（M26：15-9 ~ M26：15-11）
12 ~ 14. 五铢 A 型Ⅵ式（M26：15-12 ~ M26：15-14）　15. 五铢 A 型Ⅺ式（M26：15-15）　16. 五铢 ⊃ 型（M26：15-16）

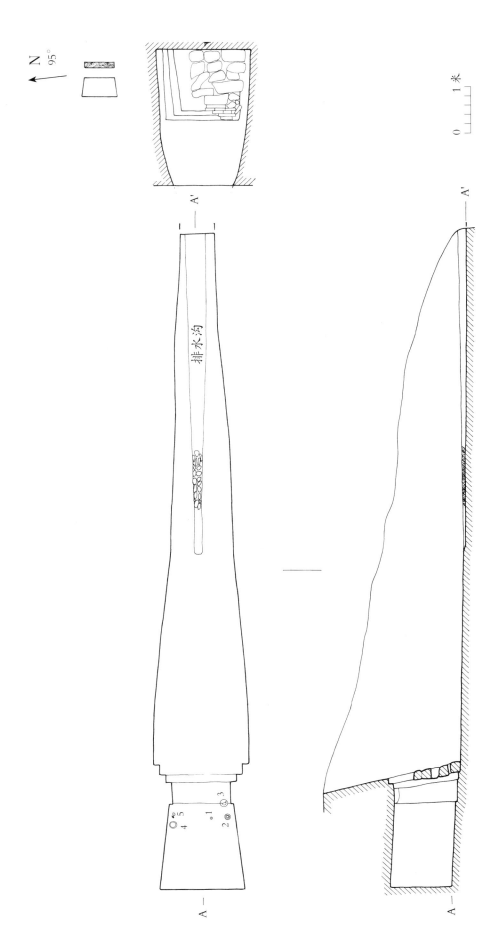

排水沟

图六九 M27 平剖面图
1.银戒指 2.陶罐 3.陶灯 4.陶钵 5.陶鸣

N
95°

0　　　　　1 米

墓内堆满淤土，都是从盗洞内渗入的红褐色砂土夹杂白斑，可能是霉斑。

墓顶为平顶，西高东低呈倾斜状。墓道南北两壁用宽凿由东向西开凿并修整，凿痕尾部上翘。墓门门框可见尖凿留下的点状凿痕。墓室南北两壁用尖凿由东向西开凿并修整，墓室西壁可见尖凿留下的点状凿痕。墓顶用尖凿由东向西修整，凿痕稀疏。

未发现人骨。葬具已完全腐朽，但在墓室中部发现的铁棺钉，推测葬具为木棺。

随葬品多为陶器，另有1件银戒指。陶器包括罐1件、灯1件、钵1件、鸭1件、壶1件、仓1件。其中陶器放置于墓室前端近甬道的两侧，另有银戒指1件发现于墓室前部中间。

二 出土器物

1.陶器

罐1件。M27:2，夹砂灰陶。敛口，圆唇，束颈，弧肩，上腹较鼓，下腹斜收，平底略上凹，内底中间凸起。肩部饰一圈凹弦纹，弦纹下饰一圈刻划的平行竖向短线纹，间有椭圆形纹。器身轮制。口径8.4、最大腹径13.2、底径7、高10.8厘米（图七〇，3；彩版四〇，5）。

钵1件。M27:4，夹砂灰陶。敛口，圆唇，圆弧腹，平底，矮圈足外撇。器身轮制。口径12.5、底径5.6、高6厘米（图七〇，6；彩版四四，2）。

壶1件。M27:6，夹砂灰陶。整体呈葫芦状，直口，厚方唇，束颈，斜肩，弧腹，下腹斜收，底残。器身轮制，内壁留有轮制痕迹。口径5.2、最大腹径10.2、底径9.4、高13厘米（图七〇，4；彩版四七，8）。

仓（井）底1件。M27:7，夹砂灰陶。上部残，仅存底部。斜直腹，平底略上凹。器身轮制。底径15.6、残高6厘米（图七〇，5）。

灯1件。M27:3，夹砂红陶。豆形盏身，盘口，圆唇，折腹，上腹内束，短粗柄，下接浅盘。盘敞口，圆唇，弧腹。灯柄中空连至盘底。器身轮制。口径10.6、底径8.4、通高10.8厘米（图七〇，1；彩版五四，4）。

鸭1件。M27:5，夹砂灰陶。器身小首，扁嘴，圆眼，粗颈，头部前倾，昂首挺胸。双翅合拢贴于身体两侧，尾部上翘，蹲伏于地上。通体中空。器身模制，制作粗糙。长8.2、宽5、高7.5厘米（图七〇，2；彩版五九，12）。

2.银器

M27:1，戒指，残损严重。

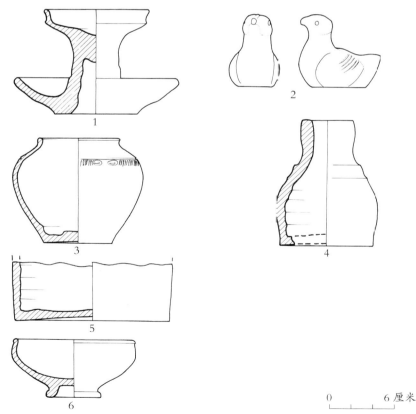

图七〇　M27出土陶器

1.灯（M27:3）　2.鸭（M27:5）　3.罐（M27:2）
4.壶（M27:6）　5.仓底（M27:7）　6.钵（M27:4）

第二十八节 2012SHTM28

一 墓葬形制

位于东山东南侧,北邻 M27。墓葬被盗扰。墓葬封门大部被破坏。墓葬内高外低,以利于排水。崖墓最开始凿于岩石上层,发现岩层质地太差,有断层,然后下移。

单室崖墓,由墓道、墓门、甬道和墓室组成(图七一;彩版一八,2)。墓向 110°。

墓道位于墓室东部,平面大致呈梯形,内窄外宽,剖面亦呈梯形,上窄下宽。底部西高东低,由内向外倾斜。长 16、宽 0.4 ~ 1.64、最高处 3.46 米。墓道内填土分三层:上层为红砂石土层,较疏松;中层为黄褐色砂土夹杂大量石块;下层为深褐色黏砂土夹杂大量砂石和少量鹅卵石。

排水设施位于墓道底部中轴线上,始于甬道,穿过门框底部,贯通墓道。先开凿沟槽,排水沟内放置小砾石,距墓门约 7.2 米处平铺一层长方形素面青砖。沟槽平面呈长方形,长 16.84、宽 0.08、深 0.04 米。长方形素面青砖规格长 0.44、宽 0.2、厚 0.06 米。沟槽内淤满沙土。

墓门位于墓室东部,正视略呈梯形,单层门框结构。门洞宽 0.92 ~ 1.14、高 0.9 米。门外侧凿有单层门框,宽 1.12 ~ 1.34、进深 0.26 米。红砂石块封门,破坏严重,仅残存两层。无门框。

甬道位于墓门和墓室之间,平面略呈梯形,内宽外窄。底部西高东低,由内向外倾斜。长 0.26、宽 0.92、高 0.9 米。

墓室较甬道高一级台阶,高约 0.08 米。墓室平面呈梯形,内宽外窄,长 2.2、宽 1.48 ~ 1.64、高 0.86 ~ 1 米。底部西高东低,由内向外倾斜。墓顶为平顶,西高东低呈倾斜状。墓内被从墓道渗进去的土堆满。

墓道南北两壁用宽凿由东向西开凿并修整,墓门门框可见尖凿留下的点状凿痕。墓室南北两壁用尖凿由东向西开凿并修整,墓室西壁可见尖凿留下的点状凿痕。墓顶用尖凿由东向西修整,凿痕稀疏。

未发现人骨。葬具已完全腐朽,不详。

出土随葬品共 20 件,均为陶器,包括仓 1 件、钵 6 件、罐 2 件、盒 1 件、盂 1 件、甑 1 件、鸡 3 件、俑 1 件、盆 2 件、房 1 件、狗 1 件。器物主要放置于墓室南部一侧,经过扰乱,略显凌乱。

二 出土器物

钵 6 件。M28:5,夹砂灰陶。敛口,圆唇,弧折腹,下腹内束,近平底,内底中间凸起,矮圈足外撇。口沿下饰一圈凹弦纹,腹中部有一圈凸棱。器身轮制。口径 12.2、底径 6.8、高 5.7 厘米(图七二,2;彩版四四,3)。M28:6,夹砂灰陶。敛口,圆唇,弧腹,下腹斜收,平底略上凹。口沿下饰一圈凹弦纹。器身轮制。口径 9.6、底径 5.4、高 3.8 厘米(图七二,7;彩版四四,4)。M28:7,夹砂灰陶。敛口,圆唇,斜折腹,上腹斜弧,下腹折收微束,近平底,矮圈足外撇。口沿下饰一圈凸弦纹。器身轮制。口径 12.8、底径 5.8、高 5.8 厘米(图七二,5;彩版四四,5)。M28:16,夹砂灰陶。敞口,尖圆唇,折腹,饼足。内底下凹。素面。器身轮制。口径 20、底径 7.2、高 8 厘米(图七二,1;彩版四四,6)。M28:17,夹砂灰陶。敛口,圆唇,弧腹,矮圈足外撇。口沿下饰一圈凹弦纹。器身轮制。口径 13.4、底径 6.6、高 5.7 厘米(图七二,3)。M28:18,夹砂灰陶。敛口,圆唇,斜弧腹,矮圈足外撇。素面。器身轮制。沿下外壁有一周凸弦纹。口径 12.5、底径 6.2、高 5.7 厘米(图七二,9;彩版四五,1)。

罐 1 件。M28:4,夹砂灰陶。敛口,圆唇,矮领,溜肩,上腹圆鼓,下腹斜收,平底略上凹,内底凸凹不平。肩部饰一圈凹弦纹。器身轮制,内壁留有轮制痕迹。口径 8.8、最大腹径 16.8、底径 9.8、高 14.6 厘米(图七三,1;彩版四〇,6)。

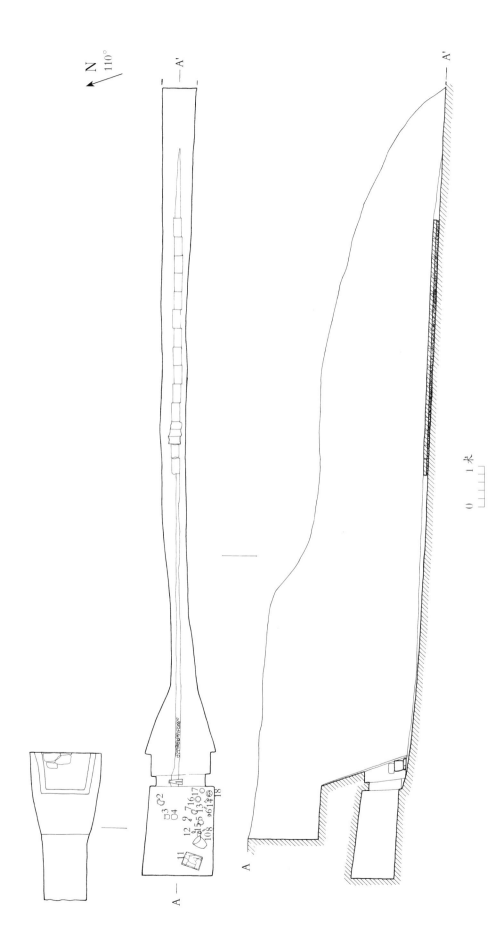

N
110°

图七一 M28 平剖面图

1.陶仓 2.陶盆 3.陶盂 4.陶排 5～7、16～18.陶钵 8、12、13.陶鸡 9.陶俑 10.陶甑 11.陶房 14.陶狗 15.陶盆

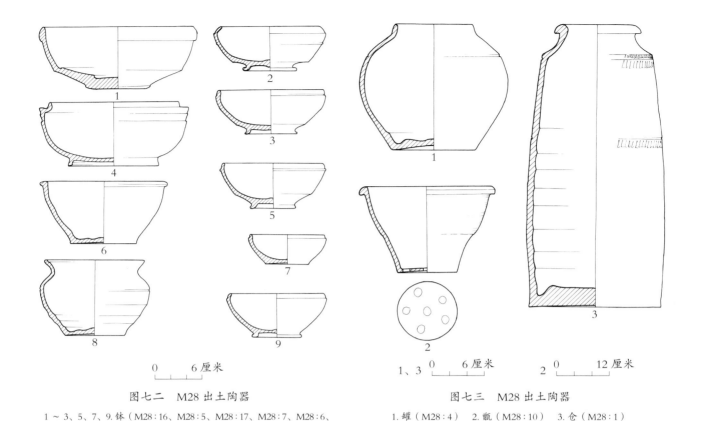

图七二　M28出土陶器

1～3、5、7、9.钵（M28：16、M28：5、M28：17、M28：7、M28：6、M28：18）　4.盒（M28：15）　6.盆（M28：2）　8.盂（M28：3）

图七三　M28出土陶器

1.罐（M28：4）　2.甑（M28：10）　3.仓（M28：1）

　　盒1件。　盒盖，M28：19，夹砂红陶。敛口。尖圆唇，上部残。形制与M28：15相近，或是其器盖。器身轮制。口径20.4、残高4.8厘米（图七四，1）。盒身，M28：15，夹砂红陶。圆唇，上腹斜直，下腹弧收，矮圈足。器身轮制。口径16.5、底径11.5、高8.3厘米（图七二，4；彩版五四，2）。

　　盆2件。M28：2，夹砂灰陶。敞口，方唇，斜弧腹，下腹斜收，平底略上凹。器身轮制。口径16.2、底径8.4、高8厘米（图七二，6；彩版四九，2）。M28：20，夹砂灰陶。敞口，方唇，宽平沿，折腹，底残。素面。器身轮制。口径23、残高4.6厘米（图七四，3）。

　　盂1件。M28：3，夹砂灰陶。敞口，领外撇，圆唇，束颈，折肩，弧腹上部略鼓，下腹内曲，平底略上凹。肩腹之间饰两圈凹弦纹。器身轮制，内壁留有轮制痕迹。口径12.7、最大腹径14、底径7.6、高9.8厘米（图七二，8；彩版五三，1）。

　　甑1件。M28：10，夹砂灰陶。敞口，方唇，宽沿，曲腹，平底略上凹。底部规律分布6个直径约1.6厘米的圆形镂孔。外壁留有密密的弦纹。器身轮制。口径30.6、底径13.5、高19.8厘米（图七三，2；彩版五三，4）。

　　仓1件。M28：1，夹砂灰陶。敛口，圆唇，卷沿，束颈，折肩，弧腹，平底略上凹。腹部近肩处和腹中部各有一组凹弦纹，凹弦纹下饰一圈刻划的平行竖向短线纹。器身整体近桶状，轮制。口径9.8、底径15、高32.6厘米（图七三，3；彩版五五，2）。

　　鸡3件。M28：8，夹细砂灰陶。头部和尾部已残。身体前倾，双翅合拢贴于身体两侧，尾部上翘，立于圆锥形器座上。器身与器座通体连接。器座呈喇叭状，中空。制作粗糙。残长8.6、残高7.2厘米（图七五，5）。M28：12，夹砂灰陶。器身小首，无冠，尖喙，圆眼，颈部较细。身体略前倾，昂首挺胸，双

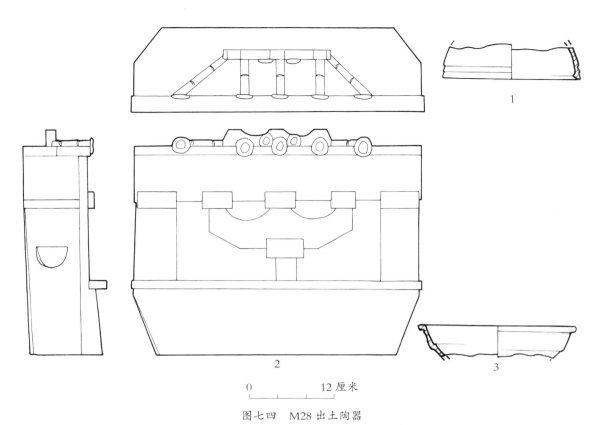

0　　　　12 厘米

图七四　M28 出土陶器

1. 盒盖（M28：19）　2. 房（M28：11）　3. 盆（M28：20）

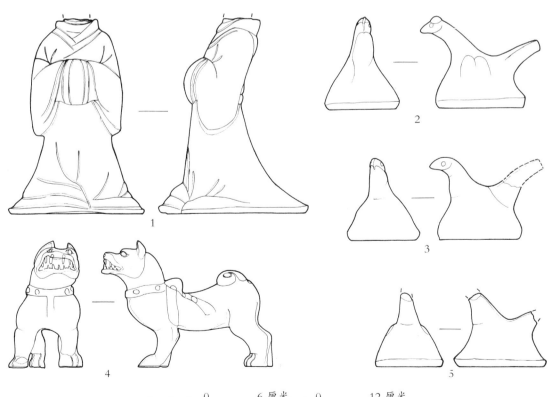

1～3、5　0　　　6 厘米　4　0　　　12 厘米

图七五　M28 出土模型器

1. 拱手立俑（M28：9）　2、3、5. 鸡（M28：13、M28：12、M28：8）　4. 狗（M28：14）

翅合拢贴于身体两侧，尾部已残，立于圆锥形器座上。器身与器座通体连接。器座中空，呈喇叭状。制作粗糙。残长 8.5、宽 6.8、高 8 厘米（图七五，3）。M28：13，夹砂灰陶。器身小首，有冠，尖喙，圆眼，颈部较细，身体略前倾，昂首挺胸，双翅合拢贴于身体两侧，尾部上翘，立于圆锥形器座上。器身与器座通体连接。器座中空，呈喇叭状。制作粗糙。长 11.2、宽 7、高 8.9 厘米（图七五，2；彩版五九，8）。

房 1 件。M28：11，夹砂灰陶。长方形，下部略窄，上部稍宽。屋顶为平顶，仅有一面瓦垄，似上面还有一层，屋顶中间有脊，脊两端起翘，前部铺筒瓦。宽檐额，山墙前左右各立一长方形角柱，柱顶长方形栌斗托檐，中部立一短柱，柱顶立一斗三升式斗拱一朵承托檐额。左右山墙中部对称部位各有一呈三角形的通气孔（或为窗）。后墙壁为整块构成。房内部为长方形室，长 42.4、宽 10.8、高 33.4 厘米（图七四，2；彩版五六，5）。

狗 1 件。M28：14，夹砂红陶。四肢站立，目视前方，张嘴呲牙，圆眼立耳，尾巴向上卷曲。颈、腹系带穿于背部的环形圆穿中。腹内中空。制作较好。长 32、宽 13.8、高 24.6 厘米（图七五，4；彩版五八，1）。

拱手立俑 1 件。M28：9，夹砂红陶。头部残，身体直立，着右衽交领宽袖长袍，双手交握于胸前，下摆盖住双脚。器身中空，下身呈喇叭状。模制，制作较好。残高 19 厘米（图七五，1）。

第二十九节　2012SHTM29

一　墓葬形制

位于东山的西南侧，北邻 M16。墓葬遭盗扰，封门上部有一椭圆形盗洞。墓葬总体内高外低，方便排水。单室崖墓，由墓道、墓门、壁龛和墓室组成（图七六；彩版一九，2；彩版二〇，1）。墓向 215°。

墓道位于墓室南部，平面呈梯形，内宽外窄，剖面呈梯形。底部北高南低，由内向外倾斜。墓道前部被破坏。残长 3.86、宽 1.1～1.34、最高处 1.7 米。墓内填土两层：上层为夹杂大量植物根茎的耕层；下层为红砂土夹杂少量石块。

排水设施位于墓道底部中轴线上，始于墓门，穿过门框底部，贯通墓道。先开凿沟槽，然后在排水沟上铺盖一层红砂石块，石块仅存于墓门及墓道后端部分。沟槽内淤满沙土。排水沟平面呈长方形，残长 3.46、宽 0.3、深 0.08 米。

墓门较墓道高一级台阶。墓门位于墓室南部，正视呈长方形，单层门框结构。门洞宽 0.86、高 1.04 米。门外侧凿有单层门框，进深 0.06 米。封门用规则的红砂石块堆砌而成，上部被盗墓者破坏。

墓室平面略呈体形，内窄外宽，长 3.12、宽 0.78～0.90、高 0.78～1 米。底部北高南低，由内向外倾斜。东壁近门处有一方形壁龛，长约 20 厘米。墓顶为平顶，由南向北呈倾斜状。

墓道东西两壁用宽凿由南向北开凿并修整，墓门门框可见尖凿留下的点状凿痕。墓室东西两壁用尖凿由南向北开凿并修整，墓室北壁可见尖凿留下的点状凿痕，墓顶用尖凿由南向北修整，凿痕稀疏。

未发现人骨。葬具已完全腐朽，但在墓室中部发现的少量铁棺钉，推测葬具为木棺。

出土随葬品共 4 件，均为陶器，包括罐 1 件、钵 3 件。器物主要位于墓室前部西壁下。

二　出土陶器

罐 1 件。M29：1，夹砂灰陶。敞口，厚圆唇，圆肩，鼓腹，下腹内曲，平底略上凹。内底凹凸不平。素面。器身轮制，内壁留有痕迹。口径 9.8、最大腹径 15.6、底径 9.6、高 11 厘米（图七七，1；彩版

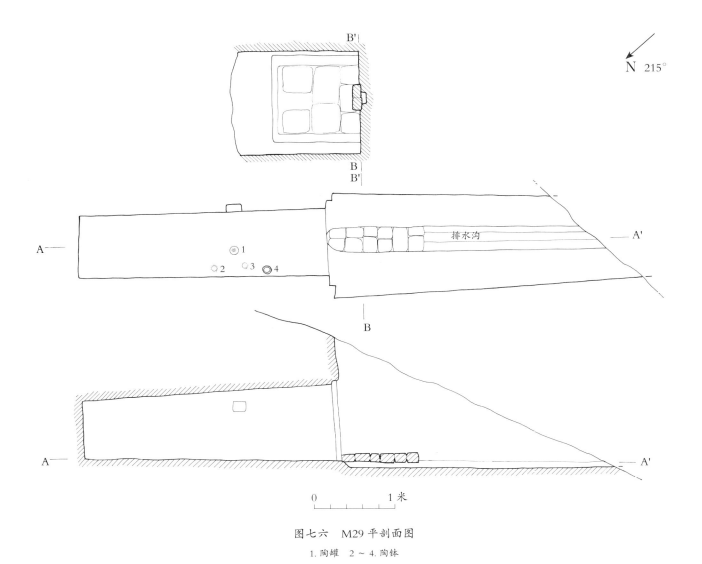

N 215°

排水沟

0 1米

图七六 M29 平剖面图

1. 陶罐 2～4. 陶钵

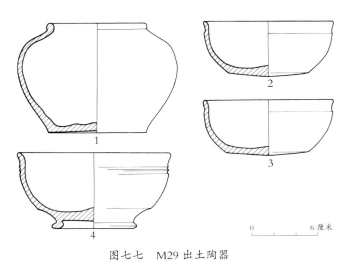

图七七 M29 出土陶器

1. 罐（M29:1） 2～4. 钵（M29:3、M29:4、M29:2）

四一，1）。

钵 3件。M29:2，夹砂灰陶。侈口，圆唇，上腹斜弧，下腹略折，近平底。矮圈足外撇。上腹部饰两圈凹弦纹。器身轮制。口径15、底径8.3、高7.6厘米（图七七，4；彩版四五，2）。M29:3，夹砂灰陶。侈口，圆唇，束颈，弧腹，圜底近平。素面。器身轮制。口径12.8、底径7.8、高5.5厘米（图七七，2）。M29:4，夹砂灰陶。形制同M29:3，侈口，圆唇，束颈，弧腹，圜底近平。器身轮制。口径12.8、底径8、高5.6厘米（图七七，3；彩版四五，3）。

第三十节　2012SHTM30

位于东山南侧，西邻 M31。该墓未开凿完，半成品。

仅凿出墓道（图七八；彩版二〇，2）。墓向 145°。

墓道平面略呈梯形，内宽外窄。底部北高南低，由内向外倾斜，利于排水。未发现排水设施。残长 2.14、宽 0.76 ~ 1 米。墓道被后世回填，堆满砂石。

墓道后壁已经修出立面，应是墓门位置，沿着墓门一侧向内凿洞。

该墓虽属于半成品，但对于了解墓葬的开凿程序和方式有参考价值。墓道东西两壁用宽凿由南向北开凿，凿痕尾部上翘，未及修整。墓门也是利用大宽凿直接向岩体打凿，先打一洞，然后逐渐拓宽。

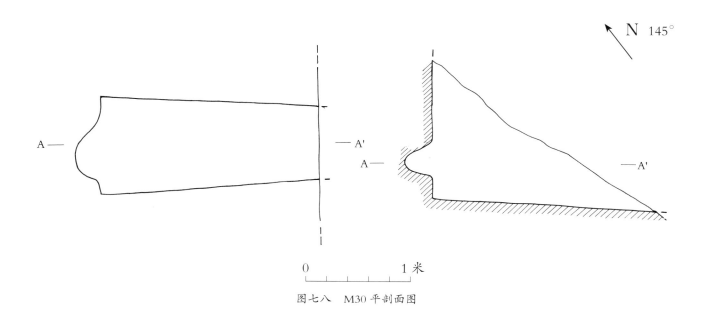

图七八　M30 平剖面图

第三十一节　2012SHTM31

位于东山南侧，东邻 M30，西面为 M32。墓葬被盗扰，封门被破坏。墓葬总体内高外低，以利于排水。单室崖墓，由墓道、墓门和墓室组成（图七九；彩版二一，1、2；彩版二二，1）。墓向 165°。

墓道位于墓室南部，平面呈梯形，内宽外窄，剖面亦呈梯形，上窄下宽。北高南低，由内向外倾斜。墓道填疏松的红砂土夹杂红砂石块。长 4.61、宽 1.2 ~ 2.06、最高处 1.92 米。

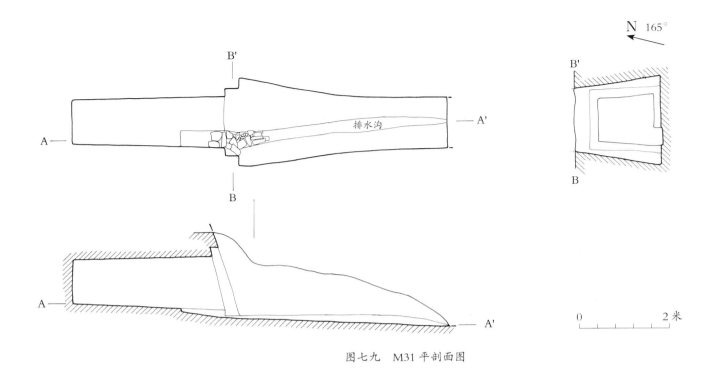

N 165°

排水沟

图七九　M31 平剖面图

0　　　　　2 米

排水设施大致位于墓道底部中轴线上，始于墓室西侧底部，穿过门框，拐向墓道底部中轴线处。先开凿沟槽，墓门附近的排水沟内铺置有青灰色绳纹板瓦残片。排水沟平面呈长方形，长 5.93、宽 0.38、深 0.16 米。沟内淤满沙土。

墓门位于墓室南部，正视呈长方形。门洞宽 1.2、高 1.36 米。门外侧凿有单层门框，宽 1.58、进深 0.24米。未发现封门石。

墓室较墓门高一台阶，高约 0.12 米。墓室平面呈梯形，内窄外宽，长 3.2、宽 1.04 ~ 1.2、高 1.02 ~ 1.26米。底部北高东南低，由内向外倾斜。墓室内堆满致密的红砂土夹杂少量黄色黏土。墓顶为平顶，由南向北略倾斜。

墓道东西两壁用宽凿由南向北开凿并修整，墓门门框可见尖凿留下的点状凿痕。墓室东西两壁用尖凿由南向北开凿并修整，墓室北壁可见尖凿留下的点状凿痕。墓顶用尖凿由南向北修整，凿痕稀疏。

未发现人骨。葬具已完全腐朽，不详。未发现随葬器物。

第三十二节　2012SHTM32

一　墓葬形制

位于东山的南侧，西面为 M29，东南邻 M31。墓葬被盗扰，墓门上部有椭圆形盗洞。墓葬内高外低，以利于排水。

单室崖墓，由墓道、墓门、甬道和墓室组成（图八〇；彩版二二，2；彩版二三. 1）。墓向 175°。

墓道位于墓室南部，平面略呈梯形，剖面呈梯形，上窄下宽。北高南低，由内向外倾斜。长 4.64、宽0.74 ~ 1.82、最高处 1.7 米。

排水设施位于墓道底部中轴线上，始于甬道，穿过门框底部，贯通墓道。先开凿沟槽，整体平面近纺锤形状。墓门下沟槽略宽，呈椭圆形，长径 0.7、短径 0.6 米。沟槽后端铺置有青灰色绳纹板瓦残片。排水沟总长 4.64、宽 0.2、深 0.04 米。沟内淤满沙土。

墓门位于墓室南部，正视呈长方形。门洞宽 1.04、高 1 米。门外侧凿有单层门框，宽 1.44、进深 0.26 米。红色砂石块封门。上部已经被破坏，底部石块摆放混乱。

甬道位于墓门和墓室之间，平面呈长方形。底部北高南低，由内向外倾斜。长 0.6、宽 1.04、高 1.04 米。

墓室平面呈梯形，内宽外窄，长 2.3、宽 1.4、高 1.04～1.1 米。底部北高南低，由内向外倾斜。墓室内填满土，可分两层:上层为疏松的红砂土;下层为致密的红砂土含少量黄色黏土。墓顶为平顶，由北向南呈倾斜状。

墓道东西两壁用宽凿由南向北开凿。墓门门框可见尖凿留下的点状凿痕。墓室东西两壁用尖凿由南向北开凿并修整，墓室北壁可见尖凿留下的点状凿痕。墓顶用尖凿由南向北修整，凿痕稀疏。

未发现人骨。葬具已完全腐朽，不详。

出土随葬品共 6 件，以陶器为主。陶器包括罐 1 件、钵 2 件、仓 1 件和灯 1 件。另有铁锄 1 件。器物主要堆放于墓室近门处西侧。其中 1 件陶仓放置于甬道西北角，1 件陶罐置于墓室前部中间位置，余下的陶器和铁器较集中地排置于墓室前部近甬道的西侧。

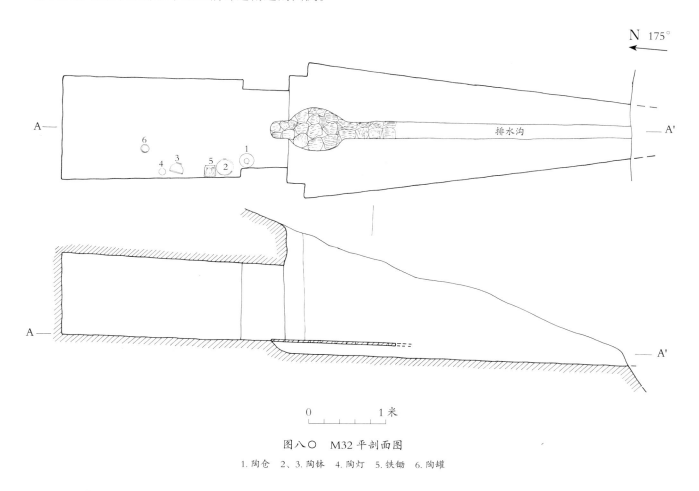

图八〇　M32 平剖面图

1.陶仓　2、3.陶钵　4.陶灯　5.铁锄　6.陶罐

二　出土器物

1.陶器

罐 1 件。M32:6，夹砂灰陶。敛口，厚圆唇，溜肩，上腹圆鼓，下腹斜收，平底略上凹。肩部饰一圈凸弦纹，

腹上部装饰一周竖线纹。器身轮制。口径 18、底径 16.6、高 23.8 厘米（图八一，2；彩版四一，2）。

钵 2件。M32：2，夹砂灰陶。敛口，圆唇，折腹，圜底近平，矮圈足外撇。口沿下饰一圈凸弦纹。器身轮制。口径 22、底径 11.2、高 11.2 厘米（图八二，2；彩版四五，4）。M32：3，夹砂灰陶。敛口，圆唇，折腹，圜底近平，矮圈足外撇，钵底有一小圆孔。器身轮制。口径 20、底径 11、高 11.4 厘米（图八一，3；彩版四五，5、6）。

仓 1件。M32：1，夹砂灰陶。敛口，圆唇，矮领，折肩，弧腹，平底略上凹。肩部饰一圈凹弦纹。器身轮制。口径 10.3、最大腹径 20、底径 16.6、高 15.8 厘米（图八一，1；彩版五五，3）。

灯 1件。M32：4，夹砂灰陶。灯盘较浅，敞口，圆唇，波状弧腹，短粗柄，喇叭状圈足底座，圈足内收。柄足中空相连。制作较好。器身轮制。口径 10、底座径 10.2、通高 11.6 厘米（图八一，4；彩版五四，5）。

2.铁器

锄 1件。M32：5，锈蚀严重。长方形銎，銎口与锄身垂直。锄面宽大而锋利，略呈方形，刃口平直。宽 10.8、高 16 厘米（图八二，1）。

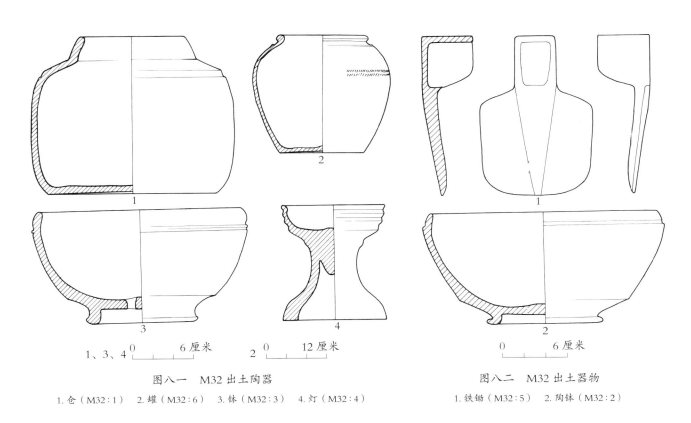

图八一　M32 出土陶器

1.仓（M32：1）　2.罐（M32：6）　3.钵（M32：3）　4.灯（M32：4）

图八二　M32 出土器物

1.铁锄（M32：5）　2.陶钵（M32：2）

第三十三节　2012SHTM33

一 墓葬形制

位于东山西侧，北邻 M7。墓葬遭盗扰，封门上部有一椭圆形盗洞。墓葬总体外低内高，以利于排水。

多室崖墓，由墓道、墓门、甬道、主室、侧室、棺龛、雕刻组成（图八三；彩版二三，2；彩版二四，1、2；彩版二五，1、2；彩版二六，1、2；彩版二七，1、2；彩版二八，1、2）。墓向240°。

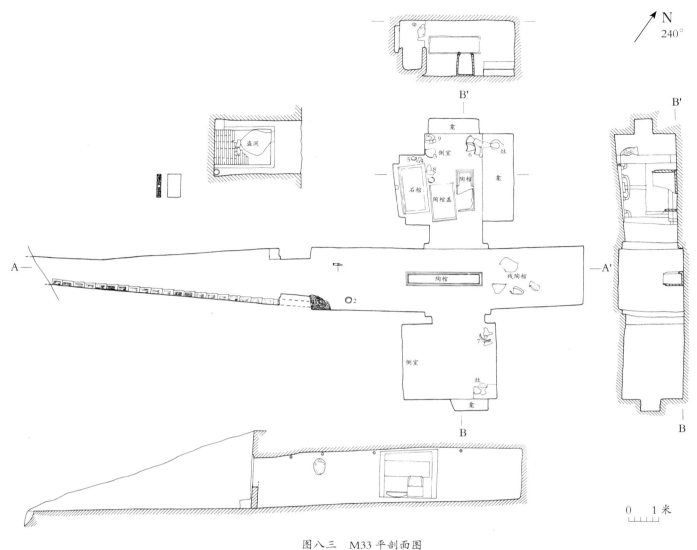

图八三　M33 平剖面图

1.陶俑　2、5.陶钵　3、7、9.陶瓮　4.陶灯　6.陶甑　8.陶罐

墓道位于墓室西部，平面呈梯形，内宽外窄，剖面呈长方形。底部东高西低，由内向外倾斜。长 7.4、宽 0.82 ~ 1.72、最高处 2.6 米。墓道填土分成两层:上层为砂土略带黄色黏土；下层为红砂土，较疏松。

排水设施位于墓道底部南侧，始于墓室西南角，凿洞穿过甬道和门框南侧外，贯通于整个墓道。先开凿沟槽，起始位置即墓室西南角铺置较多小砾石，砾石上立两块青灰色绳纹陶质筒瓦，靠于西壁南角，墓道的排水沟内则放置青灰色绳纹陶质筒瓦，使其前后套接成排水管道。排水沟总长 7.1 米。

墓门位于墓室西部，正视呈长方形。墓门北侧门框下凿有一宽约 0.34 ~ 0.36、高 0.3 米的台阶，南侧门框下则有排水洞穿过。门洞宽 0.96、高 1.7 米。门外侧凿有单层门框，宽 1.26、进深 0.06 米。长方形青砖封门，由素面砖和菱形玉璧纹砖平砖错缝砌筑而成，残存 17 层。封门青砖长 36、宽 20、厚 6 厘米。上部被盗墓者破坏。

主室甬道位于墓室西部，平面呈梯形，内宽外窄。底部东高西低，由内向外倾斜。长 0.86、宽 1.1、高 1.7 米。

主室平面略呈长方形，长 8.1、宽 1.8 ~ 1.9、高 1.7 ~ 1.88 米。底部东高西低，由内向外倾斜。主室至少放置两具陶棺，一具置于中部，棺盖已残，长 2.3、宽 0.46、高 0.6 米。后部发现一些大量陶棺残片，原应摆放有陶棺。主室北壁雕刻一人头像。

主室北壁中部开有一侧室，侧室门距主室甬道 3.34 米。侧室底部较主室墓底高一级台阶，高约 0.1 ~ 0.18 米。墓门立面呈梯形，西低东高，单层门框结构。门洞宽 1.9、高 1.28 ~ 1.6 米。门外侧凿有单层门框，宽 2.23、进深 0.16 米。北侧室甬道平面呈梯形，内窄外宽。底部北高南低，由内向外倾斜，利于排水。高 1.7、宽 1.6、进深 0.6 米。北侧室平面呈梯形，内宽外窄，长 2.32、宽 2.76、高 1.62 ~ 1.58 米。底部北高南低，由内向外倾斜。北侧室东西两壁各凿有一棺龛。西壁棺龛平面呈长方形，宽 2.2、高 1.5、进深 0.76 米，底部较北侧室墓底高。西壁龛外雕凿有斗拱，呈中轴对称，其西北角有一胡人头像。其内凿一原岩石棺，长 1.48、宽 0.8、高 0.88 米。上盖陶棺盖，已残，被扰乱丢弃北侧室中。墓室中部有一陶棺，已残，长 1.3、宽 0.52、高 0.72 米。陶棺北端，即东棺龛的东北角凿有一平面呈长方形的原岩石灶，灶面长 0.9、宽 0.7、高 0.44 米。东壁棺龛平面呈长方形，进深 0.9、宽 2.7、高 1.5 米。另北侧室北壁中部凿有一壁龛，平面呈长方形，宽 1.5、高 0.43、进深 0.47 米，底部较北侧室墓底高 0.7 米。墓顶为平顶，由南向北平缓抬升。

南侧室与北侧室相对。门开凿于主室南壁上，有门框。墓底较主室墓底高一级台阶，立面呈长方形，单层门框结构。南侧室平面略近方形，长 2.68、宽 1.56 ~ 1.72、高 1.58 ~ 1.8 米。底部南高北低，由内向外倾斜。南侧室南壁东部凿有一壁龛，平面呈梯形，宽 1.14、高 0.3、进深 0.36 米，底部较南侧室墓底高 0.68 米。壁龛下凿有一原岩石灶，灶面呈长方形，长 0.7、宽 0.44、高 0.44 米。墓顶为平顶，由北向南平缓上升。

墓内有大量土，主室最多，两侧略少。均为湿润的红砂土夹少量黏土。

墓道南北两壁用宽凿由西向东开凿并修整。主室墓门门框可见尖凿留下的点状凿痕。主室南北两壁前侧用尖凿由东向西修整，中部及后侧用尖凿由西向东开凿并修整，东壁可见尖凿留下的点状凿痕，墓底及墓顶用尖凿由西向东修整，凿痕稀疏。主室南北两壁前中后侧顶部有四组对称圆形凹槽，应该是开凿崖墓过程所留。北侧室东西两壁、顶部和底部用尖凿由南向北开凿并修整，北壁可见尖凿留下的点状凿痕。北侧室东棺龛南北两壁、顶部和底部用尖凿由西向东开凿并修整，东壁可见尖凿留下的点状凿痕。北侧室西棺龛南北两壁、顶部和底部用尖凿由东向西开凿并修整，西壁可见尖凿留下的点状凿痕，西壁上雕凿有呈中轴对称的斗拱。南侧室东西两壁、顶部和底部用尖凿由北向南开凿并修整，南壁可见尖凿留下的点状凿痕。南侧室南壁龛东西两壁、顶部和底部用尖凿由北向南开凿并修整，南壁可见尖凿留下的点状凿痕。主室两壁上部有对称的圆形小洞，应该是开凿崖墓时使用了"冲击式顿钻法"所留。北侧室中也有发现。

未发现人骨。墓内发现陶棺至少 3 具，主室中部一具，主室后侧一具以上，北侧室中部 1 具。原岩石棺 1 具。另有在南侧室内发现有少量铁棺钉，推测有木棺。

器物被扰乱，位置移动，大部分出土于扰土中，零散分布于墓室各部。多为陶器，另有铁器 1 件和石板砚 1 件。陶器包括俑 2 件、钵 10 件、瓮 3 件、灯 2 件、甑 2 件、罐 3 件、房 1 件、釜 3 件、俑头上簪花（陶俑头饰）1 件、器盖 1 件等。

二　出土器物

1.陶器

钵　10 件。M33:2，夹砂灰陶。敛口，圆唇，折腹，矮圈足外撇。钵内底部中间印方形纹饰，纹饰中有一莲瓣纹。器身轮制。口径 18.6、底径 8.6、高 9.4 厘米（图八四，5；彩版四六，1）。M33:5，夹砂灰陶。敞口，尖圆唇，折腹，矮圈足外撇。素面。器身轮制。口径 21、底径 9.2、高 9.6 厘米（图八五，

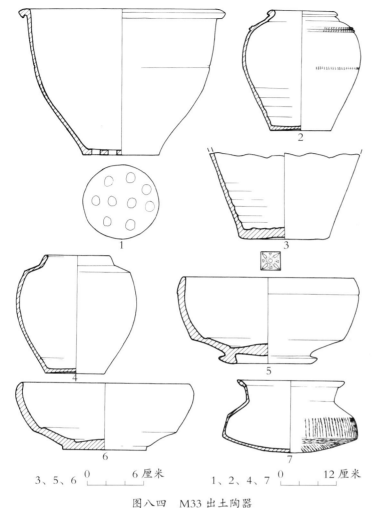

图八四　M33 出土陶器

1. 瓶（M33∶6）　2、3. 罐（M33∶8、M33∶29）　4. 敛口瓮（M32∶9）
5、6. 钵（M33∶2、M33∶18）　7. 釜（M33∶11）

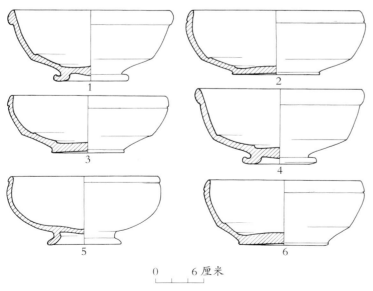

图八五　M33 出土陶钵

1～6. 钵（M33∶15、M33∶17、M33∶19、M33∶5、M33∶16、M33∶14）

4）。M33∶14，夹砂灰陶。敛口，圆唇，折腹，饼足，内底凸起。上腹饰一圈凹弦纹。器身轮制。口径 18.8、底径 10.6、高 9.4 厘米（图八五，6）。M33∶15，夹砂灰陶。敞口，尖圆唇，折腹，矮圈足外撇。素面。器身轮制。口径 20.2、底径 8.7、高 9.1 厘米（图八五，1）。M33∶16，夹砂灰陶。敛口，圆唇，鼓腹，圈足较高。素面。器身轮制。口径 18.8、底径 9、高 8.8 厘米（图八五，5；彩版四六，2）。M33∶17，夹砂灰陶。敛口，尖唇，折腹，饼足略上凹。上腹饰一圈凹弦纹。器身轮制。口径 20.7、底径 10.8、高 8.3 厘米（图八五，2）。M33∶18，夹砂灰陶。敛口，圆唇，折腹，饼足，内底略下凹。素面。器身轮制。口径 18.2、底径 9、高 7.2 厘米（图八四，6）。M33∶19，夹砂灰陶。敛口，圆唇，折腹，饼足略上凹。上腹饰一圈凹弦纹。器身轮制。口径 19、底径 9、高 7.3 厘米（图八五，3）。M33∶20，夹砂灰陶。敛口，圆唇，弧腹，外底有一周凹槽，内底略下凹。口沿下饰一圈凹弦纹。器身轮制。口径 12.6、底径 8.6、高 5.3 厘米（图八六，10；彩版四六，3）。M33∶34，夹砂灰陶。上部残，弧腹，圈足。器身轮制。底径 7.8、残高 3.5 厘米（图八六，9）。

罐 3 件。M33∶8，夹砂灰陶。敛口，厚圆唇，短束颈，折肩，鼓腹，下腹内曲，平底略上凹。肩部饰两圈凸起的平行竖向线纹，似附加堆纹，另腹部饰一圈刻划的平行竖向短线纹。器身轮制。口径 15.2、最大腹径 25.6、底径 13、高 26.2 厘米（图八四，2；彩版四一，3）。M33∶29，夹砂灰黑陶。上部残，残存器底。斜直腹，平底略上凹。器身轮制，内壁有轮制痕迹。底径98、残高9.5厘米（图八四，3）。M33:30，夹砂灰陶。上部残，斜直腹，平底略上凹。器身轮制。底径10.6、残高8厘米（图八六，11）。

大口瓮　2件。M33:3，夹砂灰陶。敛口，厚圆唇，折肩，鼓腹，下腹内曲，平底略上凹。腹部饰成组网格纹。下腹部近器底有一圆孔。器身轮制。口径61.2、最大腹径73.2、底径30.9、高45.5厘米（图八六，4；彩版五〇，1）。M33:7，夹砂灰陶。与M33:3形制相近。敛口，厚圆唇，折肩，鼓腹，下腹内曲，平底略上凹。腹部饰成组网格纹。器身轮制。口径48、最大腹径61.2、底径24.6、高41.6厘米（图八六，1；彩版五〇，2）。

敛口瓮1件。M33:9，夹砂灰陶。敛口，圆唇，斜领，折肩，弧腹，下腹斜收，平底略上凹。素面。器身轮制。口径14、最大腹径25.8、底径12.8、高25.8厘米（图八四，4；彩版五〇，3）。

甑　2件。M33:6，夹砂灰陶。敞口，方唇，卷沿，弧腹，下部内曲，平底，底部有9个均匀分布的圆形算孔，直径约2厘米。腹中部饰一圈凹弦纹。器身轮制。口径44.5、底径16.5、高32厘米（图八四，1；彩版五三，5）。M33:33，夹砂灰陶。上部残，斜腹，平底略上凹，底部饰算孔。底径16、残高9.2厘米（图八六，6）。

器盖1件。M33:32，夹砂灰陶。盖腹微弧，腹部较浅，盖沿较厚。盖腹饰三圈三角形戳印纹。底径26、残高3.4厘米（图八六，7）。

釜　3件。M33:11，夹砂红陶。敞口，圆唇，领外撇，束颈，折肩，折腹，圜底。腹部及底部饰斜向绳纹。

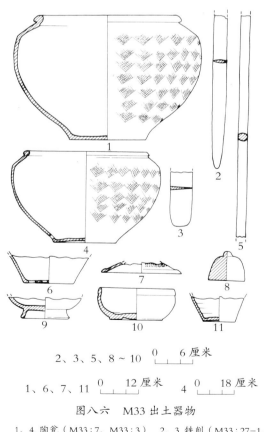

2、3、5、8～10 ├─┼─┼─┤ 6厘米

1、6、7、11 ├─┼─┤ 12厘米　　4 ├─┼─┤ 18厘米

图八六　M33出土器物

1、4.陶瓮（M33:7、M33:3）　2、3.铁削（M33:27-1、M33:27-2）5.铁棍（M33:25）6.陶甑（M33:33）7.陶器盖（M33:32）8.铁杈（M33:26）9、10陶钵（M33:34、M33:20）11.陶罐底（M33:30）

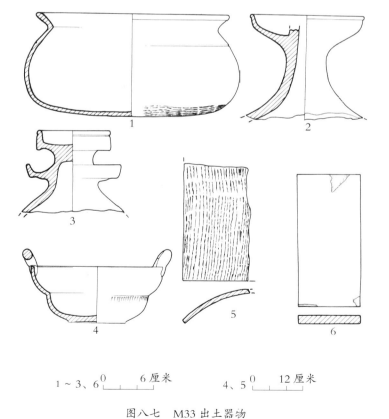

1～3、6 ├─┼─┤ 6厘米　　4、5 ├─┼─┤ 12厘米

图八七　M33出土器物

1、4.陶釜（M33:13、M33:12）　2、3.陶灯（M33:4、M33:22）5.板瓦（M33:28）6.石板砚（M33:23）

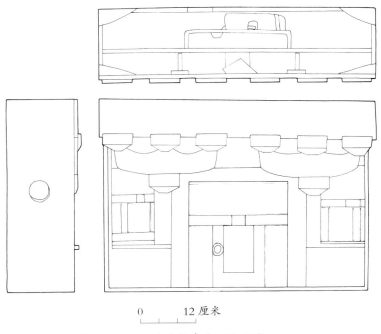

图八八　M33出土陶房（M33:10）

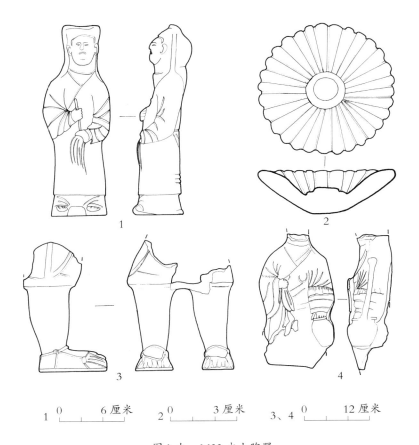

图八九　M33出土陶器

1.执物站立俑（M33:1）　2.簪花（M33:31）　3.俑腿（M33:24）　4.执绳提罐俑（M33:21）

器身轮制。口径22.8、高16厘米（图八四，7；彩版五一，3）。M33:12，夹砂灰陶。敞口，方唇，曲腹，平底，平底略上凹。口沿饰两对称桥形耳。素面。器身轮制。口径30、底径12.8、高17.2厘米（图八七，4；彩版五一，4）。M33:13，夹砂灰陶。敞口，领部外翻，圆唇，束颈，溜肩，扁腹，圜底。底部饰横向绳纹。器身轮制。口径22、高12厘米（图八七，1；彩版五一，5）。

灯　2件。M33:4，夹砂灰陶。灯盘较浅，敞口，圆唇，折腹。盘内有灯柱，已残。下接灯柄，连接喇叭形圈足座，座底已残。柄部中空，通至灯盘中芯。制作较好。口径13、器身残高12.2厘米（图八七，2）。M33:22，夹砂灰陶。分上下两层灯盘。上层灯盘较浅，直口，圆唇，直腹，平底。下接灯柄。灯柄连接下层浅灯盘。下层灯盘侈口，圆唇，斜直腹。下接喇叭形状灯底座，已残。灯柄中空。上层灯盘口沿下饰一圈凹弦纹。制作较好。器身轮制。口径8.3、残高9.4厘米（图八七，3）。

板瓦　1件。M33:28，夹砂灰陶。弧形，表面饰竖向绳纹。残长26.8、残宽14.8、厚1.2厘米（图八七，5）。

房　1件。M33:10，夹砂红陶。长方形，下部略窄，上部稍宽。屋顶已不存。宽檐额，山墙前左右对称各立一长方形角柱。门前有杆栏杆栏上有柱，柱顶各立一斗三升式斗拱，一朵承托檐额。房前开一长方形门。房内部为长方形室，中部为正厅，两侧各一侧室。左右山墙中部对称部位各有一呈圆形孔。后墙壁为整块构成。长59.4、宽16.2、高42.5厘米（图八八；彩版五六，6）。

执物俑　2件。M33：1，夹砂灰陶。面微笑，戴平巾帻，头微左偏，脸部丰满，高鼻阔嘴，神情专注。右手弯曲握一物于胸前。左手略低，执一物。身穿右衽交领宽袖长袍，身体直立，双脚分立。模制，制作较好。高18厘米（图八九，1；彩版六〇，4）。M33：21，执绳提罐俑。夹砂灰陶。头部残，右手握绳于胸前，左手提罐自然垂于身侧。身穿右衽交领宽袖长袍，下部残。俑身中空。模制，制作粗糙。残高25.4厘米（图八九，4）。

俑足1件。M33：24，夹砂灰陶。着草鞋，露出脚趾。小腿粗壮。俑身中空。模制，制作较好。一般为武士俑、镇墓俑或农夫俑下身。宽19.4、残高24.6厘米（图八九，3）。

簪花1件。M33：31，夹砂灰陶。菊花状，制作粗糙。直径6.2、高2厘米。俑头上装饰（图八九，2）。

2. 铜器

钱树叶，M33：35，出土于右侧室门口扰土中。已残成多片，钱枝上翘，周围有钱形树叶，叶边装饰光芒。最大一片残长8.5厘米（图九一，5～7）。

3. 铁器

矛柄（？）1件。M33：25，锈蚀严重。长条形，截面呈圆形。残长37.5、直径1.3～1.6厘米（图八六，5）。可能为铁矛的残部。

权1件。M33：26，锈蚀严重。圆柱状，上窄下宽，顶部立一穿孔。底径6、高4.8厘米（图八六，8）。

削　2件。M33：27-1，锈蚀严重。两面刃，断面近椭圆形。残长25.6、宽2.4、厚0.5厘米（图八四，2）。M33：27-2，单面刃，截面呈三角形。残长9、宽3.6、厚0.5厘米（图八六，3）。

4. 石器

板砚1件。M33：23，青石磨制。平面呈长方形，素面。长15.4、宽7.3、厚1厘米（图八七，6；彩版六四，6）。

5. 钱币

M33：36，钱体较完整者22枚，残片17枚。

大泉五十　2枚。形制规整。圆形方穿，有内外郭。正方形穿，宽郭。正面篆书"大泉五十"四字，清晰工整。其中一枚"五"和"十"字位置铸反（M33：36-2）。直径2.3～2.4、穿长0.9厘米（图九〇，1、2）。

五铢20枚。

A型　16枚。

Ⅲ式1枚。钱径2.5、穿长1厘米（图九〇，3）。

Ⅳ式3枚。钱径2.5、穿长1厘米。正面穿上有"小"字（图九〇，4～6）。

Ⅴ式4枚。有1枚钱币正面穿下粘有另一枚五铢局部（M33：36-8）。钱径2.4～2.6、穿长1厘米（图九〇，7～10）。

Ⅵ式6枚。钱径2.4～2.5、穿长0.9～1厘米（图九〇，11～16）。

Ⅷ式2枚。钱径2.5、穿长0.9～1厘米（图九〇，17、18）。

B型1枚。大半边郭被磨掉。钱径2.5、穿长0.9厘米（图九一，1）。

E型1枚。字体基本完整。钱外缘凿的不规整。钱径2.2、穿长1厘米（图九一，2）。

另有2枚，钱文模糊不清（图九一，3、4）。

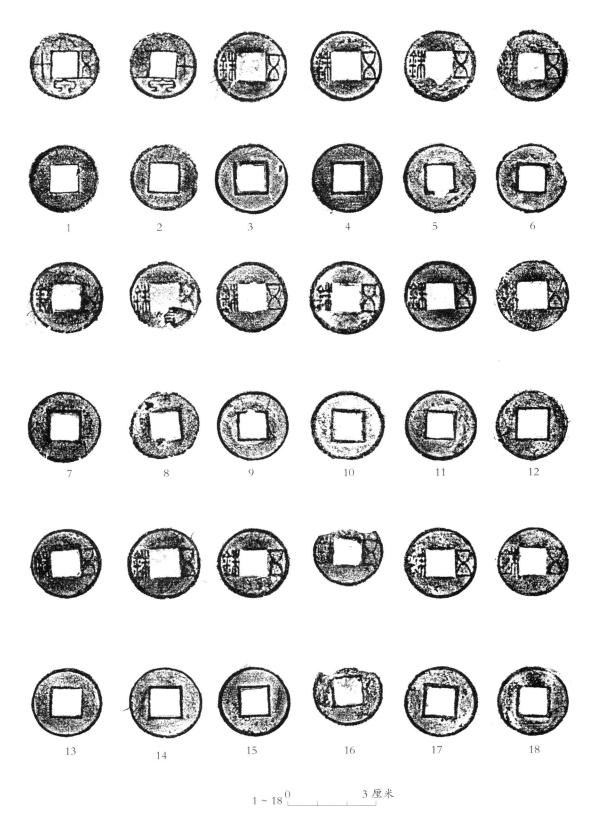

1~18 0 _____ 3厘米

图九〇　M33 出土钱币（M33：36）

1、2.大泉五十（M33：36-1、M33：36-2）　3.五铢 A 型Ⅲ式（M33：36-3）　4~6.五铢 A 型Ⅳ式（M33：36-4~M33：36-6）
7~10.五铢 A 型Ⅴ式（M33：36-7~M33：36-10）　11~16.五铢 A 型Ⅵ式（M33：36-11~M33：36-16）　17、18.五铢 A 型Ⅷ式
（M33：36-17、M33：36-18）

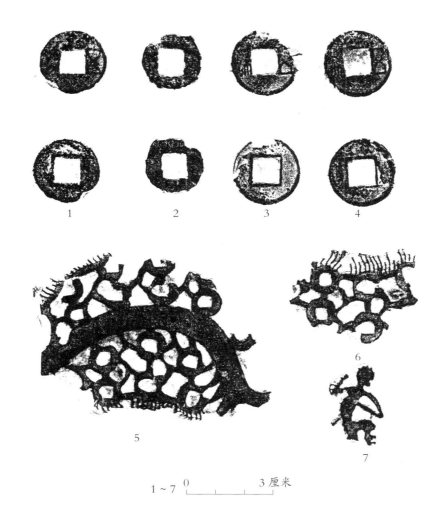

图九一　M33 出土钱币及钱树叶

1.B 型（M33∶36-19）　2.E 型（M33∶36-20）　3、4.五铢（M33∶36-21、M33∶36-22）
5 ~ 7.钱树叶（M33∶35）

第三十四节　2012SHTM34

一　墓葬形制

位于东山西侧，西北邻 M35，南邻 M16。该墓狭小。已被盗扰。

单室崖墓，由墓道、墓门和墓室组成（图九二；彩版二九，1）。墓向 240°。

墓道破坏严重，仅存北侧部分。墓道内填红砂土。

墓门位于墓室西部，破坏严重。上部已被破坏不存，无甬道。

墓室较墓门高一级台阶。墓室平面呈梯形，内窄外宽，长 2.24、宽 0.6 ~ 0.76、高 0.32 ~ 0.52 米。底部东高西低，由内向外倾斜，以便排出墓内积水。墓门处用五块砖平铺一砖台，砖为长方形，长 40、宽 26、厚 8 厘米。墓顶为平顶，由西向东呈倾斜状。墓室内堆满红褐色砂土。

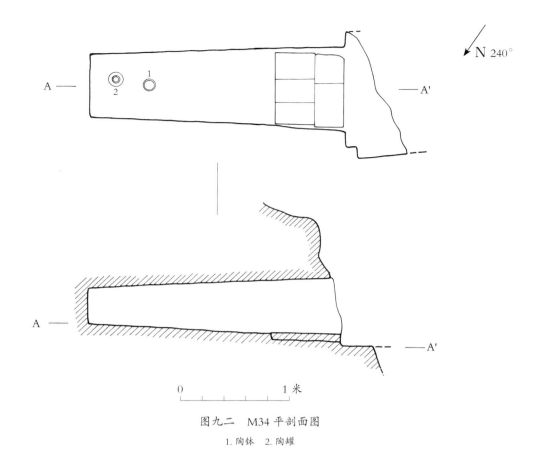

N 240°

图九二　M34 平剖面图

1. 陶钵　2. 陶罐

墓门门框可见尖凿留下的点状凿痕。墓室南北两壁用宽凿由西向东开凿并修整，东壁可见尖凿留下的点状凿痕。墓底及墓顶用尖凿由西向东修整，凿痕稀疏。

未发现人骨。葬具已完全腐朽，不详。

出土随葬品共 2 件，均为陶器，包括钵 1 件、罐 1 件，出于扰土之中。

二　出土陶器

钵 1 件。M34:1，夹砂灰陶。侈口，圆唇，口沿下收束，折腹，下腹内束，圆底，圈足略外撇。器身轮制。口径 12.4、残高 6.8 厘米（图九三，2；彩版四六，4）。

罐 1 件。M34:2，夹砂灰陶。侈口，厚圆唇，圆肩，上腹圆鼓，下腹斜收，平底略上凹。器身轮制。口径 11.2、底径 10.4、高 11.4 厘米（图九三，1）。

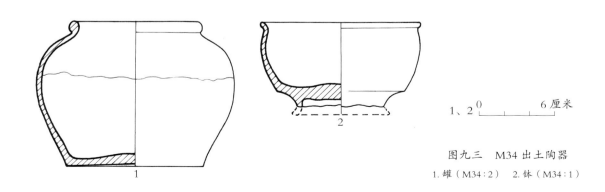

图九三　M34 出土陶器

1. 罐（M34:2）　2. 钵（M34:1）

第三十五节　2012SHTM35

一　墓葬形制

位于东山西侧，北邻 M33 和 M5，东南邻 M34。墓葬狭小。被扰乱，墓室内有翻动痕迹。

单室崖墓，由墓道、墓门和墓室组成（图九四；彩版二九，2；彩版三○，1）。墓向 260°。

墓道破坏严重，残存部分平面大致呈梯形，内宽外窄，剖面呈梯形。底部东高西低，由内向外倾斜，利于排水。残长 2.16、宽 0 ~ 1.4、最高处 2.14 米。填土分两层:上层为疏松红砂土含大量植物根系；下层为较疏松的红砂土含碎石块。

排水设施位于墓道底部中轴线上，始于墓门处，穿过门框底部，贯通墓道。开凿沟槽用于排水，水沟平面呈长方形，残长 1.7、宽 0.08、深 0.04 米。

墓门位于墓室西部，正视呈长方形。门洞宽 0.96、高 1.06 米。门外侧凿有单层门框，宽 1.08、进深 0.05 米。未发现封门遗迹。

墓室平面略呈梯形，内略窄，长 3、宽 0.84 ~ 1、高 1 ~ 1.04 米。底部东高西低，由内向外倾斜。墓

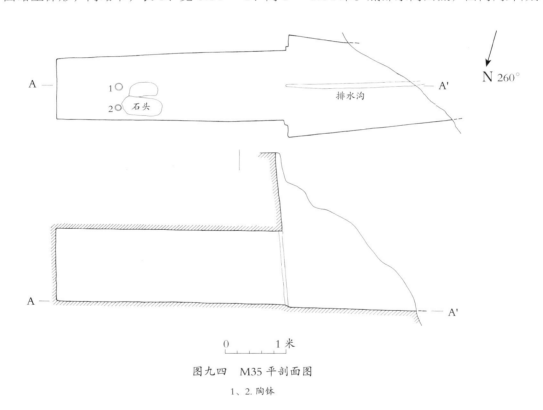

图九四　M35 平剖面图

1、2. 陶钵

内堆满潮湿黄褐色含沙黏土。墓顶为平顶，由西向东平缓抬升。

墓道南北两壁用宽凿由西向东开凿并修整。墓门门框可见尖凿留下的点状凿痕。墓室南北两壁月宽凿由西向东开凿并修整，东壁可见尖凿留下的点状凿痕。墓顶用尖凿由西向东修整，凿痕稀疏。

未发现人骨。葬具已完全腐朽，不详。

出土随葬品共 2 件，均为陶钵。墓室后部有两个较大的鹅卵石，周边非常光滑。应为人为放置。

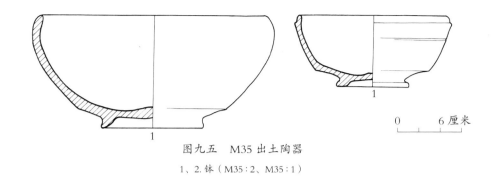

图九五　M35 出土陶器

1、2. 钵（M35：2、M35：1）

二　出土陶器

钵　2件。M35：1，夹砂灰陶。敛口，圆唇，折腹，上腹斜弧，下腹内束，矮圈足外撇。腹外壁口部下有一周凸弦纹。器身轮制。口径13.6、底径6.6、高6.7厘米（图九五，2）。M35：2，夹砂灰陶。敛口，尖唇，上腹圆弧，下腹折收，矮圈足外撇。器身轮制。口径20.8、底径9.4、高10.6厘米（图九五，1）。

第三十六节　2012SHTM36

一　墓葬形制

位于东山西侧，东邻 M5，北邻 M8，南邻 M35。墓葬已被盗扰，封门被破坏。墓葬总体内高外低，以利于排水。

单室崖墓由墓道、墓门、甬道、壁龛和墓室组成（图九六；彩版三〇，2；彩版三一，1、2；彩版三二，1）。墓向 245°。

墓道位于墓室南部，平面呈梯形，内宽外窄，剖面呈长方形。底部北高南低，由内向外倾斜。长6.93、宽1.2～1.6、最高处2.4米。填土分两层：上层为深黄色黏土；下层为红砂土含少量碎岩块。

排水设施位于墓道底部西侧，始于墓室近墓门的西侧，埋于墓门西壁底部，贯通墓道。先开凿沟槽，部分凿于墓壁下。在墓门位置的排水沟内堆置鹅卵石，墓道部分则铺置青灰色绳纹陶质筒瓦，使其前后套接成排水管道。排水沟总长8.43米，筒瓦长0.46米。沟槽内淤满沙土。

墓门位于墓室南部，正视呈长方形，单层门楣结构。门洞宽1.22、高1.64米。门楣高0.2、进深0.2米。封门为红砂石块交错垒砌而成，其外再夯筑灰黄色土。红砂石块为开凿墓葬形成的石块，石块不规整。

甬道位于墓室南部，平面呈梯形，内宽外窄。底部北高南低，由内向外倾斜。宽1.22、高1.64、进深0.8米。

墓室平面略近长方形，长3.82、宽1.78、高1.6～1.64米。底部北高南低，由内向外倾斜。共凿有三个棺龛，其中东壁凿有一棺龛，平面呈长方形，宽3、高0.98～1.1、进深1.52米。另西壁凿有前后两棺龛，南端的棺龛平面呈长方形，宽1.9、高0.66、进深0.78～0.86米；北端的棺龛打破墓室后壁西部，平面呈长方形，宽2.04、高0.76米、进深0.9～1.1。墓底北侧有一砖、石混合砌成的棺台，先用青灰色素面砖平铺三层，接墓室北壁和西壁，围成北宽南窄的梯形棺圹，再于棺圹内堆置卵石，并在棺床东部堆砌四层青灰色素面砖。棺台长1.72～1.84、西宽0.6、东宽0.82、高0.18米。墓顶为平顶，由西向东略倾斜。墓内有淤土，分成两层：上层为红砂石；下层为褐色黏土夹杂砂土。

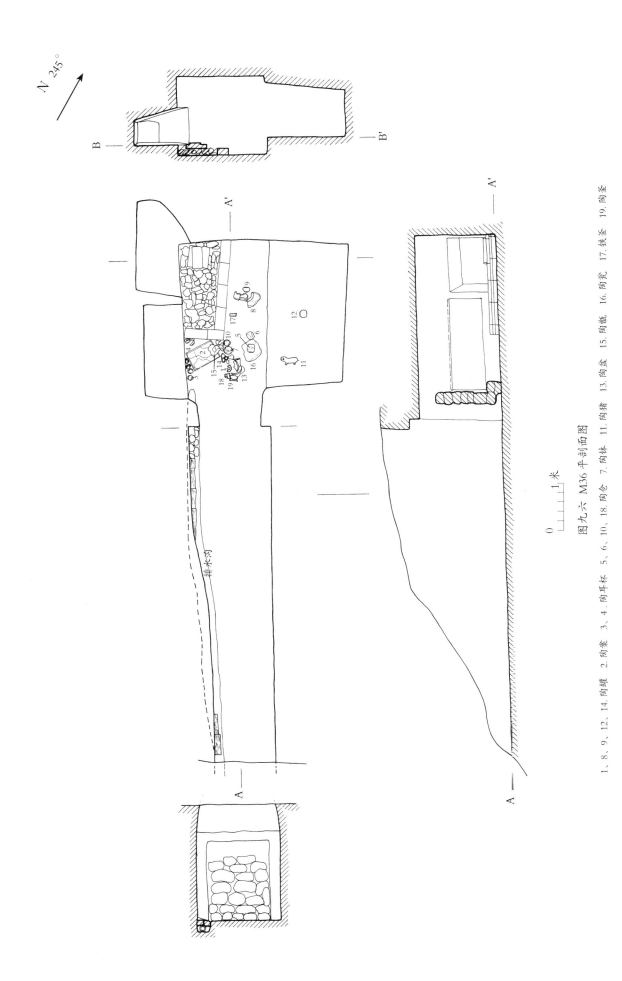

图九六 M36 平剖面图

0 ⎣⎽⎽⎽⎽⎽⎦ 1 米

1、8、9、12、14.陶罐 2.陶案 3、4.陶耳杯 5、6、10、18.陶仓 7.陶钵 11.陶猪 13.陶盆 15.陶瓴 16.陶瓮 17.铁釜 19.陶釜

墓道东西两壁用宽凿由南向北开凿并修整。墓门门框可见尖凿留下的点状凿痕。墓室东西两壁前侧用尖凿由北向南修整，中部及后侧用尖凿由南向北开凿并修整，墓室北壁可见尖凿留下的点状凿痕，墓底及墓顶用尖凿由南向北修整，凿痕稀疏。东棺龛南北两壁及顶部和底部用尖凿由西向东开凿并修整，东壁可见尖凿留下的点状凿痕。西北棺龛和西南棺龛南北两壁及顶部和底部用尖凿由东向西开凿并修整，西壁可见尖凿留下的点状凿痕。

未发现人骨。葬具已完全腐朽，但三个棺龛和墓内的棺台上均发现有铁棺钉，据此推测葬具为木棺。

出土随葬品共20件（套），多为陶器，有罐5件、仓4件、案1件、耳杯2套（12件）、钵1件、猪1件、盆1件、甑1件、瓮1件和釜2件。另有铁斧1件。随葬品多放置于墓室棺台的南端和东侧，另有陶罐1件和陶猪1件发现于东壁棺龛内。墓门口有杯、案、罐，应该是祭祀所留。

二 出土器物

1. 陶器

罐5件。M36:1，夹砂灰陶。侈口，厚圆唇，高领，弧肩，鼓腹，下腹斜收，平底略上凹。肩部上侧饰两圈凹弦纹，下侧饰两圈凸起的平行竖向线纹，似附加堆纹。器身轮制，内壁留有痕迹。口径13.6、最大腹径26、底径16.4、高21.2厘米（图九七，5）。M36:8，夹砂灰陶。敛口，尖圆唇，唇部下侧外凸，束颈，圆肩，鼓腹，下腹斜收，平底略上凹。肩部饰两圈凹弦纹。器身轮制，内壁有痕迹。口径10.6、最大腹径24、底径15、高23厘米（图九七，4；彩版四一，4）。M36:9，夹砂灰陶。侈口，厚圆唇，束颈，

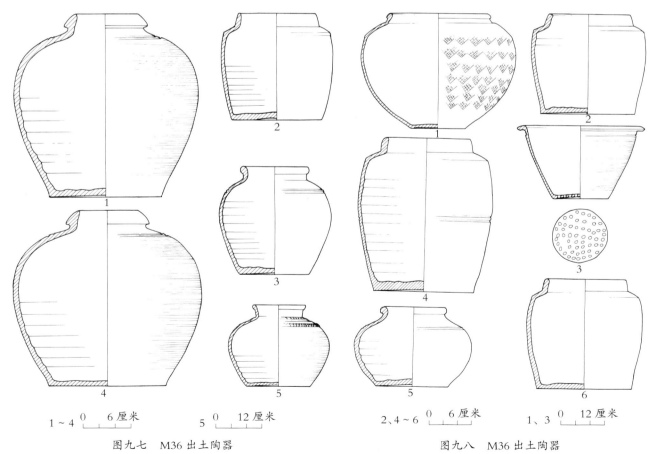

图九七　M36出土陶器

1、3～5.罐（M36:14、M36:12、M36:8、M36:1）　2.仓（M36:5）

图九八　M36出土陶器

1.瓮（M36:16）　2、4、6.仓（M36:10、M36:18、M36:6）
3.甑（M36:15）　5.罐（M36:9）

肩部略折，扁鼓腹，下腹斜收，平底略上凹。肩部饰两圈凹弦纹。器身轮制。口径 9.2、最大腹径 16.2、底径 10、高 11.3 厘米（图九八，5；彩版四一，5）。M36：12，夹砂灰陶。侈口，厚圆唇，束颈，圆肩，鼓腹，下腹斜收，平底略上凹。肩部饰两圈凹弦纹。器身轮制，内壁有痕迹。口径 8.8、最大腹径 14.4、底径 9、高 14.2 厘米（图九七，3；彩版四一，6）。M36：14，夹砂灰陶。与 M36：8 形制相同。敛口，尖圆唇，唇部下侧外凸，束颈，溜肩，鼓腹，下腹斜收，平底略上凹。肩部饰两圈凹弦纹。器身轮制，内壁有痕迹。口径 10.6、最大腹径 24 底径 14.4、高 24 厘米（图九七，1；彩版四二，1）。

钵 1 件。M36：7，夹砂灰陶。敞口，厚圆唇，折腹，饼足下凹。素面。器身轮制。口径 19.8、底径 7.2、高 7.5 厘米（图一〇二，5；彩版四六，5）。

盆 1 件。M36：13，夹砂灰陶。侈口，方唇，宽沿，束颈，曲腹，平底略上凹。器身轮制。口径 35、底径 18.6、高 12.6 厘米（图一〇二，3；彩版四九，3）。

甑 1 件。M36：15，夹砂灰陶。敞口，圆唇，宽沿，沿下内束，斜直腹，平底。底部有分布较均匀的圆形箅孔，直径约 0.4 厘米。素面。器身轮制。口径 35.4、底径 15.6、高 20.8 厘米（图九八，3；彩版五三，6）。

瓮 1 件。M36：16，夹砂灰陶。敛口，厚圆唇，短领，折肩，鼓腹，下腹斜收。平底上凹。腹部饰成组网格纹。器身轮制。口径 28.8、最大腹径 43、底径 15.2、高 32.8 厘米（图九八，1；彩版五〇，4）。

釜 2 件。腹部以下均残，仅存口部。M36：19，夹砂红陶。敞口，长领外撇，圆唇，束颈，下部残。器身轮制。口径 16、残高 4.8 厘米（图一〇二，4）。M36：20，夹砂红陶。敞口，长领外撇，口沿为有一圈凹槽，圆唇，束颈，下部残。器身轮制。口径 22、残高 8 厘米（图一〇二，1）。

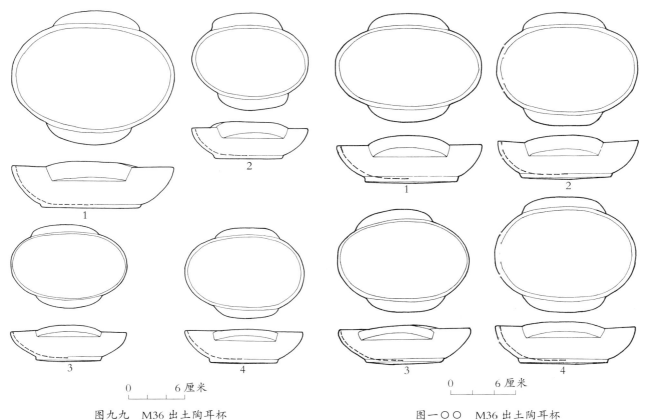

0   6 厘米   0   6 厘米

图九九　M36 出土陶耳杯　　　　　　　　　图一〇〇　M36 出土陶耳杯

1～4. 耳杯（M36：3-5、M36：3-2、M36：4-3、M36：4-4）　　1～4. 耳杯（M36：4-2、M36：3-1、M36：4-6、M36：3-4）

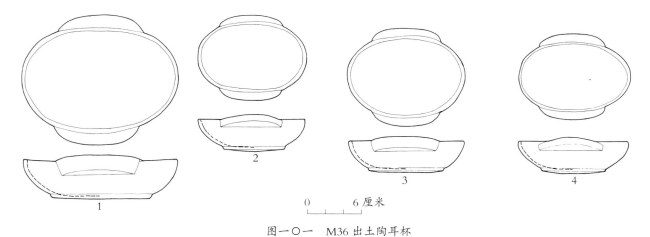

图一〇一　M36 出土陶耳杯

1 ～ 4.耳杯（M36：3-6、M36：4-1、M36：3-3、M36：4-5）

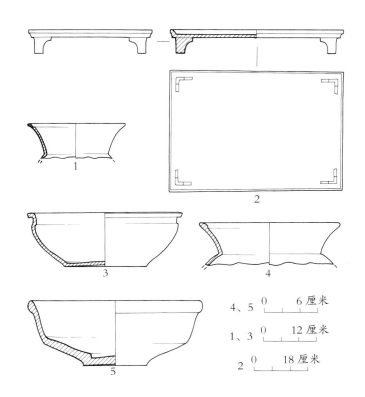

图一〇二　M36 出土陶器

1、4.釜（M36：20、M36：19）　2.案（M36：2）　3.盆（M36：13）　5.钵（M36：7）

　　案 1件。M36：2，夹砂灰陶。平面呈长方形，四周边沿略高出案面，案下附有四足。长 58.6、宽 42、高 8 厘米（图一〇二，2；彩版五七，5）。

　　耳杯　2套（12件）M36：3，泥质灰黑陶。杯口呈椭圆形，腹部较浅，新月形双耳微上翘，假圈足较矮（彩版五七，2）。共 6件，形制大小相近。M36：3-1，长径 12.6、短径 10.7、高 4 厘米（图一〇〇，2）；

M36:3-2，长径 12.2、短径 10.8、高 4 厘米（图九九，2）；M36:3-3，长径 13、短径 10.8、高 4 厘米（图一○一，3）；M36:3-4，器身高 3.9、长径 12.6、短径 10.8 厘米（图一○○，4）；M36:3-5，长径 17、短径 14.7、高 5.2 厘米（图九九，1）；M36:3-6，长径 17、短径 14.3、高 4.8 厘米（图一○一，1）。M36:4，泥质灰黑陶。与 M36:3 形制相近。杯口呈椭圆形，腹部较浅，新月形双耳微上翘，假圈足较矮。共 6 件，形制大小相近。M36:4-1，长径 11.8、短径 9.4、高 4 厘米（图一○一，2）；M36:4-2，长径 13、短径 10.2、高 4.4 厘米（图一○○，1）；M36:4-3，长径 12.2、短径 9.2、高 4 厘米（图九九，3；彩版五七，3）；M36:4-4，长径 12.4、短径 10、高 3.8 厘米（图九九，4）；M36:4-5，长径 12.1、短径 9.5、高 4 厘米（图一○一，4；彩版五七，2）；M36:4-6，长径 11.8、短径 9.7 高、3.6 厘米（图一○○，3）。

仓　4 件。M36:18，夹砂红陶。敛口，厚圆唇，领部较高，折肩，斜弧腹，平底略上凹。素面。器身轮制，内壁留有痕迹。口径 12、底径 14、高 22 厘米（图九八，4）。M36:5，夹砂灰陶。敛口，圆唇，领部较高，折肩，斜弧腹，平底略上凹。素面。器身轮制，内壁留有痕迹。口径 10、最大腹径 14.4、底径 11.5、高 14 厘米（图九七，2；彩版五五，4）。M36:6，夹砂灰陶。敛口，厚圆唇近方，领部较高，折肩，斜弧腹，平底略上凹。素面。器身轮制。口径 11.4、最大腹径 16、底径 13.2、高 15.6 厘米（图九八，6；彩版五五，5）。M36:10，夹砂灰陶。敛口，厚圆唇，领部较高，折肩，斜弧腹，平底略上凹。素面。器身轮制，内壁有痕迹。口径 11.4、最大腹径 16、底径 13.2、高 14.3 厘米（图九八，2）。

公猪　1 件。M36:11，夹砂灰陶。身体呈站立状，目视前方，昂首挺胸。三角眼，两耳直立，嘴微张，四肢肥壮，臀部隆起，尾巴向背部卷曲，尾下有睾丸。腹中空。模制，制作较好。长 34.6、宽 10.5、高 25.4 厘米（图一○三，2；彩版五八，6）。

2. 铁器

斧　1 件。M36:17，平面近梯形，侧面近三角形。长方形銎口，两侧较平直，弧形刃，刃部两端略上翘。长 16、宽 6.4 ~ 9、厚 0 ~ 4.2 厘米（图一○三，1）。

3. 钱币

扰土中出土 1 枚大泉五十残片。

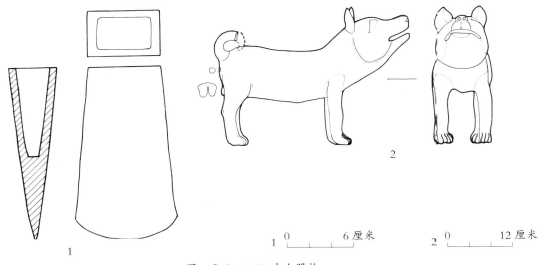

图一○三　M36 出土器物

1. 铁斧（M36:17）　2. 陶猪（M36:11）

第三十七节　2012SHTM37

一　墓葬形制

位于东山西侧，东邻 M15，南邻 M7。墓葬被扰乱，封门上有盗洞。墓葬总体内高外低，以利于排水。

单室崖墓由墓道、墓门、甬道和墓室组成（图一〇四；彩版三二，2；彩版三三，1、2）。墓向 265°。

墓道位于墓室西部，平面呈梯形，内宽外窄，剖面呈梯形，上窄下宽。底部东高西低，由内向外呈三级阶梯状。长 8、宽 0.68 ~ 1.5、最高处 1.66 米。填土分两层:上一层为淡黄色黏土；下层为红砂土。

排水设施位于墓道底部中轴线上，始于甬道，穿过门框底部，延伸至墓道第一个台阶。先开凿沟槽，沟槽内放置青灰色绳纹板瓦残片。排水沟总长 3.02 米。

墓门位于墓室西部，正视呈长方形，单层门框结构。门洞宽 0.84 ~ 0.98、高 0.84 米。门外侧凿有单层门框，宽 1.38、高 0.94、进深 0.1 米。长方形青灰色花纹砖错缝平砌封门，青砖纹饰有网格纹和菱形纹。其中菱形纹青砖长 36、宽 24、厚 4 厘米，网格纹青砖长 33、宽 22、厚 5 厘米。封门砖现残存九层，其上部被盗墓破坏。

甬道位于墓门和墓室之间，平面呈梯形，内宽外窄。底部东高西低，由内向外倾斜。长 1.1、宽 0.84 ~ 0.98、高 0.88 ~ 0.92 米。

墓室平面呈梯形，内宽外窄，长 2.34、宽 1.64 ~ 2、高 0.88 ~ 1.04 米。底部东高西低，由内向外倾斜。墓室中部凿低，于是形成略高的南北棺台，其中北棺台平面呈长方形，长 0.66 ~ 0.74、宽 1.2 ~ 1.4、高 0.8 米；南棺台平面呈长方形，长 0.68 ~ 0.7、宽 1.16 ~ 1.36、高 0.8 米。墓顶为平顶，由西向东平缓抬升。墓内淤积黄褐色黏土。

墓道南北两壁用宽凿由西向东开凿并修整。墓门门框可见尖凿留下的点状凿痕。墓室南北两壁前侧用尖凿由东向西修整，中部及后侧用尖凿由西向东开凿并修整，墓室东壁可见尖凿留下的点状凿痕，墓底及墓顶用尖凿由西向东修整，凿痕稀疏。北棺台东西两壁及顶部和底部用尖凿由南向北开凿并修整，北壁可见尖凿留下的点状凿痕；南棺台东西两壁及顶部和底部用尖凿由北向南开凿并修整，南壁可见尖凿留下的点状凿痕。

未发现人骨。葬具已完全腐朽，但两个棺台均发现有铁棺钉，推测葬具为木棺。

随葬器物主要堆放于墓室中部、两个棺台之间。出土随葬品共 33 件，多为陶器，有狗 4 件、俑 9 件、罐 6 件、灯 1 件、猪 4 件、鸡 4 件、房 1 件、钵 1 件和盆 1 件。铜器仅见灯 1 件。

二　出土器物

1. 陶器

罐 6 件。M37:4，夹砂灰陶。侈口，圆唇，束颈，溜肩，鼓腹，下腹斜收，平底，内底中部凸起。素面。器身轮制。口径 7.2、底径 5.8、高 10 厘米（图一〇五，3；彩版四二，2）。M37:5，夹砂红陶。仅存罐底，斜直腹，平底略上凹。底径 5.8、残高 2.8 厘米（图一〇五，9）。M37:7，夹砂红陶。敛口，圆唇，矮领，鼓肩，鼓腹，下腹斜收，平底略上凹。肩部饰一圈凹弦纹。器身轮制。口径 8.2、最大腹径 12.6、底径 7.6、高 8.2 厘米（图一〇五，2；彩版四二，3）。M37:8，夹砂灰陶。矮领，口部近直，厚圆唇，圆肩，鼓腹，下腹斜收，平底略上凹。肩部饰两圈凹弦纹。器身轮制，内壁有轮制痕迹。口径 12、最大腹径 20.8、底径 13、高 18 厘米（图一〇五，1；彩版四二，4）。M37:26，夹砂灰陶。侈口，厚圆唇，束颈，溜肩，鼓腹，下腹斜收，平底略上凹。素面。器身轮制。口径 8.4、最大腹径 12.4、底径 7.2、高 8.4 厘米（图一〇五，6；彩版四二，5）。M37:28，夹砂红陶。侈口，厚圆唇，束颈，肩部略折，上腹圆鼓，下腹斜收，平底略上凹。

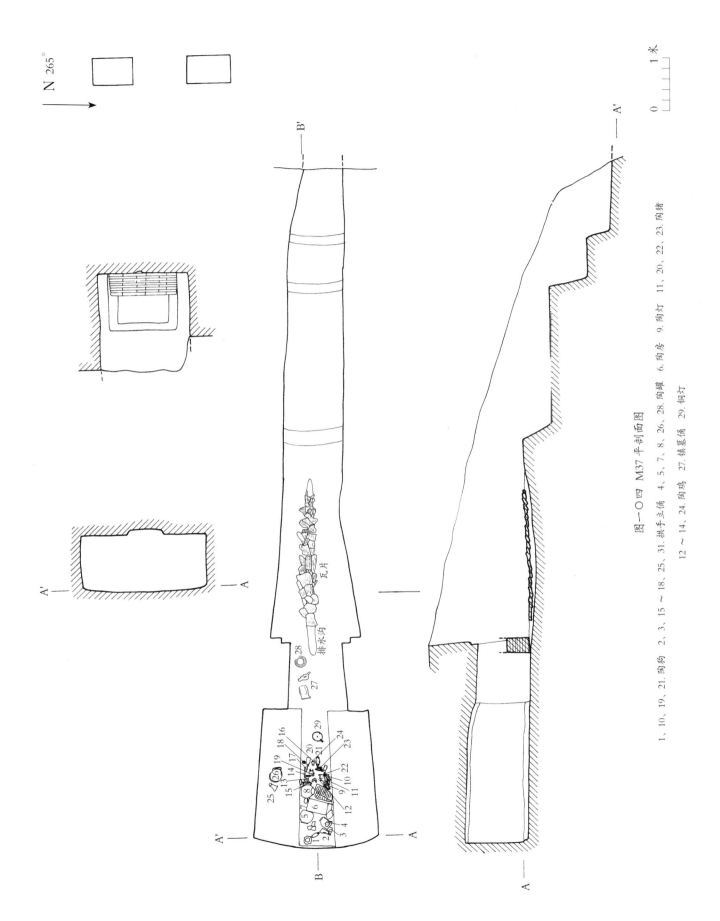

N 265°

0　　　　　　1 米

图一〇四　M37 平剖面图

1、10、19、21.陶狗　2、3、15～18、25、31.拱手立俑　4、5、7、8、26、28.陶罐　6.陶房　9.陶灯　11、20、22、23.陶猪

12～14、24.陶鸡　27.镇墓俑　29.铜灯

排水沟

瓦片

素面。器身轮制。口径9.4、最大腹径13.4、底径8、高9.2厘米（图一〇五，4；彩版四二，6）。

钵 1件。M37：33，夹砂灰陶。上部残，弧腹，圆底，圈足外撇。器身轮制。底径8.6、残高2.4厘米（图一〇五，5）。

灯 1件。M37：9，夹砂灰陶。灯盘较浅，圆唇，敛口，近直腹，喇叭状灯座。柄部中空，连接灯盘腹部与底座。口径12、底径12、高12.8厘米（图一〇五，10；彩版五四，6）。

盆 1件。M37：32，夹砂灰陶。敞口，尖圆唇，卷沿，斜弧腹，下腹斜收，平底略上凹。素面。器身轮制，内壁留有轮制痕迹。口径24.8、底径13.4、高15.8厘米（图一〇五，7；彩版四九，4）。

房 1件。M37：6，夹砂灰陶。庑殿顶，一条正脊，四条斜脊。脊段均翘起。房顶四面均铺筒瓦。房子呈箱型，四面墙体略斜。墙体上部装饰有横枋。墙体一侧上部有两对称长方形镂孔。制作较好。长46、宽28.4、高32.4厘米（图一〇六；彩版五七，1）。

狗 4件。M37：1，夹砂红陶。前两肢站立，后两肢略蹲。目视前方，圆眼立耳，尾巴上翘。腹内中空。手工捏制，制作较差。长12.8、宽6.6、高8.6厘米（图一〇七，2；彩版五八，2）。M37：10，夹砂灰陶。前肢站立，后肢呈蹲坐状，双耳直立，鼻孔突出，尾巴卷曲。腹内中空。手工捏制，制作较差。长15.2、宽5.6、高11.3厘米（图一〇七，1；彩版五八，3）。M37：19，夹砂红陶。与M37：1形制相近。四肢站立，目视前方，圆眼立耳，尾巴上翘。腹内中空。手工捏制，制作较差。长10.7、宽5.4、高7.7厘米（图一〇七，4；彩版五八，4）。M37：21，夹砂灰陶。与M37：10形制相近。前肢站立，后肢呈蹲坐状，双耳直立，鼻孔突出，尾巴卷曲。腹内中空。手工捏制，制作较差。长14.6、宽5.6、高10.7厘米（图一〇七，3；彩版五八，5）。

猪 4件。M37：11，夹砂灰陶。身体呈站立状，目视前方，昂首挺胸。圆眼大嘴，双耳微卷，短尾朝下。背部有一长条形凸起。腹内中空。手工捏制。

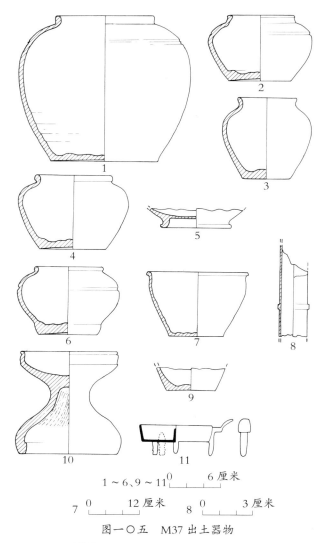

图一〇五　M37出土器物

1～4、6、9．陶罐（M37：8、M37：7、M37：4、M37：28、M37：26、M37：5）
5．陶钵（M37：33）　7．陶盆（M37：32）　8．铜鐏（M37：30）
10．陶灯（M37：9）　11．铜灯（M37：29）

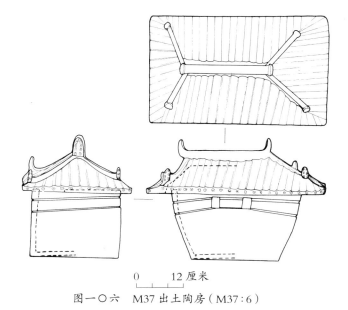

图一〇六　M37出土陶房（M37：6）

长 17.7、宽 7.4、高 9.4 厘米（图一〇八，1；彩版五九，1）。M37：20，夹砂灰陶。身体呈站立状，目视前方，昂首挺胸。圆眼大嘴，双耳微卷，短尾朝下。腹内中空。制作较差。长 13.4、宽 6.4、高 7 厘米（图一〇八，4；彩版五九，2）。M37：22，夹砂红陶。身体呈站立状，目视前方，昂首挺胸。圆眼大嘴，双耳微卷，短尾朝下。腹内中空。手工捏制，制作较差。长 13.4、宽 7.8、高 7.1 厘米（图一〇八，2；彩版五九，3）。M37：23，夹砂灰陶。身体呈站立状，目视前方，昂首挺胸。圆眼大嘴，双耳微卷，短尾朝下。背部有一长条形凸起。腹内中空。手工捏制，制作较差。长 15.4、宽 7.2、高 7.2 厘米（图一〇八，3；彩版五九，4）。

　　鸡 4 件。M37：12，夹砂灰陶。头部已残，双翅合拢贴于身体两侧，尾部朝下，立于喇叭形器座上。器身与器座通体连接，中空。制作粗糙。残长 10、宽 7.4、残高 7.3 厘米（图一〇九，3）。M37：13，夹砂灰陶。器身小首，有冠，尖喙，圆眼，颈部较细。身体前倾，昂首挺胸，双翅合拢贴于身体两侧，尾部上翘，立于喇叭形座上。器身与器座通体连接，中空。制作粗糙。长 10.8、宽 5.3、高 9.1 厘米（图一〇九，1；彩版五九，9）。M37：14，夹砂灰陶。器身小首，无冠，尖喙，圆眼，颈部较细。身体前倾，昂首挺胸，双翅合拢贴于身体两侧，尾部上翘，立于喇叭形座上。器身与器座通体连接，中空。制作粗糙。长 8.4、宽 4.8、

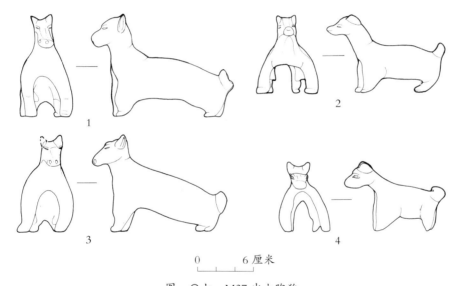

0 ———— 6 厘米

图一〇七　M37 出土陶狗

1 ~ 4. 陶狗（M37：10、M37：1、M37：21、M37：19）

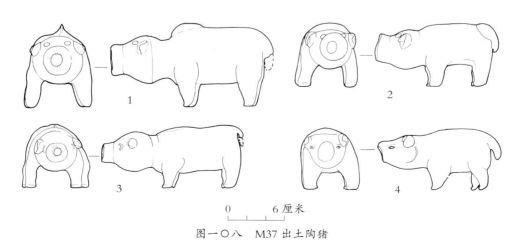

0 ———— 6 厘米

图一〇八　M37 出土陶猪

1 ~ 4. 陶猪（M37：11、M37：22、M37：23、M37：20）

高7.3厘米（图一○九，4；彩版五九，10）。M37：24，夹砂灰陶。身小首，无冠，尖喙，圆眼，颈部较细。身体前倾，昂首挺胸，双翅合拢贴于身体两侧，尾部朝下，立于喇叭形座上。器身与器座通体连接，中空。制作粗糙。长9.6、宽6、高8.1厘米（图一○九，2；彩版五九，11）。

立俑8件。M37：2，夹砂灰陶。五官模糊不辨，两臂自然垂于两侧，双手相握置于腹部。身体直立，头戴平巾帻，似着袍服，盖住双脚，下身呈喇叭状。器身中空。手工捏制，制作较差。宽9.2、高19.3厘米（图一一一，4；彩版六一，1）。M37：3，夹砂灰陶。面带微笑，双眼微闭，高鼻阔嘴，下巴呈月牙状外凸。两臂自然垂于两侧，双手相握置于腹部。身体直立，头戴平巾帻，似着袍服，盖住双脚，下身呈喇叭状。器身中空。手工捏制，制作较差。宽10、高19.2厘米（图一一一，3；彩版六一，2）。M37：15，夹砂灰陶。与M37：3形制相近。面带微笑，双眼微闭，高鼻阔嘴，下巴呈月牙状外凸。两臂自然垂于两侧，双手相握置于腹部。身体直立，头戴平巾帻，似着袍服，盖住双脚，下身呈喇叭状。器身中空。手工捏制，制作较差。宽9、高18.3厘米（图一一一，2）。M37：16，夹砂灰陶。上部残，两臂自然垂于两侧，双手相握置于腹部。身体直立，头戴平巾帻，似着袍服，盖住双脚，下身呈喇叭状。器身中空。手工捏制，制作粗糙。宽9、残高8.8厘米（图一一○，3）。M37：17，夹砂红陶。圆眼深邃，高鼻阔嘴，两手交叉置于胸前。身体直立，头戴平巾帻，似着袍服，盖住双脚，下身呈喇叭状。器身中空。手工捏制，制作较差。宽6.6、高13.7厘米（图一一○，5）。M37：18，夹砂红陶。与M37：17形制相近。圆眼深邃，高鼻阔嘴，两臂自然垂于两侧，双手相握置于腹部。身体直立，头戴平巾帻，似着袍服，盖住双脚，下身呈喇叭状。器身中空。手工捏制，制作较差。宽7、高12.6厘米（图一一○，2；彩版六一，3）。M37：25，夹砂灰陶。与M37：3形制相近。面带微笑，双眼微闭，高鼻阔嘴，下巴呈月牙状外凸。两臂自然垂于两侧，双手相握置于腹部。身体直立，头戴平巾帻，似着袍服，盖住双脚，下身呈喇叭状。器身中空。手工捏制，制作较差。宽8.6、高17.4厘米（图一一一，1；彩版六一，4）。M37：31，夹砂灰陶。头部残，两臂自然垂于两侧，双手相握置于腹部。身体直立，头戴平巾帻，似着袍服，盖住双脚，下身呈喇叭状。器身中空。手工捏制，制作较差。宽9.4、残高14厘米（图一一○，4）。

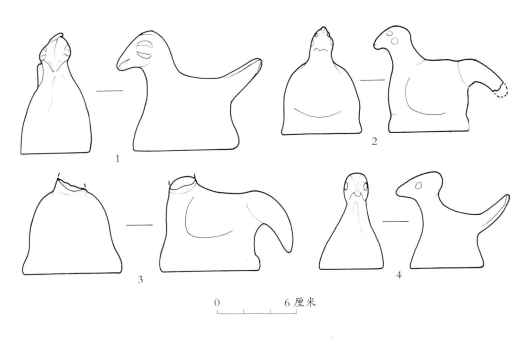

0　　　　　6厘米

图一○九　M37出土陶鸡

1～4.陶鸡（M37：13、M37：24、M37：12、M37：14）

镇墓俑1件。M37:27,夹砂灰陶。头戴面具,头上立三个角,圆眼有神,高鼻阔嘴,双手弯曲握于身体两侧。着袍服,盖住双脚。下身呈喇叭状,器身中空。模制,制作较好。宽16、高36.8厘米(图一一〇,1)。

2.铜器

灯1件。M37:29,器身呈盏状。敞口,方唇,斜直腹,平底,三足。底部中间附加一圆灯柱,穿过器底。器身一侧附加扁状把手,截面呈长方形。口径8.8、底径8、高4.6厘米(图一〇五,11;彩版六四,4)。

构件(镈)1件。M37:30,残,中空,中部有一周凸起。残长5.7、直径1.9厘米(图一〇五,8)。

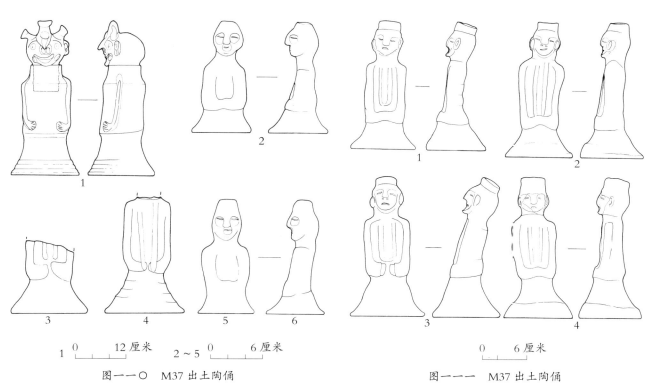

图一一〇　M37 出土陶俑

1. 镇墓俑(M37:27)　2～5. 拱手立俑(M37:18、M37:16、M37:31、M37:17)

图一一一　M37 出土陶俑

1～4. 拱手立俑(M37:25、M37:15、M37:3、M37:2)

第三十八节　2012SHTM38

一 墓葬形制

位于东山西侧,南邻M11、M12,东邻M9、M10,西邻M37。墓葬上部被破坏。

单室墓,由墓圹、墓道和墓室组成(图一一二;彩版三四,1)。墓向310°。

墓圹平面呈长方形,直接开凿于原岩上。长3.3、宽1.7米,距底部深约0.4米。墓内砌筑砖室,砖室与石圹之间填灰黄色花土。

墓道位于墓室西部,平面呈梯形,内宽外窄,剖面呈三角形。底部东高西低,长3.08、宽0.3～1.42、残高0.5～0.9米。

排水设施位于墓道底部中轴线位置,始于墓室北壁,贯通墓道。先开凿沟槽,在沟槽内堆置青灰色绳纹

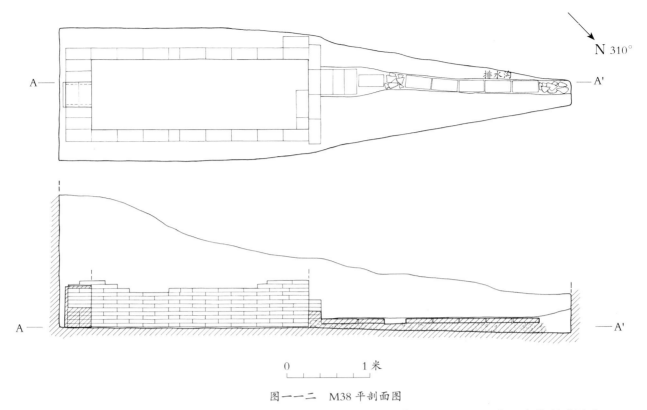

N 310°

排水沟

0   1米

图一一二　M38 平剖面图

板瓦残片，其上再覆盖一层长方形青灰色素面砖。排水沟长 3.1、宽 0.18～0.38 米。内堆淤满沙土。

墓室平面近长方形，长 3.16、宽 1.36、残高 0.6 米。无铺地。砖室南北两侧以及东壁为平砖十二层构成，西壁平砖四层。墓顶坍塌严重，不详。东壁中部有一壁龛。墓砖均为长方形青灰色素面砖，长 32、宽 15、厚 5 厘米。墓内填红色砂土夹杂黄色黏土。

未发现人骨。葬具已完全腐朽，但在墓室中部发现有少量铁棺钉，据此推测葬具为木棺。

出土随葬品 2 件，均为陶罐。

二　出土陶器

罐 2 件。M38:1，夹砂灰陶，火候高，质地硬。敛口，厚圆唇，溜肩，肩部饰一圈凸棱纹。肩以下残，器身轮制。口径 27.4、残高 4.7 厘米（图一一三，1）。M38:2，夹砂灰陶，火候高，质地硬。上部残，弧腹，平底略上凹。底径 11.4、残高 2.2 厘米（图一一三，2）。

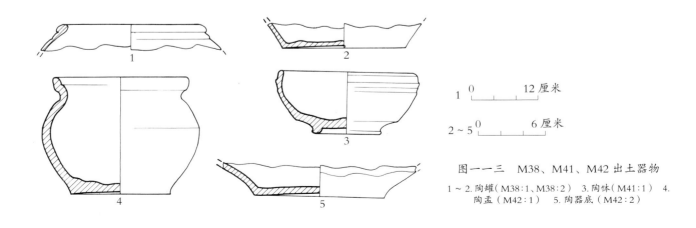

1   0   12 厘米
2~5   0   6 厘米

图一一三　M38、M41、M42 出土器物
1～2.陶罐（M38:1、M38:2）3.陶钵（M41:1）4.
陶盂（M42:1）5.陶器底（M42:2）

第三十九节　2012SHTM39

位于东山西北侧，南邻 M40，紧邻成仁路。墓葬被破坏严重，主室被成仁路破坏。

多室崖墓，由墓道、墓门、甬道、主室和侧室组成，其中墓道、主室和部分侧室已破坏较为严重（图一一四；彩版三四，2；彩版三五，1）。墓向 130°。

墓道位于墓室东部，平面呈梯形，内宽外窄，剖面呈长方形。底部西高东低，由内向外倾斜。残长 4、宽 1.04 ～ 1.7、最高处 1.82 米。填土分两层：上层为黄褐色砂土夹杂黏土；下层为红褐色砂土。

排水设施位于墓道北侧底部，始于墓室前端北侧，穿过甬道和墓门底部，贯通墓道。先开凿沟槽，沟槽内堆置小砾石。沟内淤满沙土。排水沟已被破坏，残长 5.4 米。

墓门位于墓室东部，正视呈梯形。门洞宽 0.9 ～ 1、高 1.5 米。封门不详。

甬道位于墓门和墓室之间，平面略呈梯形，内宽外窄。底部西高东低，由内向外倾斜。长 0.76、宽 1.18、高 1.6 米。

主室破坏严重，仅存靠近墓门的部分。残长 1.7、宽 1.3 ～ 1.36、高 1.46 米。底部西高东低，由内向外倾斜。北壁前端靠近墓门处凿有一侧室，平面呈长方形，长 2.28、宽 2.8、高 1.4 ～ 1.48 米。侧室东壁凿有一壁龛，平面呈长方形，宽 1.2、高 0.3、进深 0.4 米。另墓室北壁距离侧室约 0.6 米处又开凿一梯形壁龛，由于破坏较为严重不辨其性质，残宽 0.9、高 1.4 ～ 1.48、进深 1.18 米。墓顶为平顶。墓内堆满红褐色砂土。

墓道南北两壁用宽凿由东向西开凿并修整，墓门门框可见尖凿留下的点状凿痕。墓室南北两壁前侧用尖凿由西向东修整，北壁后侧用尖凿由东向西修整，墓室西壁已不存，凿痕不详。墓底及墓顶用尖凿由东向西

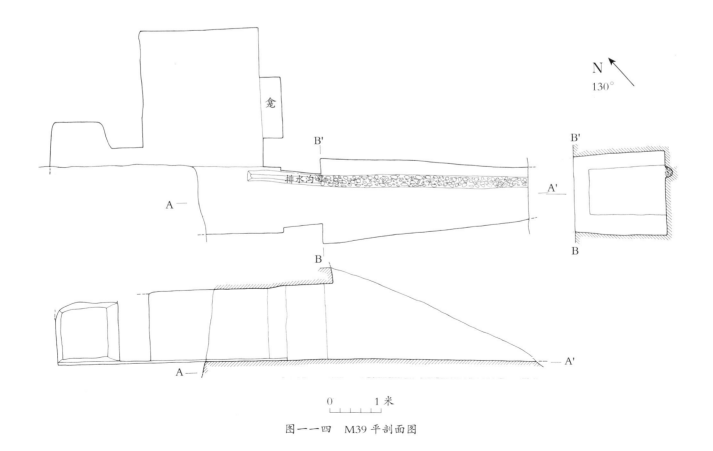

图一一四　M39 平剖面图

修整，凿痕稀疏。侧室东西两壁及顶部和底部用尖凿由南向北开凿并修整，北壁可见尖凿留下的点状凿痕。侧室内壁龛南北两壁、顶部和底部用尖凿由西向东开凿并修整，东壁可见尖凿留下的点状凿痕。主室壁龛东西两壁、顶部和底部用尖凿由南向北开凿并修整，北壁可见尖凿留下的点状凿痕。

未发现人骨。葬具已完全腐朽，不详。未发现随葬器物。

第四十节　2012SHTM40

位于东山西北侧，紧邻成仁路。北邻 M39，南邻 M41。墓葬被扰乱，被成仁路破坏了墓道。

单室崖墓，破坏较为严重，由残存的墓道、墓门、甬道和墓室组成（图一一五；彩版三五，2）。墓向 120°。

墓道位于墓室东部，平面呈梯形，内宽外窄，剖面呈长方形。底部西高东低，由内向外倾斜，利于排水。残长 4.3、宽 1.5～1.8、残最高 1.74 米。填土分两层:上层为黄褐色含砂黏土；下层为红砂土。

未发现排水设施。

墓门位于墓室东部，正视呈长方形。破坏严重，结构不明。门洞宽约 1 米。封门情况不详。

甬道位于墓门和墓室之间，平面呈长方形。长 0.5、宽 1、高 1.4 米。

墓室后侧被破坏，现存部分平面近长方形，残长 2.2、宽 1.82、高 1.6 米。底部西高东低，由内向外倾斜。墓内堆满晚期扰土。墓顶为平顶，由东向西平缓抬升。

墓道南北两壁用宽凿由东向西开凿并修整。墓门门框可见尖凿留下的点状凿痕。墓室南北两壁前侧用尖凿由西向东开凿并修整，后侧已不存，凿痕不详。墓室西壁已不存，凿痕不详。墓顶用尖凿由东向西修整，凿痕稀疏。

未发现人骨。葬具已完全腐朽，不详。

未发现随葬器物。

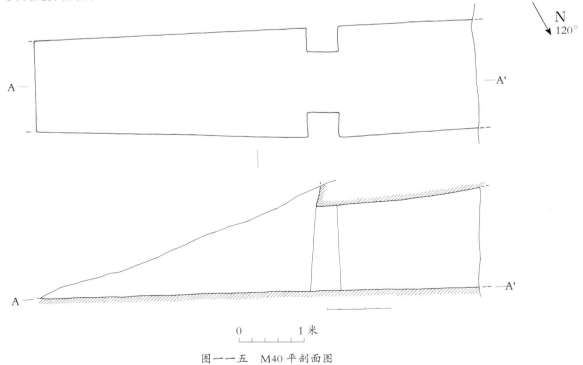

图一一五　M40平剖面图

第四十一节　2012SHTM41

一　墓葬形制

位于东山西北侧，紧邻成仁路。北邻 M40，西南邻 M42。墓葬被扰乱，被成仁路破坏了墓道。

单室崖墓，破坏较为严重，仅存部分墓道、墓门和墓室（图一一六；彩版三六，1、2）。墓向 145°。

墓道位于墓室南部，前部破坏严重，残存部分平面近梯形，内宽外窄，剖面呈梯形，上窄下宽。底部北高南低，由内向外倾斜，利于排水。残长 2.14、宽 1.9～2.08、残高 0.44～2.12 米。

排水沟位于墓道底部中轴线上，排水沟始于墓门中轴线处，穿过门框底部，贯通墓道。残长 1.86 米。

墓门位于墓室南部，正视呈长方形，双层门框结构。门洞宽 1、高 0.94 米。封门情况不详。

墓室高于墓道一个台阶，高约 0.07 米。墓室平面略呈长方形，长 2.3、宽 1、高 0.8～0.9 米。底部西高东低，由内向外倾斜，以便排出墓内积水。墓室内堆满红砂土。墓顶为平顶，由南向北倾斜。

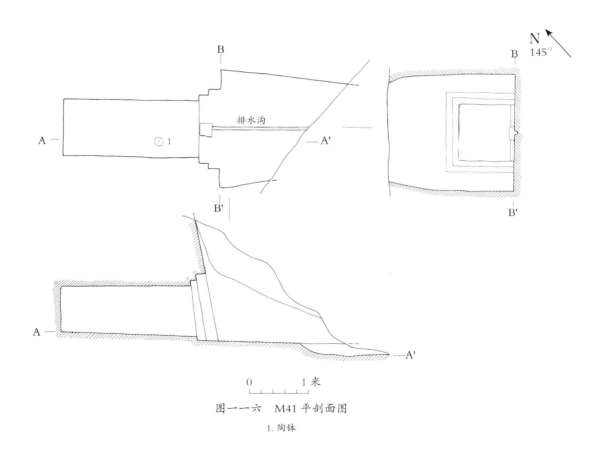

图一一六　M41 平剖面图

1. 陶钵

墓道东西两壁用宽凿由南向北开凿并修整，墓门门框可见尖凿留下的点状凿痕。墓室东西两壁前侧用尖凿由南向北开凿并修整，墓室北壁可见尖凿留下的点状凿痕，墓底及墓顶用尖凿由南向北修整，凿痕稀疏。

未发现人骨。葬具已完全腐朽，但在墓室中部发现少量铁棺钉，据此推测葬具为木棺。

扰土中出土 1 件陶钵。

二　出土陶器

钵 1 件。M41：1，夹砂灰陶。敛口，圆唇，折腹，矮圈足外撇。口沿下有一圈凸棱。器身轮制。口径 13、底径 6.4、高 5.8 厘米（图一一三，3；彩版四六，6）。

第四十二节　2012SHTM42

一　墓葬形制

位于东山西北侧，紧邻成仁路，东北邻 M41。修成仁路破坏了墓葬前部。

多室崖墓破坏严重，墓道、墓门已不存，形制不详（图一一七；彩版三七，1）。

主室平面呈长方形，长 2.1、宽 1.62～1.95、高 1.44～1.5 米。底部北高南低，由内向外倾斜，以便排出墓内积水。东壁中部凿有一侧室，平面呈长方形，长 2.52～3、宽 2.52、高 1.44～1.77 米。西壁后侧凿有一壁龛，平面呈长方形，宽 1.35、进深 0.36 米，高度不详。墓顶均为平顶。墓内堆满晚期扰土。

墓道和墓门已不存，凿痕不详。墓壁用尖凿修整，凿痕稀疏。

未发现人骨。

主室后侧及东侧室的东北部均发现陶棺残片，据此推测葬具为陶棺。

扰土中出土 2 件器物。

二　出土器物

盂 1 件。M42：1，夹砂灰陶。近盘口，厚圆唇，束颈，溜肩，鼓腹，下腹斜收，平底略上凹。器身轮制。口径 12.6、底径 9.2、高 11 厘米（图一一三，4；彩版五三，2）。

底 1 件。M42：2，夹砂灰陶。上部残，平底略上凹。底径 12、残高 3 厘米（图一一三，5）。

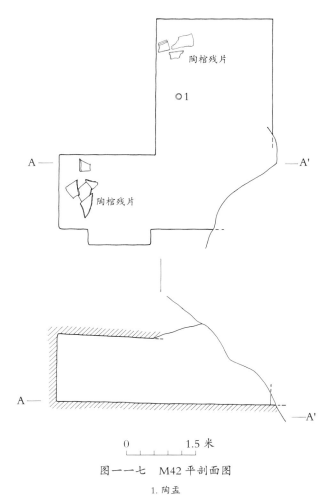

图一一七　M42 平剖面图
1. 陶盂

第三章
墓葬分期与年代

此章在墓葬形制和出土器物的类型学分析基础之上讨论墓葬的分期和断代,分析该墓地崖墓的演变规律。成都乃至四川地区发现并报道的三国两晋南北朝墓葬很少,希望田家寺墓地的分期讨论能为同时期成都乃至四川相关墓葬的时代判断提供参考。

田家寺墓地共清理了 42 座墓葬,其中 M5 ~ M15、M38 为明清时期墓葬,其它 23 座为东汉、六朝墓葬,下面分别分析。

第一节　东汉、六朝崖墓分期、断代

一　墓葬形制分析（图表一）

根据墓室数量,崖墓可分成两型:

A 型　5 座。多室墓。根据墓室数量、布局及附属结构又可分成三式。

Ⅰ式:3 室。主室带双侧室。墓葬结构复杂,带棺龛[1]、原岩石棺、灶、仿木结构等雕刻。有 M33。

Ⅱ式:2 室。前后室或者带单侧室,附属结构仅剩棺龛。有 M17、M39、M42 等。

Ⅲ式:2 室。单侧室,无棺龛。有 M25。

演变趋势墓葬墓室由多变少,结构由复杂变简单。

B 型:23 座。单室墓。根据墓室平面长短比例可以分成两亚型。

Ba 型:7 座。墓葬相对较宽。根据墓室平面形状及附属结构,可以分成三式:

Ⅰ式:墓葬平面呈长方形,带棺龛。有 M24、M36。

Ⅱ式:墓葬平面呈长方形,无棺龛。有 M28、M32。

Ⅲ式:墓葬平面呈梯形,无棺龛,部分在墓内设置棺台。有 M23、M27、M37。

演变趋势:墓葬平面由长方形演变成梯形,墓葬结构逐渐简单,带棺龛→无棺龛→室内带棺台。

Bb 型:16 座。墓葬相对狭长,结构简单,无棺龛或棺台。根据墓室平面形状可以分成三式:

Ⅰ式:墓葬平面呈长方形。有 M16、M18、M19、M41。

Ⅱ式:墓葬平面呈梯形,内宽外窄。有 M2、M20、M21、M26、M30。

Ⅲ式:墓葬平面呈梯形,内窄外宽。有 M1、M3、M4、M29、M31、M34、M35。

演变趋势:墓葬平面从长方形演变成梯形。

总体来说,这批墓葬结构从复杂到简单,墓室从宽大变狭小。

---

1. 垂直于墓壁开凿,形状多呈长方体,类棺的空间,内容尸,起到棺的作用,或者内置陶棺、石棺、木棺,因称之为"棺龛"。

二 器物类型学分析

（一）陶器

1.钵，数量较多，完整者 38 件，形制多样[1]。根据口、腹、底、足特征可以分成六型（图表二）。

A 型：10 件。敞口折腹。根据有圈足与否分成两亚型。

Aa 型：8 件。平底。有 M17：7 ~ 11、M36：7、M28：16、M16：4。

Ab 型：2 件。圈足。有 M33：5、M33：15。

B 型：20 件。敛口折腹。根据有无器足分成两亚型。

Ba 型：14 件。带圈足。根据口、腹变化分成四式。

Ⅰ式：1 件。口微敛，腹部转折处棱角明显。有 M33：2。

Ⅱ式：5 件。口部内敛稍增，腹部转折处略变缓。有 M23：10、M28：7、M32：3、M35：1、M41：1。

Ⅲ式：8 件。口部内敛增加，腹部转折处已不明显或消失。有 M20：11、M23：11、M26：11、M28：17、M28：18、M32：2、M35：2、M28：5。

演变趋势：口部内敛幅度逐渐增加，腹部转折处逐渐平缓。

Bb 型：6 件。平底。根据腹部变化分成两式。

Ⅰ式：5 件。腹部转折明显。有 M19：6、M33：14、M33：17、M33：18、M33：19。

Ⅱ式：1 件。演变成弧腹。有 M28：6。

演变趋：腹部由折腹变弧腹。

C 型：2 件。器形类似矮柄豆。M27：4、M33：16。

D 型：2 件。弧腹敛口。可以分成两式。

Ⅰ式：1 件。器形整体似小盆，卷唇，底部有一周凹槽。有 M33：20。

Ⅱ式：1 件。器形简洁，无卷唇，平底。有 M25：11。

演变趋势：器形由复杂变得简洁。

E 型：2 件。大圈足。有 M29：2、M34：1。

F 型：2 件。圜底。有 M29：3、M29：4。

2.罐，可辨者 37 件，形制多样。根据口、领、腹可以分成以下几型（图表三）。

A 型：11 件。卷圆唇。根据口部大小分成两亚型。

Aa 型：5 件。口部略小。根据腹部变化可以分成两式。

Ⅰ式：1 件。腹部略扁。有 M36：9。

Ⅱ式：4 件。腹部增长。有 M17：1、M17：16、M17：17、M19：2。

Ab 型：6 件。大口。根据口、腹、底可以分成两式。

Ⅰ式：2 件。束颈，大底，弧腹。有 M18：3、M34：2。

Ⅱ式：4 件。颈部很短或消失，底部变小，曲腹。有 M20：8、M29：1、M37：26、M37：28。

B 型：5 件。凸唇，束颈。根据颈部、腹部可以分成两亚型。

Ba 型：2 件。小口，短颈，鼓腹。有 M36：8、M36：14。

Bb 型：3 件。口部略大，颈部较高，腹瘦。有 M18：2、M24：4、M25：8。

1.钵有时也用作器盖，但形制上无法区分，因此统一划分型式。

C 型：4 件。高领罐。根据腹部分成两式。

Ⅰ式：1 件。扁腹较矮。有 M36∶1。

Ⅱ式：3 件。腹部增高。有 M1∶1、M17∶20、M36∶12。

D 型：10 件。短领。根据口部分成两亚型。

Da 型：4 件。近直口。有 M16∶3、M23∶2、M23∶7、M37∶8。

Db 型：6 件。敛口。有 M20∶3、M20∶7、M20∶14、M27∶2、M28∶4、M37∶7。

E 型：6 件。敛口，无领。根据腹部特征分成三亚型。

Ea 型：3 件。腹部高瘦，饰有带状纹，最大径在近肩部。又可分成两式。

Ⅰ式：1 件。曲腹，腹部较瘦。有 M33∶8。

Ⅱ式：2 件。弧腹，腹部略肥。有 M19∶4、M32∶6。

Eb 型：1 件。鼓腹，最大径在上腹部。有 M21∶4。

Ec 型：2 件。鼓腹，最大径在腹中部。有 M26∶2、M26∶21。

F 型：1 件。领部外翻。有 M37∶4。

罐的总体演变趋势：器形逐渐变小。

3.瓮，6 件。可以分成两型（图表四）。

A 型：5 件。大口，器形较大。根据领、肩演变可以发展成两式。

Ⅰ式：4 件。领部较高，折肩。有 M17∶25、M33∶3、M33∶7、M36∶16。

Ⅱ式：1 件。领部变矮，肩部转折加剧。有 M24∶1。

B 型：1 件。小敛口，器形较小。有 M33∶9。

4.釜，10 件。数量虽然不多，但是形制多样，可分成五型（图表四）。

A 型 6 件。领部外翻。根据领部变化可以分成三式。

Ⅰ式：2 件。领部较长。有 M36∶19、M36∶20。

Ⅱ式：2 件。领部缩短。有 M17∶13、M17∶14。

Ⅲ式：2 件。短领。有 M24∶3（8）、M33∶13。

演变趋势：领部逐渐缩短。

B 型：1 件。折腹。有 M33∶11。

C 型：1 件。高颈。有 M19∶3。

D 型：1 件。立耳，曲腹、平底。有 M33∶12。

E 型：1 件。尖底，器形小，非实用器。有 M17∶6。

5.盆，16 件。根据腹部分成两型（图表四）。

A 型：12 件。深腹。根据沿部分成三式。

Ⅰ式：2 件。宽沿。有 M23∶9、M25∶1。

Ⅱ式：4 件。窄沿，器形变小。有 M16∶5、M20∶1、M28∶2、M37∶32。

Ⅲ式：6 件。沿部消失，器形进一步变小。有 M21∶1、M21∶2、M21∶9、M23∶1、M23∶3、M26∶9。

演变趋势：器形由规整变简陋；由大变小；沿部逐渐缩短。

B 型：4 件。浅腹。根据口、腹特征有可以分成两亚型。

Ba 型：3 件。窄沿，沿下一周内凹。根据沿部特征分成两式。

Ⅰ式：1 件。沿部略宽。有 M36：13。

Ⅱ式：2 件。沿部很窄或消失。有 M17：18、M17：19。

Bb 型：1 件。宽沿，弧腹。有 M20：6。

6.甑，4 件。根据腹部特征分成三式（图表四）。

Ⅰ式：2 件。斜腹略弧。有 M17：12、M36：15。

Ⅱ式：1 件。下腹部内曲。有 M33：6。

Ⅲ式：1 件。腹中部以下内曲，曲度加剧。有 M28：10。

演变趋势：弧腹演变成曲腹。

7.盂，11 件，其中 1 件残。根据领、腹部特征分成两式（图表四）。

Ⅰ式：5 件。领部较短，腹部略圆。有 M16：1、M18：1、M20：5、M28：3、M42：1。

Ⅱ式：5 件。领部变长，腹部变扁。有 M20：10、M21：6、M21：8、M23：4、M23：14。

演变趋势：领部变长，腹部变扁。

8.仓，7 件。分成两型（图表五）。

A 型：5 件。器形较矮。根据腹部变化分成三式。

Ⅰ式：1 件。近直口，器形较高，腹部略瘦。有 M36：18。

Ⅱ式：3 件。口部略敛，器形变矮，腹部略胖。有 M36：5、M36：6、M36：10。

Ⅲ式：1 件。敛口，腹部变胖。有 M32：1。

B 型：2 件。器形高瘦。有 M21：5、M28：1。

9.灯，6 件。根据灯盏数量分成两型（图表五）。

A 型：3 件。单层盏。根据盏腹变化分成两式。

Ⅰ式：1 件。盏腹斜折，腹壁平滑。有 M33：4。

Ⅱ式：2 件。盏腹转折处加剧，腹部有多周凹弦纹。有 M32：4、M37：9。

B 型：3 件。双层盏。根据形制分成两式。

Ⅰ式：1 件。双层盏下皆喇叭形灯座。有 M33：22。

Ⅱ式：2 件。底层盏充作灯座。有 M26：16、M27：3。

10.狗，7 件。根据制作的质量分成两式（图表五）。

Ⅰ式：3 件。模制，制作精致，形态写实。有 M17：21、M25：2、M28：14。

Ⅱ式：4 件。手工捏制，制作粗糙，形态抽象。有 M37：1、M37：10、M37：19、M37：21。

11.猪，5 件。根据制作的质量分成两式（图表五）。

Ⅰ式：1 件。模制，制作精致，形态写实。有 M36：11。

Ⅱ式：4 件。手工捏制，制作粗糙，仅具形意。有 M37：11、M37：20、M37：22、M37：23。

12.拱手立俑，9 件。根据衣服、形制分成两式（图表五）。

Ⅰ式：1 件。制作精良，衣服表现清晰，双足微露。有 M28：9。

Ⅱ式：7 件。制作粗糙，衣饰模糊，双足不现，下身呈喇叭状。有 M37：2、M37：3、M37：15、M37：16、M37：17、M37：18、M37：25、M37：31。

田家寺崖墓陶器的整体演变规律:器形由复杂变简单，由大变小，制作质量逐渐降低。器物数量虽然不多，但是形制复杂多样，有乱世之风。

（二）瓷器

四系罐 4 件。根据器形大小分成两型（图表五）。

A 型：2 件。器形较高大，根据腹部特征分成两式。

Ⅰ式：1 件。器形矮胖。有 M19∶1。

Ⅱ式：1 件。器形变瘦。有 M26∶8。

B 型：2 件。器形矮小。有 M20∶15、M26∶10。

（三）钱币

墓葬中出土钱币不多，类型有五铢、大泉五十、货泉三种。

1.五铢。根据钱币形制、大小、文字，可分为五型。

A 型：一般五铢钱，数量最多，为生活中常用之钱。又可分为十一式。

Ⅰ式：钱体厚薄不一，总体不太规范。钱有周郭。正方形穿，穿反面有郭，有些穿正面有上横或穿下有星纹。正面篆书"五铢"二字，字体风格有差异，五字大小不一。"五"字交股较直或缓曲，曲度较大的少见。"五"字较高，一般与穿平或高于穿。"铢"字的"金"字头较大，有三角形、箭头形等，四点多较长，少数呈点状；"朱"字上方下圆。有 M24∶10。

Ⅱ式："五铢"二字清秀，较瘦。"五"字变化较大，字形瘦长，两股交笔已渐弯曲，竖画两笔趋于平行，两股末端有明显的收分，上下两横有的较长而接于外郭。"铢"字朱头上方下圆，"金"头呈三角形，明显低于"朱"字。有些在穿上有横或穿下有半星纹。有 M17∶26、M24∶10、M26∶15。

Ⅲ式：钱形整齐，肉面光洁。书体秀丽端正，钱币制作较规整，但相对于Ⅱ式，字体宽大，笔画较细。"五"字交股弯曲度大，左右几乎平行，上下两横多出头接于外郭或内郭。"铢"字"金"头较Ⅱ式为小，呈箭头形等腰三角形，"朱"上方下"圆"，"金"旁较"朱"字略低。有些穿上有横或穿下有星纹。有 M17∶26、M24∶10、M25∶9、M26∶15、M33∶36。

Ⅳ式：钱体较Ⅲ式为轻、薄。书体相对于Ⅲ式有所变化，"五"字较为宽大，"五"字两竖下端又向两侧弯曲，略显扁意，已经具备东汉"五"字部分特征。"铢"字"金"头呈小三角形或箭头形，"朱"字上部方折，下部圆折。部分穿正面有横或穿下有星纹。有 M17∶26、M25∶9、M26∶15、M33∶36。

Ⅴ式："五"字较宽，交股弯曲，上下两横略出头。金"字头呈三角形，较Ⅰ至Ⅳ式为大，四点较长。"朱"字上部圆折，两竖较短、竖直，下部略长；上下两部分间距较大。"铢"字形较长，结构略显松散。部分正面穿上有横，穿下有星纹。有 M24∶10、M25∶9、M26∶15、M33∶36。

Ⅵ式："五"字较宽，交股弯曲，"五"字上下两横不出头。"朱"字上部变长，左右两竖竖直或略有弯曲、内敛，上下两部分长度接近，中间间距变小，字形略短宽，结构比较紧凑。有 M25∶9、M26∶15、M33∶36。

Ⅶ式："五"字变化不大。"朱"字上部左右两竖外张，整个上部呈道抛物线状。有 M25∶9。

Ⅷ式：钱质轻薄，制作较差。钱文差异较大，字体较模糊、不规范。上下两部分大小不一，字形结构局促。朱字头上部有方折、圆折，"五"字大小不一。有 M25∶9、M26∶15、M33∶36。

Ⅸ式：钱文较Ⅸ式略显规整。"五"字变窄。中间两笔弯曲，但较前Ⅳ～Ⅷ式略直。"铢"仍不一致，"朱"字头上部有方折、圆折，外撇居多。有 M25∶9。

Ⅹ式：钱文凸出，较Ⅸ式规范。"五"字更瘦，上下两横出头，中间两笔较直。"铢"字体较紧凑，"朱"

字上下方折，上面两竖外撇。"金"字头呈三角形，四点随意。有 M25：9。

  XI 式：钱径较小。钱体不规整，穿正、背面有郭。钱文较凸出，字体不甚规整。字体较小。"五"字上下两横不出头，中间两笔较直。"铢"结构松散。有 M26：15。

  B 型：磨郭五铢，边郭被磨去一部分或全部（但基本不伤及肉及文字）。有 M25：9、M33：36。

  C 型：光背五铢。正面有外郭和穿郭。钱文书"五铢"二字。背面被磨光，外郭、穿郭不见。有 M25：9。

  D 型：双面磨光五铢。正反面皆被磨过，郭不存。正面隐约可见"五"字及"铢"字上部。有 M26：15。

  E 型：剪边五铢，即剪掉外围或冲凿了外廓的五铢，文字及钱肉的一部分也被剪凿掉。钱体质量较差，钱文模糊。有 M33：36。

  2. 大泉五十，形制规整。圆形方穿，有内外郭。正方形穿，宽郭。正面篆书"大泉五十"四字，清晰工整。钱体大小略差异，钱径 2.3 ~ 2.8、穿长 0.9 ~ 1 厘米。有 M25：9、M26：15、M33：36。

  3. 货泉，钱币铸造规整。圆形方穿，有内外廓，正方形穿，穿之两面有廓，钱面模铸篆文"货泉"二字，笔画较细，清晰工整。直径 2.15 ~ 2.2 厘米，穿长 0.7 厘米。有 M17：26、M25：9。

  两汉五铢钱一直备受研究者的关注。蒋若是先生贡献甚多[1]。蒋先生利用烧沟汉墓出土的大量钱币材料，对两汉五铢钱做过详细的类型学梳理，其研究成果成为其后数十年两汉五铢钱分期断代的重要标尺[2]。近来《东汉五铢钱的分期研究》一文也颇有价值[3]。但由于五铢钱发现数量巨大、延续时间长、形制复杂，文献记载又往往过于模糊，许多问题依然不清。特别是东汉五铢钱，由各个地方所铸，中央仅宏观管理[4]，如四川西昌就发现铸钱遗址和钱范[5]。此处借鉴前人研究成果，同时兼顾四川五铢钱地方特点，分析四川五铢类型，判定时代。

  A 型 I 式钱和满城汉墓出土的 I、II 型钱[6]、烧沟汉墓的 I 型钱相近，部分钱币和郡国五铢钱相近。因此该式钱时代上限为公元前 118 年，部分钱币可能晚至昭帝时期。

  A 型 II 式钱和陕西省博物馆所藏元凤四年[7]的钱范文体相似，大致可定为昭帝时期，下限可能到宣帝早期。

  A 型 III 式部分钱币形制与唐石父先生所说的宣帝五铢钱接近[8]，再结合宣帝时期出土的钱范[9]，可知该式上限时代可达宣帝时期，主要为宣帝后期，或有可能晚到元帝。

  由于缺乏元帝、成帝、哀帝、平帝时期的纪年钱范，钱币之间区别还不甚清楚。根据蒋若是先生的观点，A 型 IV 式钱为元帝至西汉末年。该式钱"朱"字头方折，为西汉五铢的特点，但"五"字宽大、字体疏朗，又具有东汉的特点，过渡性很强，西汉末期可能很大。

1.《西汉五铢钱断代》《西汉五铢钱类型集证——兼论上林三官铸钱遗址出土五铢类型》《西汉五铢钱范断代研究》《东汉五铢钱》等都是汉代五铢钱的重要研究，均载于蒋若是：《秦汉钱币研究》，北京：中华书局，1997 年。
2. 中国科学院考古研究所：《洛阳烧沟汉墓》，北京：科学出版社，1959 年，第 216 ~ 221 页。
3. 徐承泰、范江欧美：《东汉五铢钱的分期研究》，《文物》2010 年第 10 期。
4. 徐承泰：《东汉时期货币铸造及管理机构的探讨》，《武汉大学学报（人文社会科学版）》2000 年第 3 期。
5. 刘世旭、张正宁：《四川西昌市东坪村汉代炼铜遗址的调查》，《考古》1990 年第 12 期；凉山彝族自治州博物馆：《四川西昌首次发现东汉五铢钱铜范》，《考古》1986 第 11 期。
6. 中国社会科学院考古研究所、河北省文物管理处：《满城汉墓发掘报告》，北京：文物出版社，1980 年。
7. 蔡永华：《解放后西安附近发现的西汉、新莽钱范》，《考古》1978 年第 2 期。
8. 唐石父：《中国古钱币》，上海古籍出版社，2001 年，第 89 页。
9. 蒋若是：《西汉五铢钱范断代研究》，《秦汉钱币研究》，北京：中华书局，1997 年。

A 型 V ～ Ⅷ式主要参考徐承泰、范江欧美对东汉五铢的研究。A 型 V 式为东汉光武帝时期，西昌出土的东汉初年钱范可以辅证[1]。A 型 Ⅵ、A Ⅶ式约为东汉中期。A 型Ⅷ式为东汉晚期。

B 型钱出现于西汉时期，流行于东汉晚期。磨郭五铢的大量出现表明了经济的衰败，也暴露了国势的衰弱，与东汉社会背景相一致。此处磨郭五铢多用东汉五铢磨边而成，时代不会早至西汉。故时代大致为东汉晚、末期。E 型钱也是经济衰败的表现，流行于东汉晚、末期。

C、D 型钱大致流行东汉、六朝。

Ⅸ式钱与 V ～ Ⅷ式钱有着明显差异，"五"字变窄，中间两笔略直。形制、风格与东汉末年的刘焉、刘璋所铸行五铢接近[2]，四川威远有发现。

X 式钱规范。"五"字更瘦，上下两横出头，中间两笔较直。钱文风格与直百五铢相近[3]。

Ⅺ式钱径较小。钱体形制、钱文与晋五铢相近[4]。

三 墓葬分期与断代

这批墓葬未见相互打破者，只能从墓葬形制和随葬器物来判断时代早晚关系。

根据上文墓葬形制和器物类型学研究可以分成四组：

第一组，墓葬有 A 型Ⅰ式、A 型Ⅱ式、Ba 型Ⅰ式。陶器组合有罐、瓮、釜、钵、盆、甑，杯、案、盘，鸡、狗、猪、房，俑群。主要器型有钵 Aa 型、Ab 型、Ba 型Ⅰ式、Bb 型Ⅰ式、C 型，罐 Aa 型Ⅰ式、Aa 型Ⅱ式、Ba 型、C 型Ⅰ式、C 型Ⅱ式、Ea 型Ⅰ式，瓮 A 型Ⅰ式、B 型，釜 A 型Ⅰ～Ⅲ式、B 型、D 型，盆 Ba 型Ⅰ、Ba 型Ⅱ式，甑Ⅰ式、Ⅱ式，灯 A 型Ⅰ式、B 型Ⅰ式，仓 A 型Ⅰ式、A 型Ⅱ式，狗Ⅰ式，猪Ⅰ式。五铢钱有 A 型Ⅱ～Ⅷ式、B 型、E 型。墓葬有 M17、M33、M36。

第二组，墓葬形制有 A 型Ⅲ式、Ba 型Ⅰ式、Ba 型Ⅱ式、Bb 型Ⅰ式。陶器组合有钵、罐、盆、釜、瓮、盂，鸡、狗、水塘、房，俑群。器形有钵 Aa 型、Ba 型Ⅱ式、Ba 型Ⅲ式、Bb 型Ⅰ式、Bb 型Ⅱ式，罐 Aa 型Ⅱ式、Ab 型Ⅰ式、Bb 型、C 型Ⅱ式、Da 型、Db 型、Ea 型Ⅱ式，盆 A 型Ⅰ式、A 型Ⅱ式，盂Ⅰ式，釜 A 型Ⅲ式、釜 C 型，瓮 A 型Ⅱ式，仓 B 型，甑Ⅲ式，狗Ⅰ式，拱手立俑Ⅰ式。五铢有 A 型Ⅰ～ X 式、B 型、C 型。瓷器有四系罐 A Ⅰ式、大平底弧腹碗。墓葬有 M1、M18、M19、M24、M25、M28、M41、M42 等。

第三组，墓葬形制有 Ba 型Ⅱ式、Ba 型Ⅲ式、Bb 型Ⅱ式。陶器有罐、钵、盆、盂、灯、仓、井，鸡、狗、猪、房，俑群。器形有钵 Ba 型Ⅱ式、Ba 型Ⅲ式、C 型，罐 Ab 型Ⅱ、Da 型、Db 型、Ea 型Ⅱ式、Eb 型、Ec 型、F 型，盆 A 型Ⅱ式、A 型Ⅲ式、Bb 型，盂Ⅰ式、Ⅱ式，灯 A 型Ⅱ式、B 型Ⅱ式，狗Ⅱ式，猪Ⅱ式，拱手立俑Ⅱ式。瓷器有四系罐 A Ⅱ型、B 型。五铢有 A 型Ⅱ～Ⅶ式、A 型Ⅺ、D 型。有 M2、M16、M20、M21、M26、M27、M32、M37 等。

第四组，墓葬形制仅见 Bb 型Ⅲ式。陶器组合为罐、钵，器形有钵 Ba 型Ⅱ式、Ba 型Ⅲ式、E 型、F 型，罐 Ab 型Ⅰ式、Ab 型Ⅱ式、C 型Ⅱ式。墓葬有 M3、M4、M29、M31、M34、M35。

根据上文四组墓葬的特征变化，可以分成四期（图表一至五，葬墓简表）。

1. 凉山彝族自治州博物馆：《四川西昌首次发现东汉五铢钱铜范》，《考古》1986 年第 11 期。
2. 《中国钱币大辞典》编纂委员会：《中国钱币大辞典·魏晋南北朝隋编、唐五代十国编》，北京：中华书局，2003 年，第 37 ～ 39 页；莫洪贵：《四川威远出土大量"直百五铢"钱》，《文物》1981 年第 12 期。
3. 杜维善：《五铢图考》，上海：上海书画出版社，2009 年，第 525 ～ 531 页。
4. 《中国钱币大辞典》编纂委员会：《中国钱币大辞典·魏晋南北朝隋编、唐五代十国编》，北京：中华书局，2003 年，第 107 ～ 117 页。

图表一 墓葬分期

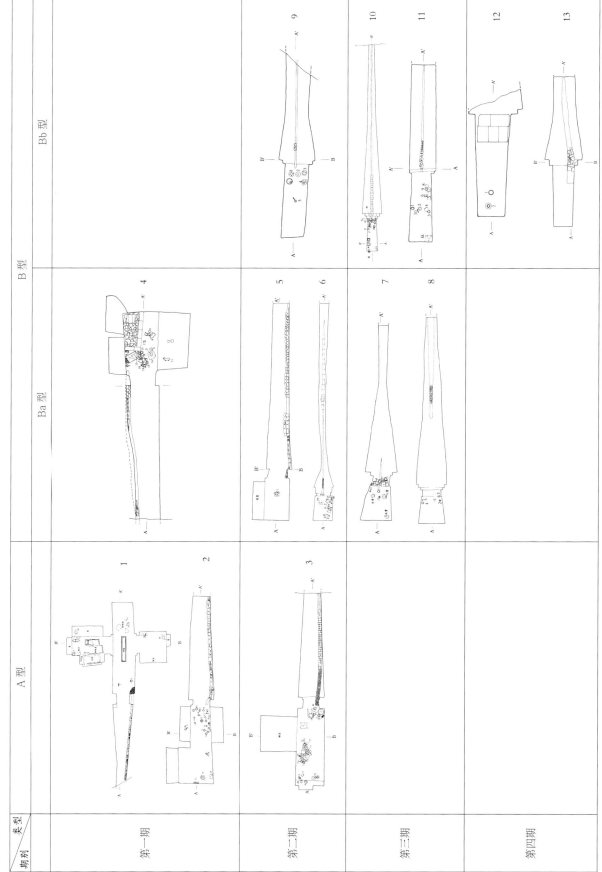

期别	类型	A 型	B 型	
			Ba 型	Bb 型
第一期		1 2	4	
第二期		3	5 6	9
第三期			7 8	10 11
第四期				12 13

1.A 型 I 式（M33） 2.A 型 II 式（M17） 3.A 型 III 式（M25） 4.Ba 型 I 式（36） 5.Ba 型 I 式（M24） 6.Ba 型 II 式（M28） 7、8.Ba 型 III 式（M23、M27） 9.Bb 型 I 式（M19）
10、11.Bb 型 II（M26、M21） 12、13.Bb 型 III 式（M34、M31）

116

图表二 墓葬分期（陶钵）

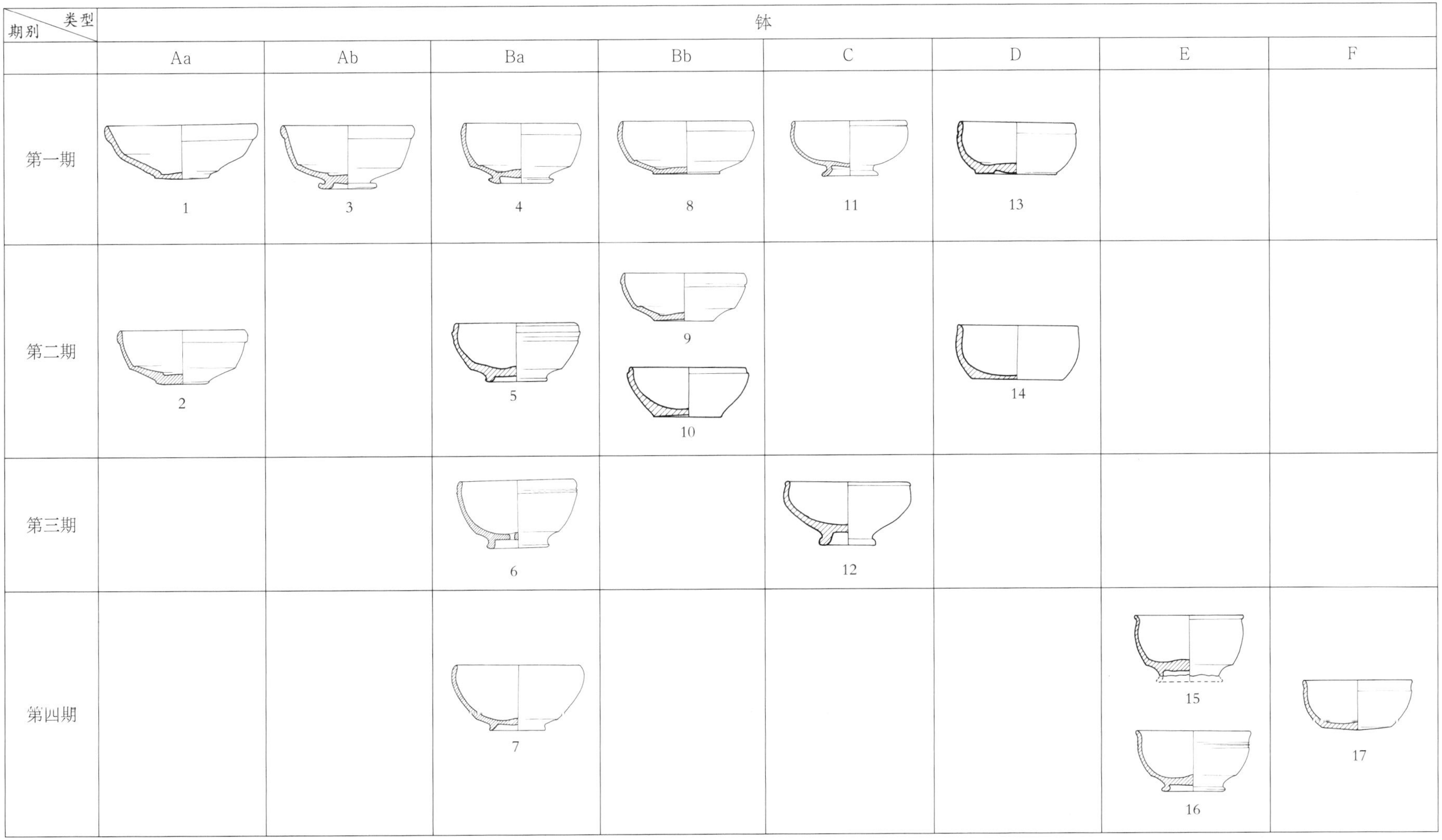

期别 类型		钵							
	Aa	Ab	Ba	Bb	C	D	E	F	
第一期	1	3	4	8	11	13			
第二期	2		5	9	10	12	14		
第三期			6						
第四期			7				15	16	17

1、2.Aa 型（M17：8、M28：16） 3.Ab 型（M33：15） 4.Ba 型 I 式（M33：2） 5.Ba 型 II 式（M41：1） 6.Ba 型 I 式（M32：3） 7.Ba 型 III 式（M35：2） 8.Bb 型 I 式（M33：17） 9.Bb 型 I 式（M19：6） 10.Bb 型 II 式（M28：6） 11、12.C 型（M33：16、M27：4） 13.D 型 I 式（M33：20） 14.D 型 II 式（M25：11） 15、16.E 型（M34：1、M29：2） 17.F 型（M29：4）

117

图表三　墓葬分期（陶罐）

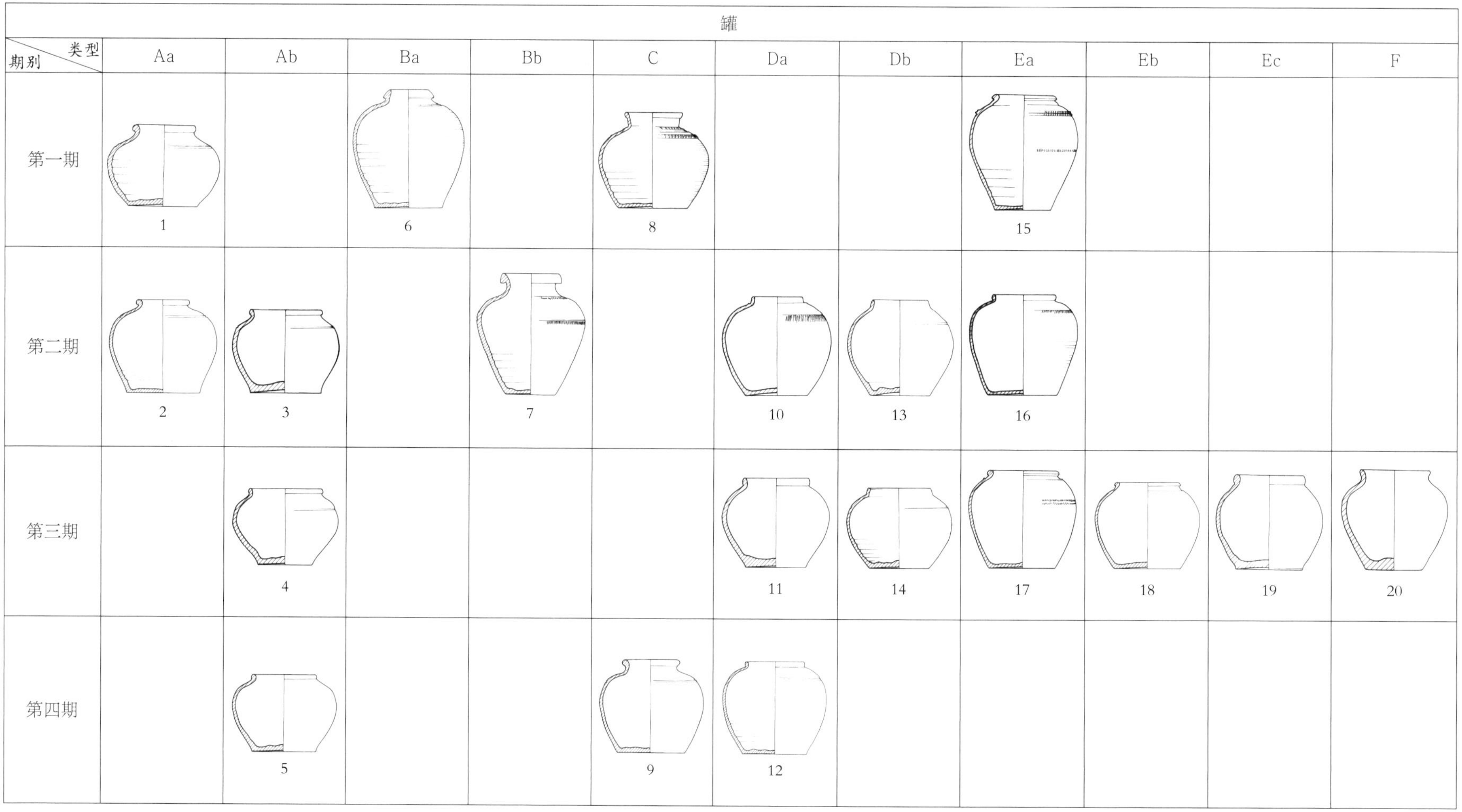

期别 \ 类型	罐										
	Aa	Ab	Ba	Bb	C	Da	Db	Ea	Eb	Ec	F
第一期	1		6					15			
第二期	2	3		7	8	10	13	16			
第三期		4				11	14	17	18	19	20
第四期		5			9	12					

1.Aa 型 I 式（M36:9）　2.Aa 型 II 式（M19:2）　3.Ab 型 I 式（M18:3）　4.Ab 型 II 式（M20:8）　5.Ab 型 II 式（M19:2）　6.Ba 型（M29:1）　7.Bb 型（M18:2）　8.C 型 I 式（M36:1）
9.C 型 II 式（M36:14）　10、11、12.Da 型（M1:1）　13、14.Db 型（M16:3、M23:7、M37:8）　15.Ea 型 I 式（M28:4、M20:14）　16、17.Ea 型 II 式（M19:4、M32:6）
18.Eb 型（M21:4）　19.Ec 型（M26:2）　20.F 型（M37:4）

图表四　墓葬分期（陶瓮、釜、盆、甑、盂）

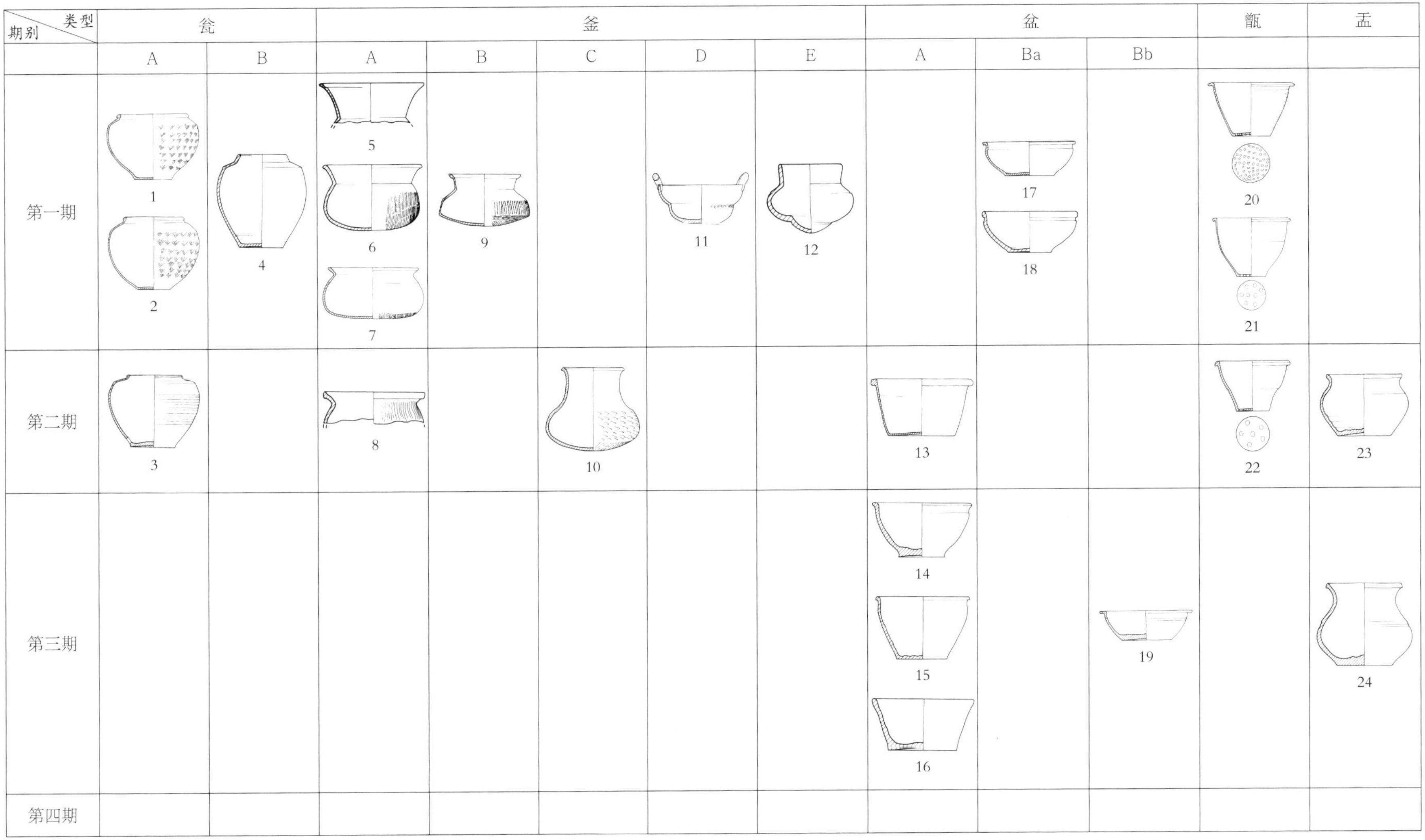

1、2.瓮A型I式（M33：3、M36：16）　3.瓮A型II式（M24：1）　4.瓮B型（M33：9）　5.釜A型II式（M36：20）　6.釜A型II式（M17：13）　7.釜A型I式（M33：13）
8.釜A型III式（M24：3）　9.釜B型（M33：11）　10.釜C型（M19：3）　11.釜D型（M33：12）　12.E型（M17：6）　13.盆A型I式（M25：1）　14.盆A型I式（M20：1）
15.盆A型II式（M37：32）　16.盆A型III式（M21：2）　17.盆Ba型I式（M36：13）　18.盆Ba型II式（M17：18）　19.盆Bb型（M20：6）　20.甑I式（M36：15）　21.甑II式（M33：6）　22.甑III式（M28：10）　23.盂I式（M16：1）　24.盂II式（M23：14）

119

图表五 墓葬分期（陶仓、灯、狗、猪、俑及瓷器）

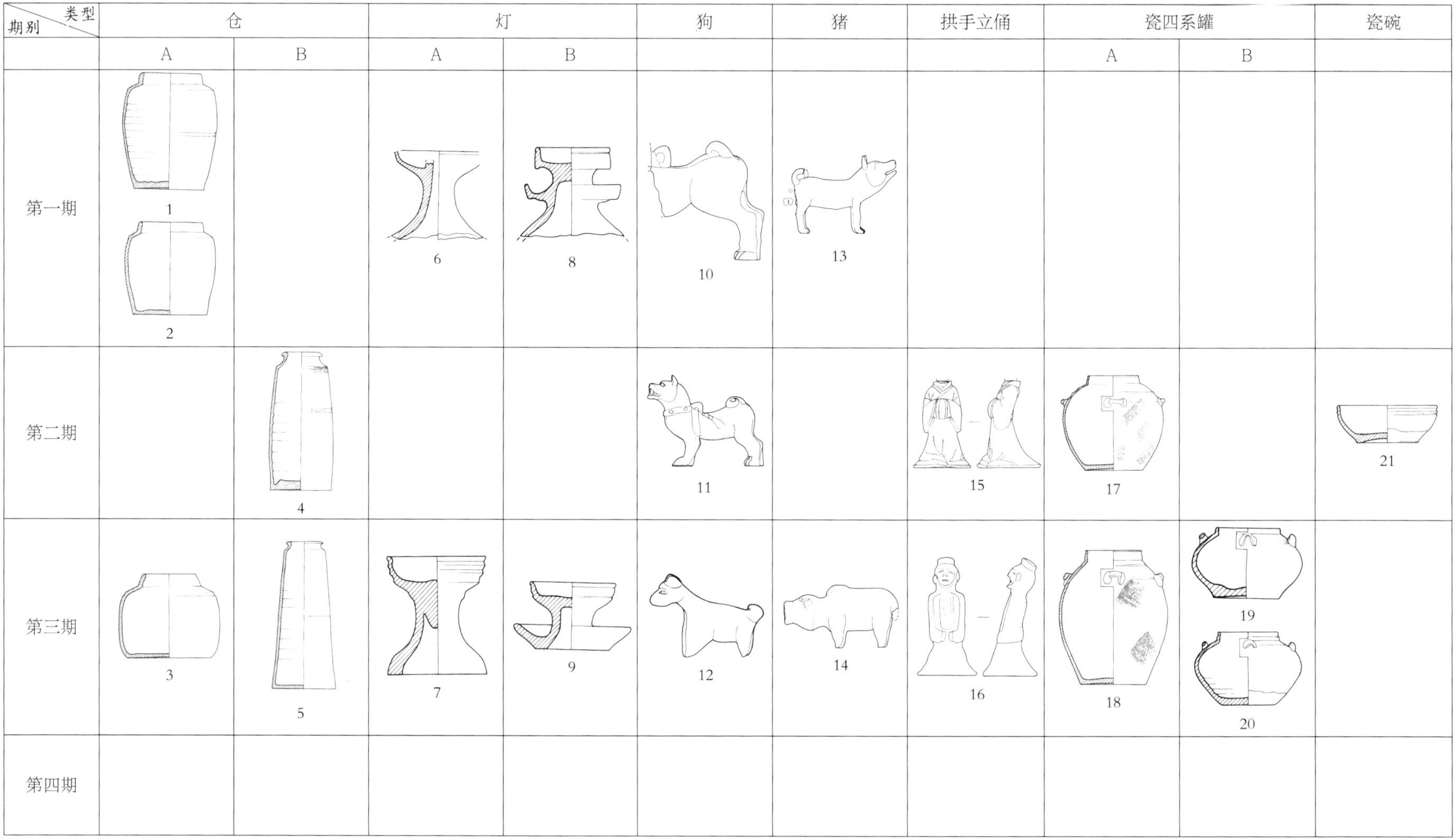

期别 \ 类型	仓 A	仓 B	灯 A	灯 B	狗	猪	拱手立俑	瓷四系罐 A	瓷四系罐 B	瓷碗
第一期	1, 2		6	8	10	13				
第二期		4			11		15	17		21
第三期	3	5	7	9	12	14	16	18	19, 20	
第四期										

1. 仓 A 型 I 式（M36:18） 2. 仓 A 型 II 式（M36:6） 3. 仓 A 型 III 式（M32:1） 4、5. 仓 B 型（M28:1，M21:5） 6. 灯 I 式（M33:4） 7. 灯 II（M32:4） 8. 灯 B 型 I 式（M33:22）
9. 灯 B 型 II 式（M26:16） 10、11. 狗 I 式（M17:21，M28:14） 12. 狗 II 式（M37:19） 13. 猪 I 式（M36:11） 14. 猪 II 式（M28:9） 15. 拱手立俑 I 式（M37:11） 16.
拱手立俑 II 式（M19:1） 17. 瓷罐 I 式（M37:3） 18. 瓷罐 II 式（M20:15，M26:10） 19、20. 瓷罐 B 型（M26:8） 21. 瓷碗（M1:2）

墓葬简表

墓号	墓葬形制	陶器	瓷器	铜器	铁器	钱币	其他	盗、扰	期别	备注
M1	BbⅢ	罐CⅡ1¹	碗1.	鍪1				是	二	
M2	BbⅡ							是	三	
M3	BbⅢ							是	四	
M4	BbⅢ							是	四	
M5	双室岩坑							是	明清墓	
M6	单室岩坑							是	明清墓	
M7	单室岩坑							是	明清墓	
M8	单室岩坑							是	明清墓	
M9	单室岩坑							是	明清墓	
M10	单室岩坑							是	明清墓	
M11	单室岩坑							是	明清墓	
M12	单室岩坑							是	明清墓	
M13	单室岩坑							是	明清墓	
M14	砖室岩坑							是	明清墓	
M15	单室岩坑							是	明清墓	
M16	BbⅠ	钵Aa1、罐Da1、盆AⅡ1、盂Ⅰ1、鸡2						是	三	
M17	AⅡ	钵Aa5、罐AaⅡ3、CⅡ1、罐2、盆AⅡ2、E1、瓮1、甑1、AⅠ1、壶1、耳杯2、盘1、彝蹈俑1、俑头1、狗Ⅰ1、鸡1、模型1				五铢AⅡ、Ⅲ、Ⅳ、货泉		是	一	
M18	BbⅠ	钵AbⅠ1、Bb1、盂Ⅰ1、瓦当1	四系罐AⅠ1	灯1				是	二	
M19	BbⅠ	钵BaⅢ1、盂Ⅰ1、EaⅠ1、盏C1						是	二	
M20	BbⅡ	钵AbⅡ1、Db3、盆AⅡ1、井1（残）、执物俑1、鸡1	四系罐B1	饰品1	剑1			是	三	
M21	BbⅡ	罐Eb1、盆AⅢ3、盂Ⅱ2、仓B1、鸡1			削1			否	三	
M22									三	未建完
M23	BaⅢ	钵BaⅡ1、BaⅢ1、井1、盆AⅢ2、盂Ⅱ2、罐Da2、盆AⅠ1、镇墓俑1、镇花1						否	三	

1. 数字该型式器物的数量。

121

墓号	墓葬形制	器物						盗、扰	期别	备注
		陶器	瓷器	铜器	铁器	钱币	其他			
M24	Ba Ⅰ	罐 Bb1, 瓮 A Ⅲ 1, 盒 1, 俑头督花 1, 水田 1, 罐 1				五铢 A Ⅰ, Ⅱ, Ⅲ, Ⅴ		是	二	
M25	A Ⅲ	罐 Bb1, 钵 Da Ⅱ 1, 盆 A Ⅰ 1, 狗俑 1, 托碗俑 1, 执镜俑 1, 舞蹈俑 1, 俳优俑 1, 俑头 3, 水塘 1, 罐底 1 (残), 瓮 1, 俑腿 1				五铢 A Ⅲ, Ⅳ, Ⅴ, Ⅵ, Ⅶ, Ⅷ, Ⅸ, Ⅹ, B, C, 大泉五十, 货泉		是	二	
M26	Bb Ⅱ	钵 Ba Ⅲ 1, 罐 Ec2, 罐 2 (残), 盆 A Ⅲ 1, 灯 B Ⅱ 1, 房 Ⅱ 1, 井 1, 镇墓俑 1, 鸡 2, 双手按膝尖帽俑 2	四系罐 A Ⅱ 1.B1	盆 1, 镜 1, 魁斗 1	削刀 1	五铢 A Ⅱ, Ⅲ, Ⅳ, Ⅴ, Ⅵ, Ⅶ, Ⅺ, D, 大泉五十		否	三	
M27	Ba Ⅲ	钵 C1, 罐 Db1, 灯 B Ⅱ 1, 鸭 1, 盆 1, 器底 1					银戒指 1	是	三	
M28	Ba Ⅱ	钵 Aa1, Ba Ⅲ 1, Bb Ⅱ 1, 罐 Db1, 盆 A Ⅱ 1, 甑 Ⅲ 1, 盂 1, 仓 B1, 灶 1, 拱手立俑 Ⅰ 1, B Ⅱ 1, 房 3, 鸡 1, 钵 1 (残), 罐 2 (残), 甑 1 (残), 器盖 1						是	二	
M29	Bb Ⅲ	钵 E1, F2, 罐 Ab Ⅱ 1						是	四	
M30	Bb Ⅱ									未完成
M31	Bb Ⅲ							是	四	
M32	Ba Ⅱ	钵 Ba Ⅱ 1, Ba Ⅲ 1, 罐 Ea Ⅱ 1, 仓 A Ⅲ 1, 灯 A Ⅱ 1			锄 1			是	三	
M33	A Ⅰ	钵 Ab2, Ba Ⅰ 4, C1, 罐 Ea Ⅰ 1, 盆 A Ⅰ 2, B1, D1, 瓮 A Ⅱ 2, B1, 执物俑 1, 执锹提篮俑 1, 灶 A Ⅱ 1, B Ⅰ 1, 房 1, 猪圈 1, 俑头提篮 1, 俑立像 1, 房 1		钱树叶	柱形器 1, 权 1, 削 2	五铢 A Ⅲ, Ⅳ, Ⅴ, Ⅵ, Ⅷ, B, E, 大泉五十		是	一	墓内有仿木雕刻及头像；石板砚
M34	Bb Ⅲ	钵 Ba Ⅱ 1, 罐 Ba Ⅲ 1	灯 1, 铧 1					是	四	
M35	Bb Ⅲ	钵 Ba Ⅲ 1						是	四	
M36	Ba Ⅰ	钵 Aa1, 罐 Aa Ⅰ 1, Ba2, C Ⅰ 1, C Ⅱ 1, 瓮 A Ⅰ 1, 盆 A Ⅱ 2, 盆 Ba 1, 甑 Ⅰ 1, 仓 A Ⅰ 1, A Ⅱ 3, 猪 Ⅰ 1, 案 1, 耳杯 2套 (12件)			斧 1	大泉五十		是	一	
M37	Ba Ⅲ	罐 Ab Ⅱ 2, Da1, F1, 灯 Ⅱ 8, 房 1, 镇墓俑 1, 罐 1 (残), 狗 1, 猪 Ⅱ 4, 鸡 1, 鸡 4, 拱手立俑 1, 钵 1 (残)						是	三	
M38	砖墓岩坑	罐						是		明清墓
M39	A Ⅱ							是		不晚于蜀汉
M40								是		不晚于蜀汉
M41	Bb Ⅰ							是	二	
M42	A Ⅱ	盂 Ⅰ 1, 器底 1						是	二	

第一期，即第一组。墓葬以多室墓为主，少量为单室，墓葬结构比较复杂，带有壁龛等附属结构，流行 A 型 I 式、Ⅱ式、Ba 型 I 式。

器物以陶器为主要随葬品，未见瓷器。其中生活器以罐、瓮、釜、钵、盆、甑为主，壶、仓、灯等少见；祭祀器有杯、案、盘；模型器有鸡、狗、猪、房等；俑群发达，有舞蹈俑、执绳提罐俑、执物俑等。钵流行 A 型、Ba 型 I 式、Bb 型 I 式等折腹钵。罐流行 Aa 型 I 式、Aa 型 Ⅱ式、Ba 型、C 型 I 式、C 型 Ⅱ式，出现 Ea 型 I 式。瓮流行 A 型 I 式、B 型，釜形制较多，以 A 型最常见，有 A 型 I ～Ⅲ式。盆流行浅腹，有盆 Ba 型 I 、Ba 型 Ⅱ式。甑流行深腹，有 I 式、Ⅱ式。灯有 A 型 I 式、B 型 I 式。囷常见桶腹形，此种形制为巴蜀地区特色，有 A 型 I 式、A 型 Ⅱ式。模型数量较多，鸡、狗、猪、房及陶俑以模制为主，制作较好，器形较高大。铜器有钱树枝叶。钱币有大泉五十，货泉，五铢 A 型 Ⅱ～Ⅷ式、B 型、E 型。

墓葬、器物形制及组合常见于东汉中晚期墓葬。罐 Ba 型与自贡黄泥土 M1∶28 形制接近，釜 D 型与新都互助村 M2∶1、3 形制接近，B 型 I 式灯（M33∶22）与中江塔梁子 M3∶9 形制接近，黄泥土 M1[1]、互助村 M2[2]、塔梁子 M3[3] 时代大致为东汉晚期。瓮 A 型 I 式与新都互助村 M3∶6、10 形制接近，B 型瓮与青白江大同磷肥厂 M4∶18、绵阳河边柏 M1∶6、新都凉水村 M1∶1 形制接近。釜 A 型Ⅲ式与新都互助村 M1∶5、绵阳白虎嘴 M21∶19 形制接近。钵 Ba 型与磷肥厂 M4∶14 形制接近，罐 Aa 型 I 式与郪江柏林坡 M1∶49、凉水村 M2∶3 形制接近，罐 C 型与河边柏 M5∶11 形制相近。互助村 M1、M3 时代下限为东汉中晚期，大同磷肥厂 M4[4]、凉水村 M1 时代为东汉中晚期，河边崖墓为东汉晚期[5]，白虎嘴 M21 为东汉晚期[6]。郪江柏林坡 M1 有"元初四年（117 年）"纪年，也就是说其上限在东汉中期[7]。该期有五铢Ⅷ式、B 型、E 型，都常见于东汉晚期。因此，该期墓葬时代以东汉晚期为主。由于 M17、M33 都是多室（龛），经过多次下葬，下葬的上限或可能达到东汉中期。

第二期，即第二组。墓室空间变小。流行平面呈长方形墓葬。以单室墓为主，多室墓不再流行。极少墓葬仍有壁龛。平面狭长的 Bb 型 I 式墓流行，Ba 型 I 式、Ba 型 Ⅱ式也常见，出现了极少量的 Bb 型Ⅲ式。

器物仍以陶器为主，生活器组合有钵、罐、盆、釜、瓮、盂等，除盂为新出器形外，其他常见于上期，但是钵、罐、盆、釜等形制出现变化。祭祀器物组合不见。模型器仍多见，有鸡、狗、水塘、房。俑群仍然存在，有吹笛俑、俳优俑、抚琴俑、执镜俑、舞蹈俑等，数量有所减少，俑身变矮。钵 Aa 型仍常见，Ba 型 I 式消失，流行 Ba 型 Ⅱ式、Ba 型Ⅲ式，出现 Bb 型 Ⅱ式，此期钵最大变化就是口部内敛加剧。罐 Aa 型 I 式、Ba 型、C 型 I 式、Ea 型 I 式消失，新出现 D 型、Ea 型 Ⅱ式、Bb 型，其中 Eb、D 型流行，Ea 型领部变低。浅腹盆消失，流行深腹盆 A 型 I 式、Ⅱ式。甑 I 、Ⅱ式消失，出现Ⅲ式。盂仅见 I 式。釜 A 型仅存Ⅲ式，偶见 C 型。上期的模型器仍有发现，如狗 I 式，拱手立俑 I 式形制变化不大，但是出现了新的变化，

1. 四川省文物考古研究院、自贡市盐业历史博物馆、自贡市沿滩区文物管理所：《自贡市黄泥土山崖墓群清理简报》，《四川文物》2009 年第 1 期。
2. 成都文物考古研究所、新都区文物管理所：《成都市新都区东汉崖墓的发掘》，《考古》2007 年第 9 期。
3. 四川省文物考古研究院、德阳市文物考古研究所、中江县文物保护管理所：《中江塔梁子崖墓》，北京：文物出版社，2008 年。
4. 成都文物考古研究所、青白江区文物保护管理所：《成都市青白江区大同磷肥厂工地汉墓发掘报告》，《成都考古发现》2008，北京：科学出版社，2010 年。
5. 何志国：《四川绵阳河边东汉崖墓》，《考古》1988 年第 3 期。
6. 绵阳博物馆、成都文物考古研究所：《绵阳崖墓》，北京：文物出版社，2015 年。
7. 四川省文物考古研究院、绵阳市文物管理局、三台县文物管理所：《四川三台郪江崖墓群柏林坡 1 号墓发掘简报》，《文物》2005 年第 9 期。

如 M28 中的陶鸡制作简单，出现简化的趋势。瓷器出现，有四系罐 A 型 I 式、弧腹平底钵。铜灯也是该期较为常见器物。钱币有五铢 A 型 I ~ X 式、B 型、C 型，大泉五十，货泉等。

器物组合与上期变化不大，时代相距不远。Bb 型 II 式钵与涂井 M13：8 形制接近，该墓出土蜀五铢，时代为蜀汉[1]。罐 M19：4 与崇州五道渠蜀汉墓出土的陶罐形制一致[2]。瓷四系罐 A 型 I 式（M19：1）与大邑县马王坟、成都曾家包、新津堡子山四系罐形制接近，带四横系，且都压印布纹（小方格纹），表现出偏早的时代特征。马王坟出土有建安年纪年砖，为东汉末年[3]。堡子山时代为东汉末期[4]。曾家包时代被定为东汉晚期[5]。"昌"字纹瓦当可归为易立所说的云纹瓦当 B 型，该型时代为蜀汉时期[6]。接近，钱币有五铢钱 A 型 IX 式、X 式，前者大概为刘焉、刘璋时期五铢，后者风格与直百五铢相近，很可能为蜀汉钱。综上，该期时代为蜀汉，上限可能至东汉末期，下限或能晚至西晋初。

第三期，即第三组。多室墓消失，墓葬平面以梯形墓为主，长方形墓很少见，墓内空间变小，流行 Ba 型 III 式、Bb 型 II 式墓葬。

器物仍以陶器为主，生活器组合有罐、钵、盆、盂、灯等；重新出现仓、井组合；模型器物有鸡、狗、猪、房等；俑群有执物俑、双手按腹椎髻俑、镇墓俑等。钵有所减少，仅存 Ba 型 II 式、Ba 型 III 式、C 型。该期罐的总趋势是领部降低，其中 D 型流行，E 型常见，其他型式少见。盆沿部变短、消失，流行 A III 式。盂流行 II 式。灯常见 A 型 II 式、B 型 II 式。俑群及家畜模型虽然还存在，但是形制变化大，器形小，捏制为主，外形模糊，制作低劣，如狗 II 式，猪 II 式，拱手立俑 II 式。瓷器比重增加，器形有四系罐 A II 型、B 型。铜器有盆、镜、鐎斗等。五铢新出现 A 型 XI 式、D 型。

镇墓俑（M23：12）粗眉弓高高凸起，双眼呈橄榄形状外鼓，与成汉俑特征相近。西昌市西郊乡[7]、什邡虎头山（M4：4）[8]都出土有类似镇墓俑。陶罐 F 型与西郊乡的陶罐、虎头山 C 型罐形制接近。Da 型罐（M16：3、M23：7）与虎头山 M4：16 形制接近。灯 II 式（M32：4）与虎头山 M4：13 相近。陶盂（M20：5）与虎头山 M5：5 形制接近。虎头山 M5 出土有汉兴钱，M4 与 M5 的时代均为成汉。西昌西郊乡墓葬也属于该时期。瓷罐 B 型（M26：10）与巫山江东嘴 M7：24、老河口市李楼 M1 的直口扁腹小四系罐形制相近。罐 B 型（M20：15）与鄂城 M2129：6 形制相似。瓷四系罐 A 型 II 式（M26：8）与老河口市李楼 M1：12 形制相近。江东嘴 M7 时代为西晋[9]，鄂城 M2129：6 时代为西晋后期[10]，李楼墓有"泰始九年"纪年[11]。该期出土 XI 式钱，与西晋蜀地五铢非常接近，判断为西晋五铢当无甚大问题。综上，该期墓葬时代为西晋，下限至东晋初期，其中 M23、M26、M37 时代应该为成汉。

第四期，即第四组。墓内空间更为狭小，平面流行倒梯形，仅有 Bb 型 III 式墓葬。

该期随葬品变化较大。出土器物不多，仅见罐、钵，陶俑、动物模型消失不见。钵新出现 F 型，其他

1. 四川省文物管理委员会：《四川忠县涂井蜀汉崖墓》，《文物》1985 年第 7 期。
2. 四川省文物管理委员会、崇庆县文化馆：《四川崇庆县五道渠蜀汉墓》，《文物》1984 年第 8 期。
3. 丁祖春：《四川大邑县马王坟汉墓》，《考古》1980 年第 3 期。
4. 四川省博物馆文物工作队：《四川新津县堡子山崖墓清理简报》，《考古通讯》1958 年第 8 期。
5. 成都市文物管理处：《四川成都曾家包东汉画像砖石墓》，《文物》1981 年第 10 期。
6. 易立：《四川出土六朝瓦当初步研究》，《考古》2014 年第 3 期。
7. 刘世旭、刘弘：《西昌市西郊乡发现成汉墓》，《四川文物》1991 年第 3 期。
8. 德阳市文物考古研究所、什邡市文物保护管理所：《四川什邡市虎头山成汉至东晋时期崖墓群》，《考古》2007 年第 10 期。
9. 南京大学历史系考古专业：《重庆巫山江东嘴晋墓的发掘》，《江汉考古》2010 年第 3 期。
10. 南京大学历史系考古专业、湖北省文物考古研究所、鄂州市博物馆：《鄂城六朝墓》，北京：科学出版社，2007 年，第 154 页。
11. 老河口市博物馆：《湖北老河口市李楼西晋纪年墓》，《考古》1998 年第 2 期。

与上期变化不大。罐仅存 Ab 型 I 式、Ab 型 II 式、C 型 II 式，其他消失。

该期墓葬出土器物少，且未见钱币，给墓葬时代判断带来一定的困难。陶钵 Ba 型 III 式（M35：2）与汉源桃坪 M8：1 形制接近，该墓时代为南朝[1]。瓷钵（M1：2）与丰都汇南 DM9：19、JM3：11 相似，DM9 为南朝早期[2]，JM3 时代为南朝中晚期[3]。陶罐 Ab 型 II 式（M29：1）为短直口，此种特征在晋已经出现，但以南朝多见，如昭化宝轮 M8 就有此种形制陶罐，发掘者认为该墓时代为南朝[4]。综上，本期时代大致为东晋至南朝，以南朝时期墓葬为主。

部分墓葬未出土器物，墓葬未开凿完或保存较差。M22、M30 未开凿完，M30 与 M31 相邻，根据崖墓分布规律，相邻的墓葬时代往往相距不远。故 M30 时代可大致与 M31 归到同一期。M22 位于 M25 上方，其开凿过程明显在避让 M25，不会早于 M25。M39 为多室墓，应该不会晚于蜀汉。M40 破坏严重，但与 M39、M41、M42 相邻，时代可能接近。

第二节　东汉、六朝崖墓演变分析

田家寺早期崖墓数量虽然只有 30 座，但时代从东汉晚期延续到南朝，随葬品变化明显，对于分析四川东汉、两晋、南朝墓葬的变化具有重要的意义。

东汉晚期的崖墓在四川非常常见。流行多室墓，崖墓结构复杂，带壁龛、仿木结构、画像。随葬品流行鸡、鸭、狗、猪、马等家禽、家畜，房、田、塘及各类陶俑模型。此时期的陶模型数量最多、体积最大、类型最为繁杂、造型最为精美。田家寺第一期的墓葬特征与之相符。

由于蜀汉早期墓葬形制及随葬品与东汉晚期过于接近，长期以来能辨别出的蜀汉墓葬不多，除非有纪年、蜀汉钱币或典型的特征器。田家寺第二期墓葬主要为蜀汉时期，其器物组合与东汉末期比较，总体变化不大，但是也出现了一些新的特点：部分墓室空间变小，墓葬的附属结构减少；器物组合中新出现盂；动物模型和俑群虽然存在，但数量有所减少，俑身变矮，动物模型出现了简化趋势，如 M28 中的陶鸡；器型也出现了变化，钵口部内敛加剧。瓷器数量增多。出现了蜀汉钱。

第三期的葬制发生了重大变化。多室墓消失，墓葬平面以梯形墓为主。陶器器类明显减少，仅存罐、钵、盆、盂、灯等。模型器物和陶俑虽然还存在，但器型极为简化，制作低劣，此为该期最重要的变化。此时期还出现与成汉政权相对应的物质遗存，以陶俑特征最为明显。陶器器型也发生变化，陶罐领部有降低的趋势。瓷器数量继续增多。铜器比例有所增加。五铢新出现 A 型 XI 式、D 型。

第四期最大特点是墓葬形制简单，墓内空间更为狭小，平面流行倒梯形。随葬品极少，器类仅见罐、钵，陶俑、动物模型消失不见。

俞伟超先生对于汉晋墓葬制度的演变做过总结："商周秦汉的埋葬习俗，可以以汉武帝前后为界限，分为两大阶段。前一阶段的成熟形态即通常所谓的'周制'，'汉制'是后一阶段的典型形态。'晋制'的出现，

1. 四川省文物考古研究院、雅安市文物管理所、汉源县文物管理所：《四川汉源桃坪遗址及墓地发掘报告》，《四川文物》2006 年第 5 期。
2. 四川省文物考古研究院、重庆市文化局、丰都县文物管理所：《重庆市丰都县汇南墓群 2001 年度发掘简报》，《四川文物》2012 年第 2 期。
3. 四川省文物考古研究院、重庆市文化局、丰都县文物管理所：《重庆市丰都县汇南墓群 2002 年度发掘简报》，《四川文物》2012 年第 6 期。
4. 沈仲常：《四川昭化宝轮镇南北朝时期的崖墓》，《考古学报》1959 年第 2 期。

又标志着另一新形态的最终完成。"[1]此处论述的主要是诸侯王与列侯墓，实际上中小型墓也存在着这样阶段性的变化，已为发掘资料所证明。后来又对晋制的特点进行了总结：1. 不封不树，不起陵园；2. 不用玉衣；3. 不用金银铜铁等金属器皿随葬；4. 墓室缩小；5. 西晋时则以镇墓兽、武士俑、女侍俑等成套陶俑为主体，为南北朝至隋唐时期的以成套陶俑作墓主身份标志的制度发端。[2]

以后韩国河先生又对"晋制"进行总结，"'虽然大体同'，但仍有创新之举"：创立不封不树之制；新"故事"的诞生；凶门柏历之制；墓葬形制单室化进程；明器制度的新主题，北方兴起以牛车为中心，包括男女侍俑、武士俑、镇墓兽在内的随葬模式，南方长江流域瓷制明器成为随葬主流。[3]

韩国河偏重于对大型墓的总结，李梅田先生则注重中小型墓葬特征，认为中原地区的"晋制"形成于西晋的中后期，主要有两个特点：流行单砖室墓；随葬品组合发生变化，陶瓷器包括罐、碗、盆、甑、盘、鸡首壶、盘口壶、虎子、熏炉、耳杯等，陶俑包括镇墓兽、武士俑、男女奴仆俑，动物模型包括鸡、狗、马、猪，还有牛车等模型及"位至三公"铜镜等组合。东晋则是继承西晋墓葬形制，但也有些本地特点，如设壁龛、直棂假窗和排水沟等[4]。

刘斌以洛阳地区西晋墓葬为基础对考古学上的晋制进行了总结：1. 不封不树；2. 墓室由多室向单室转化；3. 土洞墓开始在高等级墓葬中使用；4. 以牛车为中心的新明器制度；5. 墓志的出现[5]。

以上几位学者偏重于对北方地区晋制的总结。吴桂兵认为洛阳是西晋的都城，洛阳因素反映的墓葬制度即为继汉制之后的晋制，东晋时期在都城建康地区逐渐形成建康因素，洛阳因素与建康因素是两晋时期墓葬制度的主要文化内涵[6]。将东晋的建康因素也归入晋制，这一点很重要。实际上至东晋，南方地区以受建康地区影响为主。

笔者对三峡地区"晋制"进行了界定，认为峡江地区在西晋中后期形成了"晋制"，并对形成的背景进行了分析[7]。

总结以上研究者的观点，晋制有两个最重要的特点：一是墓葬形制简单化，以单室墓为主流；二是随葬品组合出现变化，北方兴起以牛车为中心的一套随葬品，南方地区则特别流行用瓷器随葬。

对比以上两个标准，可确定在第三期，即西晋时期，双流地区已经确立"晋制"，成都地区很可能也大改为此时。第二期还属于典型的汉墓。而第三期墓葬全为单室墓，形制简单；陶器器类明显减少，动物模型、陶俑器型极为简化，制作低劣；瓷器数量增多。"晋制"基本形成。与整个南方地区的墓葬形制演变大致接近。田家寺墓地葬制、葬俗的演变对于成都地区乃至整个四川地区都有重要的参考价值。

田家寺墓地自第三期开始，基本终结了汉代以来流行的厚葬葬俗。一方面与汉末以来统治者的提倡有关。曹操首开薄葬之风，"令民不得私仇，禁厚葬，皆一之于法"[8]，后又为自己定终制："古之葬者，必居瘠薄之地。其规西门豹祠西原上为寿陵，因高为基，不封不树"。[9]建安二十五年，曹操崩，

---

1. 俞伟超：《汉代诸侯王与列侯墓葬的形制分析——兼论"周制"，"汉制"与"晋制"的三阶段性》，《中国考古学会第一次年会论文集》，北京：文物出版社，1980年。

1. 俞伟超：《汉代诸侯王与列侯墓葬的形制分析——兼论"周制"，"汉制"与"晋制"的三阶段性》，《中国考古学会第一次年会论文集》，北京：文物出版社，1980年。
2. 俞伟超：《中国魏晋墓制并非日本古坟之源》，载于《古史的考古学探索》，北京：文物出版社，2002年，第362～364页。
3. 韩国河：《秦汉魏晋丧葬制度研究》，西安：陕西人民出版社，1999年，第79～82页。
4. 李梅田：《中原魏晋北朝墓葬文化的阶段性》，《华夏考古》2004年第1期。
5. 刘斌：《洛阳地区西晋墓葬研究——兼谈晋制及其影响》，《考古》2012年第4期。
6. 吴桂兵：《两晋葬墓文化因素研究》第五章，南京：南京大学出版社，2017年。
7. 索德浩：《峡江地区汉晋墓葬文化因素分析》第四章，成都：巴蜀书社，2012年。
8. [晋] 陈寿撰：《三国志》卷1《武帝纪》，北京：中华书局，1959年，第27页。
9. [晋] 陈寿撰：《三国志》卷1《武帝纪》，北京：中华书局，1959年，第51页。

遗令薄葬[1]。曹操的薄葬政策对两晋统治者亦有影响。晋宣帝司马懿"预作终制，于首阳山为藏，不坟不树；作《顾命》三篇，敛以时服，不设明器，后终者不得合葬，一如遗命。"[2]东晋皇室葬事大多依照西晋葬制。明帝司马绍遗令薄葬，"殓以时服，一遵先度，务从俭约，劳众崇饰，皆勿为也"。[3]蜀国的上层也提倡薄葬。诸葛亮病逝于北伐前线，遗命："葬汉中定军山，因山为坟，冢足容棺，敛以时服，不须器物。"[4]统治者提倡的薄葬思想对魏晋时期丧葬制度影响很大。

另一方面，该地域自蜀汉以来战乱不断，西北少数民族入川，蜀地经济遭受到严重的破坏。"元康中，氐齐万年反，关西扰乱，频岁大饥，百姓乃流移就谷，相与入汉川者数万家。"后"散在益、梁，不可禁止。"[5]常年战乱，造成大量人口死亡和外迁，蜀地人口急剧减少，以至于"城邑皆空，野无烟火"[6]。"李氏据蜀；兵连战结，三州倾坠，生民歼尽，府庭化为狐狸之窟，城郭蔚为熊罴之宿，宅游雉鹿﹒田棲虎豹，平原鲜麦黍之苗，千里蔑鸡狗之响，丘城芜邑，莫有名者。嗟乎三州，近为荒裔！"[7]经济破败如此，民众再无财力像东汉中晚期那样厚葬。

第三节　晚期墓葬断代

晚期墓葬共 12 座 (M5 ～ M15、M38)。M38 为岩圹砖室墓，其墓砖常见于明代。其他都是竖穴岩坑墓。墓葬除了出土棺钉和板瓦之外，其他随葬品几乎未有出土，只能对墓葬的时代大致判定。板瓦内为细密布纹，板瓦外光滑、素面，应该为明、清时期的特征。下限可能至民国。

1."天下尚未安定，未得遵古也。葬毕，皆除服，其将兵屯戍者，皆不得离屯部。有司各率乃职。敛以时服，无藏金玉珍宝"，见 [晋] 陈寿撰：《三国志》卷一《武帝纪》，北京：中华书局，1959 年，第 53 页。
2.[唐] 房玄龄等撰：《晋书》卷 1《宣帝纪》，北京：中华书局，1974 年，第 20 页。
3.[唐] 房玄龄等撰：《晋书》卷 6《明帝纪》，北京：中华书局，1974 年，第 165 页。
4.[晋] 陈寿撰：《三国志》卷 35《诸葛亮传》，北京：中华书局，1959 年，第 927 页。
5.[唐] 房玄龄等撰：《晋书》卷 120《李特载记》，北京：中华书局，1974 年，第 3022 ～ 3023 页。
6.[宋] 司马光：《资治通鉴》卷 85《晋纪》七，北京：中华书局，2011 年，第 2728 页。
7.[晋] 常璩撰，任乃强校注：《华阳国志校补图注》，上海：上海古籍出版社，1987 年，第 723 页。

第四章
田家寺墓地相关问题讨论

第一节　墓地布局分析

第一期墓葬分布零散，东坡和西坡上都有分布；第二期墓葬主要分布墓葬的东坡和北坡。从四川崖墓分布规律来看，临江处崖墓分布应该最为密集，但北坡大部因修老成仁路破坏，情况不详。第三、四期墓葬主要分布于东山的西南部和西山的东部。总体来说，同一期的墓葬的分布较为集中，墓葬位置越高时代越晚。第一、二期墓葬修建于位置较低的山坡中部，第三、四期墓葬位置升高，位于山坡上部。明清时期墓葬则位于山坡顶部较平缓处，主要位于东山的西北部，其他地方有零星分布。

田家寺北面还发现有广福村崖墓、庙儿山崖墓，可见此处是一处较为集中的墓地。华阳附近的崖墓多位于丘陵与平原相接处，附近往往有河流通过。此处既然有大量的墓葬，很有可能存在同时期遗址，这是在下一步的考古发掘工作中需要注意的。

第二节　墓葬开凿

田家寺墓地中 M22、M30 为未完成的半成品墓葬，虽然未出土器物，但给崖墓的开凿提供了一些关键性的信息。此节根据田家寺崖墓群的凿痕及相关信息，结合其他崖墓群的情况对崖墓的开凿略作复原。

先选址。崖墓位于丘陵山地上，周围往往临河。最先开凿的崖墓往往会选择临河一面开凿，前面空旷，可能与风水观念有关。其次，与山体岩质有关，崖墓往往位于岩层紧密、无断层的山体上，这样崖墓才不容易垮塌。

修建前先对墓葬的结构、大小和墓室的数量进行规划。特别是东汉时期的崖墓，修建者根据家庭人数规划出墓室、棺龛的数量，一次性修建而成，家庭人员死后逐次葬入。从已发现的墓葬来看，墓道、墓室大都非常规整，开凿前应该经过初步测量和设计。但是随着家庭的繁衍，死者的增多，墓室空间不够，往往会二次或多次开凿增加墓室数量和空间。六朝以后墓葬较小，开凿随意，规划性不强。

墓葬经过选址和初步规划后，开始修建。先剥去表土，露出岩体，然后水平开凿墓道。墓道完成后，并非去开凿墓室，而是直接修建排水沟。可能是因为四川地区气候湿润，雨水多，而且部分岩石中本就存在渗水情况，先修建排水沟，以利于排水施工。M22 仅完成了墓道、墓门，但是已经凿出了排水沟。成都地区崖墓中的排水设施大概有三种类式：1.挖沟槽，沟槽内置筒瓦，筒瓦首尾套接通向墓外，有些还在筒瓦内塞填鹅卵石；2.挖沟槽，砖砌排水沟；3.挖沟槽，槽内填鹅卵石或者碎瓦片。

墓道完成后，修建墓门，窄于墓室和墓道，类似门框，一般修凿较为规整。有些装饰以斗拱、瓦当。墓门后接甬道，甬道一般很短。

接着，顺着墓门向内开凿墓室。墓道和墓室开凿的过程中，往往会使用"冲击式顿钻法"。墓道和墓室两壁上部打凿两个对称圆孔，一个平面呈句号，一个呈逗号形状，如 M33 墓室内就有这种对称圆孔。将横梁插入孔内，横梁垂直于墓壁，横梁上吊绳，绳端挂撞桩，撞桩头部安装较大宽铁凿，来回滑动撞桩，利用撞桩的重量和惯性顿击岩壁，捣碎岩石。此撞桩还可以左、右移动。到撞桩所能达到的深度完成后，拆掉后向前移动、重新安装。由于绳子固定，所以撞桩滑动轨迹只能向上抛，所以留在墓道壁上的凿痕前端上翘。墓室内往往看不见这种上翘的宽凿痕，因为墓室内用大宽凿凿出主体空间以后，会用小凿修整，手持敲打。凿头有圆、尖、宽几种，留下的凿痕宽度一般为 1 ~ 2 厘米。有些将凿痕饰成席纹、圆点、斜线等规律纹饰装饰墓葬。然后，在墓室内修棺龛、棺台、壁龛、灶、井、厕等附属设施。复杂的部位往往经过初步设计后再开凿，常留有墨线痕迹。

由于崖墓埋于地下，较为潮湿，遇到雨天，墓内还会有渗水。为了保证墓室干燥，下葬前会对墓室进行烘烤，故部分墓葬内留下了烘烤痕迹。也有在墓室底铺上一层厚厚的木炭的。棺底往往垫支砖块或垒砌棺台。为了保证渗水排出墓外，墓室内都是前低后高，在墓室的前部开凿沟槽与墓道中的排水沟相接。

墓室开凿完成后下葬。将死者和随葬品放入墓室，每个墓室或者死者有各自的随葬品，随葬品按照一定的规律摆放。下葬过程中会有祭祀。如 M36 死者前，墓门处有案、杯，表明经过了祭祀。

下葬后封门。封门一般有几种措施：1.用石块，如 M19；封门的石块一般为凿墓形成的红砂石块，稍经修整后，用来垒砌封门；2.用砖错缝砌筑封门，如 M33；3.可能还存在木板封门，墓门处无以上封门遗迹，但是填土又经过夯筑。从常理推测，如果没有木板封堵，是无法将墓门整齐封填的，只是后来木板腐朽而已。重庆拖板 M10 封门处留有木板腐朽痕迹可以为证[1]。用木板封门在北方土洞墓中也很常见。

回填墓道。墓道回填土主要有三种：一种是选用特殊黄土夹杂青膏泥逐层夯填；一种是用开凿出来的红砂石直接回填，往往无夯筑痕迹；还有一种是开凿出来的红砂石夹杂泥土逐层夯填。

于是墓葬修建完毕。如果再次入葬，则需要重新打开墓道。从墓道填土解剖来看，二次下葬往往不会重新挖开整个墓道内填土，而在墓道填土上挖一斜坡墓道进入墓口，葬入死者后再封门、回填墓道。

从目前的发掘材料来看，四川崖墓未有封土遗迹。

综上，崖墓的修建程序大致有以下几步：选址→规划墓葬→开凿墓道→修建排水沟→修整墓门→开凿墓室→修整墓壁→修建棺龛、灶、井等附属设施→雕刻图像和仿木建筑结构→防潮处理→下葬→封门→回填墓道。

第三节　成汉俑与三星堆器物坑青铜人像

田家寺墓地发现有特色面貌的成汉时期墓俑，此处结合四川地区其他类似资料加以讨论。

一　成汉俑的发现与研究

成汉俑出土于成汉时期的墓葬中，造型独特，流行时间短，以成都地区出土最多，德阳、西昌等地也有发现。目前能确认为成汉俑的有以下几件：

1975 年，四川成都东郊万年场出土一件吹箫俑。俑高 47.1、底宽 22.2 厘米，泥质灰陶。头戴平巾帻，

---

1. 重庆市文化局、湖南省考古研究所、湖南省津市市博物馆、奉节县白帝城文物管理所：《重庆奉节拖板崖墓群 2005 年发掘报告》，《江汉考古》2007 年第 3 期。

方脸，下巴略弧，长颈。弓形眉长粗且凸出，双眼外鼓呈橄榄形状，眼睑较宽且凸起。鼻梁隆起，大嘴，嘴唇之上有一对八字胡。两只招风大耳，耳垂上各有一小孔。上身成圆筒状，手臂细长，向上抬起握箫于嘴前。余部未作细部刻画，看不出服饰等其他内容（图一一八，1）。现藏成都博物馆。

图一一八　成汉俑

1 吹箫俑（成都万年场出土）　2～8.镇墓俑（成都广福村 M48、西昌西郊乡、成都田家寺 M26：7、成都田家
寺 M26：7、田家寺 M37：27、田家寺 M23：6、12.什邡虎头山 M4 出土）

1985 年，四川省成都市桓侯巷发现一座成汉墓。该墓封土保存较好，直径约 45、残存高度 10.41 米。封土下建长方形券顶砖室墓，长 12.75、宽 2.65、高 2.6 米。墓前有镇墓俑[1]，墓内有砖筑棺台，棺台上放置两具木棺。墓葬虽然多次被盗，依然出土丰富的随葬品，有近百件陶俑及动物模型，陶俑种类有文吏、击鼓、吹箫、侍俑等[2]。"陶俑的体型、服饰、姿态各有特色，若干别具一格的发式"，墓葬纪年砖年号有"太康""玉衡""玉恒""汉兴"等，加之随葬品中未发现晚于成汉器物，发掘者将墓葬时代下限定在成汉李寿时期[3]。由于墓葬的正式报告还未发表，陶俑的"特色"不详，但从发表的一件陶俑照片来看，造型确实奇特，戴平巾帻、方脸、圆下巴，眉弓及双目凸出，呈橄榄形状，眼睑较宽且外凸。高鼻，大扁嘴，两耳较大，颈部较长，身体呈筒装，宽肩双手对握于前，衣饰不详。

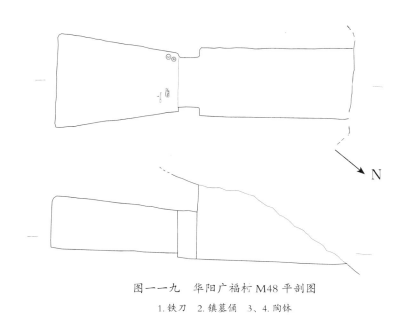

图一一九　华阳广福村 M48 平剖图
1. 铁刀　2. 镇墓俑　3、4. 陶钵

2011 年，笔者在四川省双流县华阳镇广福村清理了一座成汉崖墓（M48），未被盗扰。小型单室墓，由墓道、墓门和墓室三部分组成，全长 6.36 米（图一一九）。器物置于近墓门处，有陶钵、镇墓俑以及铁刀等。镇墓俑立于墓门前，泥质灰陶，平头，头上两侧有对称鹿角，前部正中立一鸟。方脸，下巴略弧，粗眉弓高高凸起，双眼呈橄榄形状外鼓，眼睑较宽。蒜头鼻。耳朵不大，有较深耳洞。扁嘴略吐舌。颈部较长，肩部以下制作简略，身体成筒状，用泥条捏制成手，双手置于腹前，握一环首刀。高 36.4、肩宽 12、身厚 13.8 厘米（图一一八，2）[4]。

田家寺崖墓群发掘到三座成汉崖墓（M23、M26、M37）。M23：6、12，夹砂灰陶。头、身分制后套接。头平顶，顶两侧有犄角，中间有一凸起。近方形脸，双目圆凸，额头上簪一花。高鼻。吐舌。高 8 厘米。身体呈筒状，下身喇叭状。手拿一环首杖形器物。下着长袍，盖住双脚。器身中空。制作较粗糙。身高 20 厘米。通高 27、宽 11.4 厘米（图一一八，7）。M26：7，泥质灰黄陶，头上有对称鹿角，角根部装饰一圆形物，左侧下又冒出一小角。脸形方中带圆，粗眉弓，双眼呈橄榄形状外鼓，眼睑较粗，高鼻，扁嘴，大方耳。吐舌。颈部长粗，以下制作简化，身体呈筒状，两手对握于腹前（右手残），手中执一物。高 35、宽 16、厚 12 厘米（图一一八，4、5）。M37：27，夹砂灰陶。头戴面具，头上立三个角，圆眼有神，高鼻阔嘴，双手弯曲握于身体两侧。着袍服，盖住双脚。下身呈喇叭状，器身中空。模制，制作较好。宽 16、高 36.8 厘米（图一一八，6）。

1. 文物编辑委员会：《文物考古工作三十年（1949–1979）》，北京：文物出版社，1979 年，第 355 页。
2. 金勋琪：《旧传桓侯巷的张飞衣冠坟发掘确系成汉晚期墓葬》，《成都晚报》1986 年 6 月 25 日。
3. 王毅、罗伟先：《成汉墓考古记》，《成都文物》1986 年第 2 期。
4. 资料存成都文物考古研究所，整理中。

1989 年，凉山州博物馆在四川省西昌市西郊乡大石板附近清理了两座成汉时期券顶砖室墓，平面呈凸字形。靠西的一座墓道中出土一件镇墓俑[1]，泥质灰陶，立姿，额上有角，脸形较方，下巴略圆，眉弓凸起，双目圆睁外凸，拱鼻，大扁嘴，嘴角两侧上方各有一绺长胡外撇，宽耳，耳垂下各有一佩环的小孔。长颈。身作筒形，中空。背胸上另有一长方形孔。双手握一环首刀于胸前。高 41.8、底座宽 15.3 厘米（图一一八，3）[2]。

2003～2004 年，四川省什邡市虎头山出土一批成汉墓（M1～M5），其中 M4、M5 的墓门处各出土 1 件镇墓俑，M4 的镇墓俑造型较清晰，立姿，方形脸，头部有犄角六只，弓形眉，凸目呈橄榄形，高鼻梁，大耳，大扁嘴，长舌下垂，粗颈略长。胳膊细长，左手执蛇，右手握环柄刀。嘴部残留朱彩。高 33.6 厘米。M5 出土的镇墓俑形象过为简略，仅可看出凸目特征。由于 M5 出土汉兴钱，发掘者将这两座墓时代定在成汉时期（图一一八，8）。

以上几件成汉俑有吹箫、侍从、镇墓等几类形象，性质虽然不同，但有共同的特征:脸形较方，下巴略弧，眼睛凸出，眉弓较粗且凸出，宽扁嘴，颈部较长，身体制作简略、呈筒状，双手习惯对握于腹前，除广福村成汉俑外，耳朵均较大。其中镇墓俑的形象继承了东汉、蜀汉镇墓俑的一些特征，如头上有角，手中持刀，吐舌等，但面部形象明显改变，且身体以下制作简略。

成汉俑资料发表很少，研究成果不多，主要集中于三个方面:

1. 时代。成都桓侯巷成汉墓葬出土有纪年砖，虎头山崖墓 M5 出土了汉兴钱，为墓葬时代的判定提供了直接依据，争议不大。

2. 桓侯巷成汉墓主身份，争议颇多。桓侯巷墓主最初有李雄说[3]。发掘者谨慎的认为墓主身份、等级很高[4]。林集友根据"玉衡二十四年亲诏书立"砖断墓主为李班[5]。吴怡对此提出质疑，认为该墓主为賨人上层贵族[6]。笔者以为利用"玉衡"铭文砖解决墓主身份犯了方向性错误，纪年砖在墓葬中极为普遍，"亲诏书立"仅表明身份高而已，并不能直接说明墓主身份。墓室中的"邑侯王大吉祥"铭文砖才是解决墓主身份的关键。

3. 成汉俑族属。多认为成汉俑为賨人，独刘弘观点不同，认为所有史料均未说明賨人体质异于其他民族，除了三星堆器物坑中的青铜人像外再也找不到与之相似的形象。他从宗教信仰上来讨论，认为汉晋时期蜀地还完全笼罩在浓厚的古蜀文化氛围中，天师道吸收了古蜀巫觋文化，而成汉政权深受天师道影响，因此二者形象才会相似[8]。论证角度新颖，但需面对两个问题:既然古蜀的巫觋文化一直从三星堆文化延续到成汉，那么为何仅有三星堆文化和成汉政权才有这种造型的人像，而春秋、战国、秦汉时期都没有见到呢？汉代蜀地发现巨量的陶俑，皆无此类形象，无法解决二者之间一千多年间物质遗存和文化上的缺环；刘文论证的基础是这类成汉俑反映了賨人的宗教信仰，镇墓俑确实与巫觋有关，但这类俑还有吹箫、侍从等形象，与精神信仰关系不大，为何也与三星堆器物坑人像相似呢?

1. 原文称武士俑，此俑出土于墓道，且形象与镇墓俑相近，再结合成都地区此类俑的出土情况，笔者以为定位镇墓俑较妥。
2. 刘世旭、刘弘：《西昌市西郊乡发现成汉墓》，《四川文物》1991 年第 3 期。
3. 德阳市文物考古研究所、什邡市文物保护管理所：《四川什邡市虎头山成汉至东晋时期崖墓群》，《考古》2007 年第 10 期。
4. 文物编辑委员会：《文物考古工作三十年（1949-1979）》，北京：文物出版社，1979 年，第 355 页。
5. 王毅、罗伟先：《成汉墓考古记》，《成都文物》1986 年第 2 期。
6. 林集友：《成都外南成汉墓主试探》，《四川文物》1989 年第 6 期。
7. 吴怡：《成汉墓小考》，《四川文物》1992 年第 2 期；又见吴怡：《玉衡二十年亲诏书立与成汉墓主人》，《文物考古研究》，成都：成都出版社，1993 年。
8. 刘弘：《成汉俑新说》，《四川文物》1995 年第 4 期。

二 三星堆器物坑青铜人像

成汉俑仅发现于四川地区，流行时间短，出现、消失都很突然。但其外形并不让人陌生，很容易联想到三星堆器物坑青铜人像。

三星堆器物坑发现于 1986 年，两坑内出土器物有青铜器、金器、玉器、琥珀、石器、陶器等 1720 件，另有骨器、象牙、虎牙、海贝等，1 号坑埋藏时代在殷墟一期和二期之间，2 号坑在殷墟二期和三四之间。其中青铜人像 69 件，青铜面具（面像）22 件，金面罩 3 件。[1] 金面罩为青铜人像面部脱落之物，面像、面具均为人面局部，且过于夸张，与真人特征相距较远，所以这三类不予分析。

青铜人像造型复杂，衣饰、发式、姿态各有特色，笔者根据面部特征将其分成三式：

A 型　方形脸，轮廓较为圆滑，"造型较写实"。1 号坑的 A 型人头像均为此类（图一二〇，1）。

B 型　长方形脸，轮廓硬朗。又可分成两亚式：

Ba 型　脸形略方。1 号坑 B、C 型人头像，2 号坑 A、B、C 型人头像大部，2 号坑 A、B 型金面罩人头像，另有 K2②:149（150）、K2③:264、2、K2③:05、K2③:7、K2③:04 等（图一二〇，2、3）。

Bb 型　脸形近亚腰梯形，面颊部分内凹，此型人像往往辫发盘于头上（K2③:48、K2③:83）。（图一二〇，4）

C 型　扁方脸（K1:293）。（图一二〇，5）

三型青铜像有着共同特点：方形脸，眼睛外凸，眉弓粗且凸起，阔嘴（C 型例外），蒜头鼻，大耳，颈部较长，特别是几件立人像颈部最长，双手多放于腹前，仅有 C 型置于腿上。

通过以上比较可以看出成汉俑和器物坑人像相似度非常高：脸呈方形，眼睛外凸，大耳，粗眉弓，扁阔嘴，双手习惯置于腹前。这种相似度绝非历史偶然性可以解释，应该是存在着密切关系。

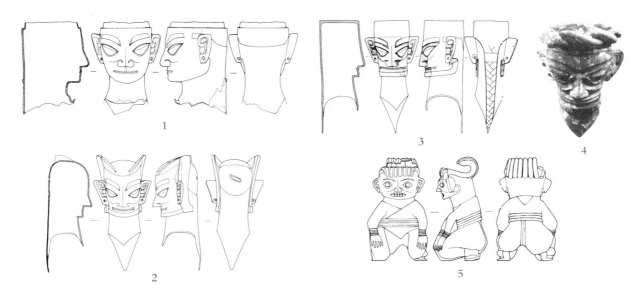

图一二〇　三星堆器物坑铜人像

1.A 型（K1:2）　2、3.Ba 型（K1:5、K2②:15）　4.Bb 型（K2③:83）　5.C 型（K1:293）

1.四川省文物考古研究所：《三星堆祭祀坑》，北京：文物出版社，1999 年。

三 成汉俑族属

以往多认为造型独特的成汉俑为賨人，理由主要依据《华阳国志·李特志》的记载："李特……略阳临渭人也。祖世本巴西宕渠賨民，种党劲勇，俗好鬼巫。汉末，张鲁居汉中，以鬼道教百姓，賨人敬信；值天下大乱，自巴西之宕渠移入汉中。魏武定汉中，曾祖父虎与杜〔濩〕、朴胡、〔袁〕约、杨车、李黑等移于略阳北土，复号曰巴氏。"[1] 此材料不足以支撑论点。

首先，李氏只是因为作战勇敢而成为少数民族首领，其统治基础还是以氐、羌为主的少数民族，且李氏家族很可能已经氐化了。张鲁于初平二年（191年）在汉中建立政权，李特祖大致此时从巴西宕渠迁入。后建安二十年（215年）魏武定汉中，李特曾祖父李虎移于略阳北土。元康八年（298年），"略阳、天水六郡民李特，及弟庠，阎式、赵肃、何巨、李远等及氐叟、青叟数万家，以郡土连年军荒，就谷入汉川，诏书不听入蜀。"[2] 至此李氏家族在略阳已经居住了83年，历经三世。略阳一直是氐人传统居住区，据《宋书·氐胡传》："清水氐杨氏，秦汉以来世居陇右"[3]。近来在略阳等地区的考古调查中也发现大量氐、羌物质文化遗存可为辅证[4]。既然略阳是氐人的传统居住区，李氏在此居住八十余年，不可能全无氐人影响，甚至有可能已严重氐化。賨人迁入汉中毕竟少数，再从汉中迁入略阳的应该更少，《晋书·李特载记》："魏武帝克汉中，特祖将五百家妇归之"[5]，即使五百家妇都属于賨人，相对于"数万家"也是少数派。而少数派賨人李氏之所以能成为流民首领，一是因为李氏家族有部曲；二是賨人"天性劲勇"，《华阳国志·巴志》载："板楯七姓，以射虎为业，立功先汉……其人勇敢能战。昔羌数入汉中，郡县破坏，不绝若线。后得板楯，来虏弥尽。号为神兵。羌人畏忌，传语种辈，勿复南行。"也就是说賨人在略阳等地居住多时，已染氐羌风俗，且賨人在流民中属于少数派，以氐羌为统治基础的成汉政权的葬俗未必会依賨人之风。

其次，賨人分布区域范围内未见这种造型陶俑。賨人即巴人一支，据《华阳国志·巴志》记载，秦代巴人已经受秦优待，"汉兴，亦从高祖定乱，有功。高祖因复之，专以射虎为事。户岁出賨钱口四十。故世号白虎复夷。一曰板楯蛮。"汉代，賨人居于古渝水流域，"阆中有渝水，賨民多居水左右"，李特之祖是宕渠人，宕渠也在渝水流域。为配合三峡水库建设，库区内进行了大规模的考古发掘，但各个时代都未发现此类形象俑，特别是东汉时期的墓葬中发现大量陶俑，亦无此类形象。如果成汉俑确为賨人遗存，不可能无丝毫线索。

再次，诚如刘文所言，所有史料均未说明賨人体质异于其他民族。

综上理由，笔者以为成汉俑非賨人形象，而有可能为以氐人为主的氐、羌等少数民族。

首先，成汉俑族属可排除蜀地土著。蜀地土著长期居住于此，而在成汉之前的东汉、蜀汉，该区域内并未发现这类遗存。且流民入川后造成大量巴蜀民众外逃。流民军攻占的地方90%的居民都逃亡了，特别是三蜀之地，几乎逃亡殆尽[6]。"李氏据蜀；兵连战结，三州倾坠，生民歼尽，府庭化为狐狸之窟，城郭蔚为熊罴之宿，宅游雉鹿，田栖虎豹，平原鲜麦黍之苗，千里蔑鸡狗之响，丘城芜邑"[7]，直至李寿时，"郊甸未实，都邑空虚"[8]。既然蜀民大部分都流亡了，那就不可能在此处留下如此怪异的成汉俑。成汉时期占据蜀地的

1.《华阳国志·李特志》。任乃强：《华阳国志校补图志》卷3《蜀志》，上海：上海古籍出版社，1987年，第？页。
2.《华阳国志·大同志》。任乃强：《华阳国志校补图志》卷3《蜀志》，上海：上海古籍出版社，1987年，第158页。
3.[梁] 沈约：《宋书》卷98，北京：中华书局，1974年。
4.韩香：《陕南宁强、略阳等地氐、羌遗风历史渊源》，《西北民族论丛》第七辑，北京：中国社会科学出版社，2010年。
5.[唐] 房玄龄等编撰：《晋书》卷120，北京：中华书局，1974年。
6.谭红主编：《巴蜀移民史》，成都：巴蜀书社，2006年，第86页。
7.任乃强：《华阳国志校补图志》卷12《序志》，上海：上海古籍出版社，1987年。
8.[唐] 房玄龄：《晋书》卷121，北京：中华书局，1974年页。

是六郡流民，而成汉俑恰恰在此时出现，只能说明成汉俑为六郡流民的遗存。

其次，六郡流民当以氐、羌为主。六郡是指天水、略阳、扶风、始平、武都、阴平等，而这六郡为氐、羌的传统聚居地。六郡流民中有氐叟、青叟数万家，据蒙默先生研究，叟有时是少数民族的泛称，有时是专称，指包括青羌、旄牛夷、徙人、青衣羌、西蕃、胡羌、氐、賨等古代民族[1]。此处应该是泛称，氐叟即氐族，青叟应是青羌，所以流民应以氐、羌为主。由于氐人众多，时人也称来自秦雍二州的流民为"秦氐"。功曹陈恂谏曰："不如安住少城，檄诸县合村保，以备秦氐。"[2]很多氐族大姓也是流民军的重要力量，如氐叟元丰、钱、刘、李、梁、窦、符、隗、董、费等。所有这些都说明，李氏的军事力量和统治基础为氐羌。上文已谈到，李氏家族在略阳居住三世，可能已氐化了，其复号的"巴氐"也反映了作为賨人的李氏已经逐渐融入氐人之中了，故少数民族流民才会认同李氏的领导。那么成汉俑的族属范围便可缩小至氐、羌了。

再次，考古发现来看，成汉统治区域内在葬俗上有较强的一致性。虽然目前发现的成汉墓不多，但在成都、德阳、西昌等较大的区域范围内都有发现。无论是上层贵族墓，还是普通百姓墓都葬有此类形象的成汉俑，体现了葬俗的一致性。能在在成汉国如此广大区域内和这类墓葬相对应的民族也只有其主体民族氐羌了。

既然成汉时期蜀地为六郡流民所据，而流民又以氐羌之族为主，其统治者李氏家族也受氐羌影响颇深，那么便可得出此时期的墓葬也应遵循氐羌葬俗。从考古发现的葬俗一致性也可说明成汉墓葬对应着成汉政权下的主体民族。

四 氐、羌渊源以及分布

羌族是一个历史悠久的民族，据甲骨文和古文献可知，至迟商代该族已经出现，此时羌族据有今甘肃省大部和陕西省西部，向东则已达到今山西南部及河南西北一带[3]。马长寿则进一步提出古羌的分布中心在青海东部的河曲及其以西以北等地[4]。关于羌族的分布区域有较多争论，但大多认为殷商以来其核心区域在甘青一带。

氐族在文献上出现时间较晚，至迟战国年间已经为中原人知晓[5]。关于氐族起源的争论较多，有来源于三苗[6]、羌族[7]、河南或河北[8]、陇南[9]等说法，出现这些争论主要是由于对文献理解的差异，但所有观点都承认氐族曾长期活动于陇南地区，故笔者赞同氐族中心分布区在陇南地区，只是此处地理环境特殊，不断有民族徙出、迁入，其他民族不断融合至氐族、氐族也不断融合到其他民族，其民族源流和成分就分外复杂了。《史记·西南夷列传》最早记载了氐族的分布区域："自冄駹以东北，君长以什数，白马最大，皆氐类也。"[10]马长寿据此指出："自此以东北，包括西汉水、白龙江流域及涪水之上游，都是古氐原始分布所在。"[11]《魏略·西戎传》所载与《史记》相合："氐人有王，所从来久矣。自汉开益州，置武都郡，排其种人，分窜山谷间。

1. 蒙默：《说"叟"》，《思想战线》1992年第2期。
2. 任乃强：《华阳国志校补图志》卷8《大同志》，上海：上海古籍出版社，1987年页。
3. 冉光荣、李绍明、周锡银：《羌族史》，成都：四川人民出版社，1984年，第18页。
4. 马长寿：《氐与羌》，上海：上海人民出版社，1984年，第2页。
5. 杨铭：《氐族史》，长春：吉林教育出版社，1991年，第17页。
6. 黄烈：《中国古代民族史研究》，北京：人民出版社，1987年，第114~136页。
7. 以任乃强先生为代表：《羌族源流探索》，重庆：重庆出版社，1984年。
8. 何光岳：《氐羌源流史》，南昌：江西教育出版社，2000年，第113页。
9. 马长寿：《氐与羌》，上海：上海人民出版社，1984年，第10页；杨建新：《中国西北少数民族史》，银川：宁夏人民出版社，1988年，第168页；孙功达：《氐族研究》，兰州：甘肃人民出版社，2005年，第70页。
10. [汉] 司马迁：《史记》卷116，北京：中华书局，1959年。
11. 马长寿：《氐与羌》，上海：上海人民出版社，1984年，第10页。

或在福禄，或在汧陇左右。其种非一，称盘瓠之后，或号青氐，或号白氐，或号蚺氐，此盖虫之类。"[1]《北史·氐传》亦云："氐者，西夷之别种，号曰白马。三代之际，盖自有君长，而世一朝见，故《诗》称'自彼氐羌，莫敢不来王'也。秦汉以来，世居岐陇以南，汉川以西，自立豪帅。汉武帝遣中郎将郭昌、卫广灭之，以其地为武都郡。自汧、渭抵于巴蜀，种类实繁，或谓之白氐、或谓之故氐，各有侯王，受中国封拜。"[2]氐族的名称和陇南地区地形有很大关系[3]。

一个民族的形成需要具备很多条件，也许羌、氐二族形成很晚，但其族源应该与分布这些地区的部族有密切关系。以上材料表明，自商周以来氐、羌的中心分布区就在今日的甘青地区，二者关系密切，相互影响、融合。

五 三星堆文化来源初步分析

氐羌及其先民居住的地方，恰恰是三星堆文化的重要来源地。

先以考古资料说明。三星堆文化虽然受到长江中下游、中原等地的影响，但其文化主体来源于宝墩文化。三星堆文化与宝墩文化有很多一致性，如房屋建筑相似；生产工具多偏重于手工工具，石器工具以梯形的斧、锛、条形和圭形凿等为基本组合；陶器的造型上，多平底器和圈足器，其中的平底器多为小平底，宝墩文化四期出现的矮领圆肩罐是三星堆文化很有代表性的小平底罐的前身；三星堆文化中的深腹罐和小圈钮器盖在宝墩文化四期（鱼凫村遗址）中就已经出现；三星堆文化中的镂孔圈足豆与宝墩文化中的镂孔圈足器也应有一定的关系[4]。

目前成都平原并未发现早于宝墩文化的遗存，于是很多研究者将目光转向了盆地周边，特别是岷江上游新石器时代遗存[5]。近来什邡桂圆桥遗址的发掘为宝墩文化来源于岷江上游提供了进一步的衔接证据。根据地层叠压关系和文化面貌，桂圆桥遗址新石器时代文化遗存可分为两组，第一组文化面貌与宝墩文化相差较大，绝对年代在距今5000年左右，其陶器特征与甘肃大地湾四期、武都大李家坪、茂县营盘山、汶川姜维城等有密切联系。第二组文化面貌与宝墩文化中段极为相似，绝对年代距今4600年左右[6]。这两组遗存有明确的层位关系相对应，这样就基本可以锁定宝墩文化源于岷江上游的新石器文化。实际上1992年在牟托一号墓出土的铜鸟形饰（M1:21）已经暗示了三星堆文化和岷江上游的密切关系[7]，此鸟形饰和三星堆器物坑出土的神树上的铜鸟非常相似（图一二一），而此类鸟形饰铜器似更流行于藏彝走廊的青铜时代。而岷江上游新石器时代文化的源头在甘青地区。研究者对两地的陶器进行了分析，证明岷江上游彩陶来源于甘青地区[8]；赵志军和陈剑对营盘山植物种子进行了分析，认为营盘山遗址的北方旱作农业生产特点应该是源自甘青地区仰韶文化晚期和马家窑文化的分布区域[9]。江章华先生认为横断山区自6000年以来，至齐家文化、

1.[魏]鱼豢撰，[清]：张鹏一辑：《魏略辑本》，陕西文献征辑处，民国十三年（1924）。
2.[唐]李延寿撰：《北史》卷95，北京：中华书局，1974年。
3.马长寿：《氐与羌》，上海：上海人民出版社，1984年，第15页。
4.王毅、江章华、张擎：《成都平原先秦文化初论》，《考古学报》2002年第1期。
5.徐学书：《岷江上游新石器时代文化的初步研究》，《考古》1995年第5期；江章华：《岷江上游新石器时代遗存新发现的几点思考》，《四川文物》2004年第3期；陈剑：《四川盆地西北缘龙山时代考古新发现述析》，《中华文化论坛》2007年第2期；黄昊德、赵宾福：《宝墩文化的发现及其来源考察》，《中华文化论坛》2004年第2期。
6.四川省文物考古研究院、德阳市博物馆、什邡市博物馆：《四川什邡桂圆桥新石器时代遗址发掘简报》，《文物》2013年第9期。
7.茂县羌族博物馆、成都文物考古研究所、阿坝藏族羌族自治州文物管理编著：《茂县牟托一号石棺墓》，北京：文物出版社，2012年。
8.洪玲玉、崔剑锋、王辉、陈剑：《川西马家窑类型彩陶产源分析与探讨》，《南方民族考古》第7辑，2011年；崔剑锋、吴小红、杨颖亮：《四川茂县新石器遗址陶器的成分分析及来源初探》，《文物》2011年第2期。
9.赵志军、陈剑：《四川茂县营盘山遗址浮选结果及分析》，《南方文物》2011年第3期。

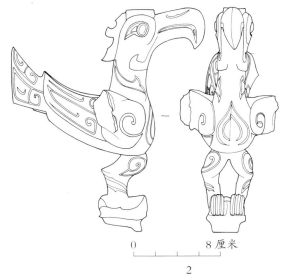

0   8 厘米

图一二一 铜鸟饰

1.（牟托 M1：21，摘自《茂县牟托一号石棺墓》彩版图三二，1）   2. 大型铜神树上立鸟（K2②：149—1，摘自《三星堆祭祀坑》图一二二）

青铜时代都受到中国西北地区文化的强烈影响，并将这种影响归因于"古代人群迁徙频繁"[1]。近来陈苇对甘青地区和西南山地仰韶时代中期至战国晚期诸考古学文化遗存的性质、分期和年代等问题进行了较为详细的分析，将文化传播分成五个阶段[2]。从其分析来看，甘青地区一直是强势文化，影响着岷江上游等西南山地区域。

石硕也对藏彝走廊的新石器时代文化进行了分析，认为藏彝走廊的新石器文化系统主要源自于黄河上游的甘青地区，再结合复旦大学的遗传学研究，认为新石器时代藏彝走廊的人群与甘青地区存在渊源关系[3]。

从以上分析可得出，成都平原的三星堆文化来源有一个很完整的考古学文化序列，三星堆文化←宝墩文化←岷江上游新石器时代文化←甘青地区新石器时代文化，完全可以认为甘青地区文化是三星堆文明的一个重要源头。甚至有研究者认为"成都平原的三星堆一期文化是已本土化的西北人群……通过四五百年的发展，最后成为成都平原上具有主导力量的大族群。"[4]。自新石器时代以来，甘青地区、岷江上游的文化对成都平原的影响是持续不断的，因为成都平原的优越环境对岷江上游、甘青地区族群有着天然的吸引力，只是不同时期作用力大小有所不同。这种影响非单纯的文化传播可以做到，很显然是伴随着大规模的族群迁徙，因此或可以说成都平原从宝墩文化至三星堆文化源源不断有族群自甘青、岷江上游地区迁来。

从民族学材料来看，三星堆器物坑与岷江上游、甘青地区的少数民族也有关系。赵洋认为三星堆器物坑的神树与羌族释比的神树在不少方面很相似[5]；钱玉趾认为三星堆文化居民与彝族先民存在着关系[6]；巴且日火认为三星堆器物坑人像的"纵目"与彝文典籍记载的直目、独眼有关系，青铜树、人体形象等与彝族有

1. 江章华：《横断山区古代文化传播与民族迁徙的考古新证据》，《中华文化论坛》2008 年增刊。
2. 陈苇：《甘青地区与西南山地先秦时期考古学文化及互动关系》第八章，吉林大学博士论文，2009 年。
3. 石硕：《藏彝走廊:文明起源与民族源流》，成都：四川人民出版社，2009 年，第 166 ~ 167 页。
4. 万娇、雷雨：《桂圆桥遗址与成都平原新石器文化发展脉络》，《文物》2013 年第 9 期。
5. 赵洋：《三星堆神树与岷江上游羌族释比神树的比较》，《中华文化论坛》2005 年第 2 期。
6. 钱玉趾:《三星堆文化居民与彝族先民的关系》，《贵州民族研究》1998 年第 2 期。

关系[1]。石硕先生以藏彝走廊的民族在语言上存在亲缘关系，且这些民族又有有共同的猴祖传说和猴图腾崇拜为依据，而得出藏彝走廊的藏缅语族存在一个共同的"祖源"，这些民族的"送魂"习俗反映了共同迁徙记忆，其记忆均指向北方，说明藏彝走廊在历史上的民族迁徙其主流趋势是自北向南[2]。如果三星堆的族群也是来自于岷江上游、甘青地区，那就与今天藏彝走廊上的彝、羌等民族有着共同的族源，其相似性也就很好理解了。

古文献的记载也表达了古蜀文化与川西北文化的密切联系。童恩正先生甚至认为古蜀就是氐族的后代[3]。《蜀王本纪》中有古蜀史的记载："蜀之先称王者有蚕丛、柏濩、鱼凫、开明，是时人萌椎髻左衽，不晓文字，未有礼乐。从开明以上至蚕丛积三万四千岁。""蜀王之先，名蚕丛。后代名曰柏濩。后者名鱼凫。此三代各数百年，皆神化不死，其民亦颇随王化去。鱼凫田于湔山，得仙。今庙礼之于湔。时蜀民稀少。"[4]《华阳国志·蜀志》亦载："周失纪纲，蜀先称王。有蜀侯蚕丛，其目纵，始称王。死，作石棺、石椁。国人从之。故俗以石棺椁为纵目人冢也。王曰柏灌。次王曰鱼凫。鱼凫王田于湔山，忽得仙道。蜀人思之，为立祠〔于湔〕"。童恩正先生认为蚕丛活动区域主要在川西北，这些地方有很多蚕丛的传说和遗迹。传说性的文献虽然不能作为直接证据，但其记载的石棺遗迹却在川西北、甘青地区有发现；蚕丛的纵目似乎和器物坑的青铜像也有关系，应该不能仅仅用巧合性来解释。

据以上分析，完全可以得出三星堆文化最主要的族群来源岷江上游、甘青地区。

六 甘青、岷江上游族群向成都平原迁徙原因

甘青、岷江上游地区的族群不断南迁主要有两个方面原因：

1. 环境原因。甘青与川西北地区相邻，两地地形、气候等自然环境较为接近，区域内河流众多，成为古人迁徙的天然通道。根据童恩正先生的半月形传播带理论，相近的地貌、气候是文化传播的重要原因。[5]

成都平原优越的地理环境也是吸引甘青地区族群南下的重要原因。据古环境研究，在距今7000～5000年间，成都平原地势较低而沼泽密布，不适宜古人类居住，古蜀先民们只有居住在地势较高且较干燥的盆周山区（岷江上游地区）。距今5500～5000年间，古蜀地区气候出现冷干事件的重大转变。岷江上游地区旱作农业受此影响，农业经济支柱逐渐衰退。而与此相反，此时的成都平原以前密布的沼泽开始变干，而成为地肥水美、动植物繁盛、古蜀人十分理想的居所[6]。成都平原的新石器时代文化也在此时出现。自此以后，成都平原成为一直以优越的环境吸引着众多民族的徒入。

古气候的变化也是北方族群迁徙的重要原因。结合张丕远和满志敏的研究可将中国全新世气候划分为五个阶段，第一阶段，距今8500～7200年，此阶段气候不稳定，由暖变冷。第二阶段，距今7200～6000年，气候稳定暖湿。第三阶段，从距今6000～5000年，这个阶段的气候波动剧烈，是环境较差的时期。第四阶段，距今5000～4000年，较稳定温暖期。第五阶段，距今4000～3000年，气候波动下降期[7]。而甘青地区向川西北、成都平原的文化传播恰恰与这些气候变化有关系。距今6000年左右的降温，甘青地区庙底沟文

1. 巴且日火：《论三星堆文明与彝族先民的渊源关系》，《中华文化论坛》2005年第1期。
2. 石硕：《藏彝走廊:文明起源与民族源流》第二章，成都：四川人民出版社，2009年。
3. 童恩正：《古代的巴蜀》，重庆：重庆出版社，1998年，第62～66页。
4.[清]严可均著、任雪芳校：《全汉文》卷53，北京：商务印书馆，1999年，第539页。
5.童恩正：《试论我国从东北至西南的边地半月形文化传播带》，《南方文明：童恩正学术文集》，重庆：重庆出版社，2004年。
6. 付顺：《古蜀区域环境演变与古蜀文化关系研究》摘要，成都理工大学博士论文，2006年。
7. 张丕远：《中国历史气候变化》，济南：山东科学技术出版社，1996年，第46～51页；满志敏：《中国历史时期气候变化研究》，济南：山东教育出版社，2009年，第95～99页。

化传播至岷江、大渡河上游等地区；距今5000年左右降温及干旱，岷江上游族群进入成都平原，出现宝墩文化；距今4000年左右干旱和降温事件，在岷江上游发现齐家文化遗存，也就是陈苇所说的文化传播第三阶段；距今3000年左右，气候降温，古蜀地区的三星堆文明神秘消失[1]。三星堆文明的突然消失极有可能与岷江上游、甘青地区族群入侵有关，从历史规律来看，每逢降温、干旱等气候剧烈变化时期，北方生存环境便会恶劣起来，游牧民族便会南迁寻找更适宜的生存地。受降温影响甘青地区、岷江上游族群迫于自身生存或者更北方民族的入侵压力进入了成都平原。历史在不断重复着，据竺可桢研究，六朝时期为寒冷期[2]，而此时北方少数民族又大规模入侵中原，六郡的流民进入成都平原，天府之国变成"荒奁"之地。所以三星堆文明的出现和消失与气候变化关系密切，在这一点上与成汉政权的出现相似。

2. 史前成都平原文化远远不如甘青地区发达。在宝墩文化之前，成都平原甚至无人生存，先进文化向后进地区传播具有普遍性。甘青地区文化的发达也导致人口增加，资源减少，部分人群不得不寻找新的居住区和资源，这也是甘青地区自6000年以来人群一直向南迁徙"一波一波的，未曾中断"的重要原因。

结论

综上，成汉俑和三星堆器物坑有着共同来源地区，那就是川西北、甘青地区，此地域乃氐、羌二族的传统居住地。自史前至三星堆文化，岷江上游、甘青地区的文化一直影响着成都平原，这种影响往往伴殖着大规模人群的迁徙，完全可以说川西北、甘青地区族群是三星堆文化最主要的居民。两汉时期，成都平原为天府之国，经济、文化都比较发达，亦有着很强的军事力量，故川西北、甘青地区族群无法对成都平原文化造成甚大影响。成汉时期，受气候影响，以氐、羌为主的川西北、甘青地区居民又大规模向成都迁徙，以氐羌为统治基础的成汉政权吸收了东汉时期用陶俑随葬的传统，在蜀地留下了成汉俑。故成汉俑和三星堆器物坑族属相同，造像上才会有非常相似的外形。

氐羌族似乎有崇拜凸目的传统。古蜀有蚕丛纵目，至今甘肃陇南地区西和县还盛传的"立眼人"故事。立眼人的眼睛和常人不一样，除了横列的两个眼睛外，在前额中间还有一个纵立的眼睛[3]。因为崇拜，所以将人像制作成凸目形象，或可作为三星堆青铜人像和成汉俑凸目、奇特外形的一个解释[4]。

以上只是笔者在目前证据下的推测，如果将来在考古中能发现甘青、岷江上游地区氐、羌以及三星堆文化、成汉的人骨材料，对四者的人骨进行DNA分析、比较，将会得出最直接的结论。

本文以成汉俑和三星堆器物坑人像的相似性为切入点，大胆假设二者的相似性是由于存在共同族源。成汉俑族属为川西北的氐羌之族，有丰富的文献为证；而通过对考古、古文献、民族、环境的分析，也可说明三星堆文化族属主体来源于川西北、甘青地区。这些地区是古氐、羌及先民传统的生存区域，此区域与游牧民族相接，远离中原文明，千年来保存着很多原始文化面貌，所以自三星堆文化之后之成汉时期再次大规模进入成都平原，便在文化面上呈现出复古面貌，陶俑与器物坑的造像才会表现出极大的相似性。

自三星堆器物坑发现以来，吸引了众多研究者的关注，但是对于器物坑的性质、族属、年代等，众说纷

---

1. 付顺：《古蜀区域环境演变与古蜀文化关系研究》，成都理工大学博士论文，2006年，第60页。
2. 竺可桢：《中国近五千年来气候变迁的初步研究》，《考古学报》1972年第1期。
3. 杨铭：《氐族史》，长春：吉林教育出版社，1991年，第6页。
4. 可惜文献中并未有介绍氐人形象，《魏略·西戎传》也只是介绍了氐人的服饰、婚姻等风俗，如有这方面文献将成为氐人与成汉俑之间关系最直接的证据。

绘，甚至有些观点截然相反。施劲松认为"这主要是由于这两个坑出土的很多材料超出了我们现有的知识范围，在研究中我们也难以直接参考已有的考古或文献材料"，并说"要解决这个问题，我们不能只看结论，还要着重去考察引导出这种结论的方法"[1]。本文正是基于此目的而作，不奢望能彻底解决三星堆器物坑的众多问题，只是希望能为三星堆器物坑的研究提示一种思路、方法。历史、考古研究习惯于从早到晚、从前向后推理的思维方式，而本文以成汉俑和三星堆器物坑人像相似性为突破口，尝试利用逆向逻辑思维，先从时代较晚的成汉俑入手，利用其丰富的背景材料分析其族属，继而推测三星堆器物坑人像的族属与之同源。

如果三星堆器物坑青铜人像一旦和成汉俑建立关系，而成汉俑处于历史时期，其丰富的背景材料便可以为器物坑研究所用，将会解决三星堆文化中许多重要问题。如三星堆器物坑性质问题，如果铜人造像是本族巫觋形象，那怎么会埋葬呢？解释为外族入侵导致的毁坏性埋葬更为合理些。还有三星堆文化源流问题，如果三星堆族属为氐、羌，那么下一步可以在川西北、甘青地区做一些针对性的考古发掘和民族调查工作，进一步梳理二者关系。其流向也简单了，因为环境、气候、族群迁徙等原因，西北方向的族群不断进入成都平原，而成都平原的原有族群迫于压力也自然会向东迁徙，这和成汉时期流民入蜀致使蜀民东迁一样，所以在三峡地区会发现很多三星堆文化因素。

---

1. 施劲松：《三星堆器物坑的再审视》，《考古学报》2004 年第 2 期。

结语

本报告对田家寺墓地发现的 42 座墓葬进行了逐一报告。崖墓以中小墓葬为主，从随葬品来看这批墓葬应该以中下层百姓为主，地位不高。明清时期的墓葬更是简陋、狭小，几乎未见随葬品，估计墓主大多为贫民。

第二章主要为客观报道墓葬资料，尽量不夹杂主观的分析，只是将发掘到的信息尽量客观、详尽、科学地呈现给读者。

第三章对墓葬形制、典型器物进行了类型学分析，以此为基础，结合器物组合将墓葬分为四期。然后依据出土的钱币，同时将典型特征器物与四川、重庆及长江中游地区的同类墓葬，特别是纪年墓葬材料相互比较，以期得出较为科学的年代结论。四期年代分别为东汉晚期、蜀汉至西晋初、西晋至东晋初、东晋至南朝。

在分期的基础上对这批崖墓的演变进行了分析，第一期的墓葬形制和随葬品与四川东汉晚期墓葬一致。第二期虽然出现了新的因素，但总体来说仍属于"汉制"范畴。第三期，也就是西晋时期，墓葬发生了重要变化，大约于西晋中晚期至东晋初期，"晋制"形成。第四期出土器物不多，很可能与川西北流民入川、蜀民外流，蜀土经济破败有关。

最后一章主要是讨论田家寺墓地布局、崖墓开凿、成汉俑等问题。田家寺墓葬成组分布，时间相近的墓葬往往聚于一处。崖墓分布总规律为:墓葬位置越高时代越晚。

根据部分未完成墓葬及墓葬内的开凿痕迹，对田家寺崖墓修建过程进行了复原:选址→规划墓葬→开凿墓道→修建排水沟→修整墓门→开凿墓室→修整墓壁→修建棺龛、灶、井等附属设施→雕刻图像和仿木建筑结构→防潮处理→下葬→封门→回填墓道。

田家寺崖墓发现多座成汉时期墓葬，墓内出土有几件外貌特异的成汉俑，此类陶俑与三星堆青铜人像极为相似。本报告以这几件俑为线索，再结合四川同类陶俑，讨论这类特色陶俑与三星堆器物坑青铜人像之间的关系。编者以为，成汉俑和三星堆器物坑有着共同来源地区，那就是川西北、甘青地区，此地域乃氐、羌二族的传统居住地。自史前至三星堆文化，岷江上游、甘青地区的文化一直影响着成都平原，这种影响往往伴随着大规模人群的迁徙，完全可以说川西北、甘青地区族群是三星堆文化最主要的居民。两汉时期，成都平原为天府之国，经济、文化都比较发达，故川西北、甘青地区族群无法对成都平原文化造成甚大影响。成汉时期，受气候影响，以氐、羌为主的川西北、甘青地区居民又大规模向成都迁徙，以氐羌为统治基础的成汉政权吸收了东汉时期用陶俑随葬的传统，在蜀地留下了成汉俑。故成汉俑和三星堆器物坑族属相同，造像上才会有非常相似的外形。本文并不奢望能解决三星堆器物坑青铜人像的族属及源流问题，只是提供一种解决问题的思路、视角。

四川地区六朝墓葬资料发现不多，发表更是少之又少，至今未能建立起较为可靠的编年序列，严重制约了四川地区六朝考古研究的发展和深入。田家寺墓葬以蜀汉、两晋时期为主，该批崖墓的发掘、整理与研究将为成都地区六朝早期崖墓编年序列的建立提供可靠的资料支撑，也为四川地区同时期崖墓的编年研究提供一个重要的参考标准。该墓地从东汉晚期延续到两晋、南朝，对于研究四川地区墓葬从"汉制"到"晋制"的演变有重要参考价值。

后记

　　成都华阳田家寺墓地的发掘领队为索德浩（现就职于四川大学考古学系），参与发掘人员有李国、刘守强、张成俊、杨兵、杨永鹏、胡义等，发掘过程中得到成都市文物考古研究院刘雨茂先生的指导。王占魁、李国、李康、黄文娇、王槐荣、胡义、李倩、鲁云霞等参加了整理工作。出土器物修复由党国松完成，张培、逯德军完成了绘图工作。现场照片由索德浩拍摄，器物照片由四川大学博物馆卢素文拍摄。拓片工作由严彬完成。现场测绘由白铁勇完成。

　　本报告由颜劲松院长担任主编，编写工作由索德浩统筹负责，李国完成了第一章第一和第二节的编写，黄文娇完成第一章第三和第四节的编写，李康完成第二章第一至十节的编写，王占魁完成第二章第十一至第十八节的编写，黄文娇完成第二章第十九节至第二十六节的编写，李国完成第二章第二十七节至第三十三节的编写，索德浩完成第二章第三十四至第四十二节编写，第三章由索德浩完成，第四章第一和第二节由王占魁、黄文娇、李康共同完成，第三节由索德浩完成。报告的统稿和审核工作由索德浩负责。

　　报告整理、编写、出版得到前成都文物考古研究院王毅院长（现为四川省文旅厅副厅长、文物局局长）、颜劲松院长、罗传孝书记、江章华副院长、蒋成副院长的支持、指导。江章华副院长对本报告进行了审阅，并提出了宝贵的意见。陈云洪主任、陈剑主任对报告的出版提供了帮助，报告出版资金申请、招标得到成都文物考古研究院马春燕的帮助。在此，一并表示衷心的感谢。

编者

2021 年 6 月 25 日

彩版一

1.M1

2.M2 ～ M4 分布

彩版二

2.M3

1.M2 封门及排水

彩版三

1.M16

2.M16

彩版四

1.M17

2.M17

1.M18

2.M18

1.M19

2.M19

彩版七

2.M20

1.M19

7

1.M20

2.M21

彩版九

2.M21

1.M20

彩版十

2. M22

1. M21

2.M23

1.M23

彩版一

11

1.M23

2.M23

彩版一三

2.M24

1.M23

1.M24

2.M25

1.M25

2.M26

2.M26

1.M25

彩版一七

1.M26

2.M27

2.M28

1.M27

1.M27

2.M29

2.M30

1.M29

1.M31

2.M31

彩版二二

2.M32

1.M31

22

彩版二三

1.M32

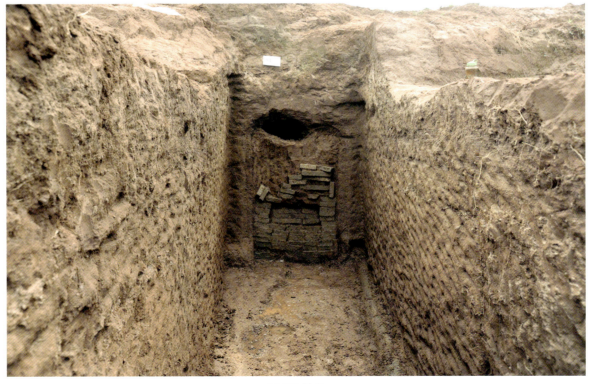

2.M33 封门

1.M33 排水

2.M33 北侧室

1.M33 北侧室 (2)

2.M33 北侧室石棺及斗拱

2.M33 北侧室石灶

1.M33 北侧室人头像

彩版二七

1.M33 主室

2.M33 南侧室

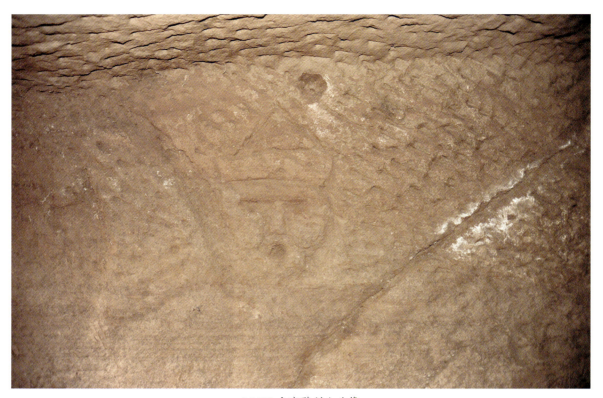

1.M33 主室雕刻人头像

2.M33 墓壁上雕凿的圆窝

彩版二九

2.M35

1.M34

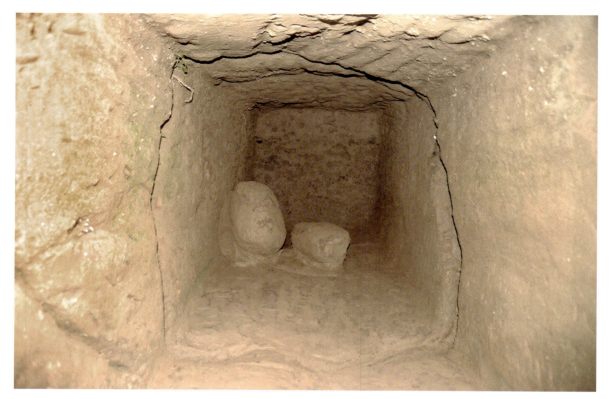

1.M35

2.M36

1.M36

2.M36 墓道内填土

2.M37

1.M36

彩版三二

彩版三三

1.M37

2.M37

1.M38

2.M39

彩版三五

2.M40

1.M39

1.M41

2.M41

彩版三七

1.M42

2.M1∶1

3.M16∶3

1.M17：1

2.M17：16

3.M17：17

4.M18：2

5.M18：3

6.M19：2

1.M19：4

2.M20：7

3.M20：8

4.M20：14

5.M21：4

6.M21：7

1.M23：2

2.M25：8

3.M26：1

4.M26：2

5.M27：2

6.M28：4

1.M29：1

2.M32：6

3.M33：8

4.M36：8

5.M36：9

6.M36：12

1.M36：14

2.M37：4

3.M37：7

4.M37：8

5.M37：26

6.M37：28

1.M17：7

2.M17　10

3.M19：6

4.M20：11

5.M23：11

6.M25：11

1.M26：11

2.M27：4

3.M28：5

4.M28：6

5.M28：7 (2)

6.M28：16

1.M28：18

2.M29：2

3.M29：4

4.M32：2

5.M32：3

6.M32：3

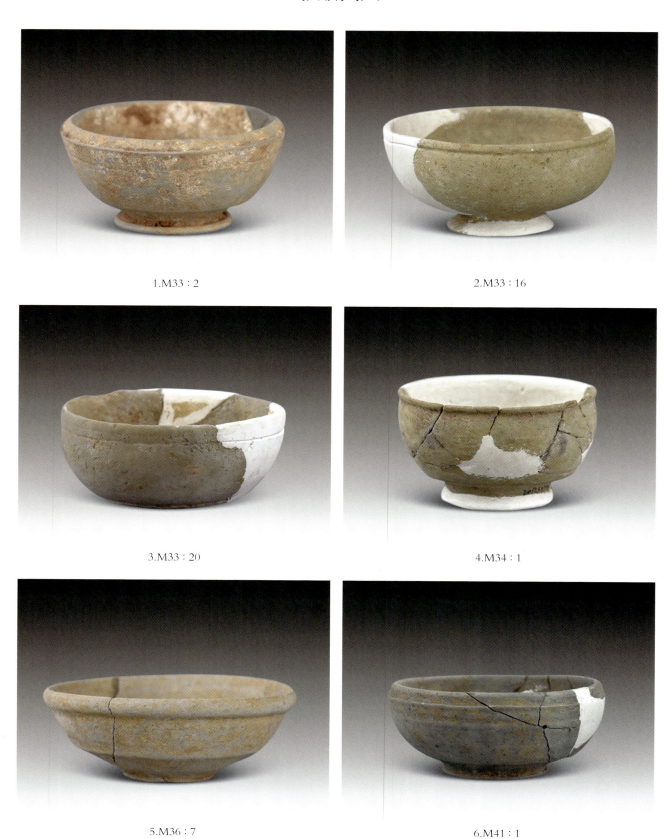

1.M33：2

2.M33：16

3.M33：20

4.M34：1

5.M36：7

6.M41：1

1.M16：5

2.M17：18

3.M17：19

4.M20：1

5.M20：6

6.M21：1

1.M21：2

2.M21：9

3.M23：1

4.M23：3

5.M23：9

6.M25：1

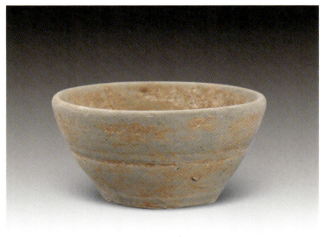

1.M26∶9

2.M28∶2

3.M36∶13

4.M37∶32

5.M17∶25

6.M24∶1

1.M33：3

2.M33：7

3.M33：9

4.M36：16

5.M17：6

6.M17：13

彩版五一

1.M17：14

2.M19：3

3.M33：11

4.M33：12

5.M33：13

6.M16：1

1.M18：1

2.M20：5

3.M20：10

4.M21：6

5.M21：8

6.M23：4

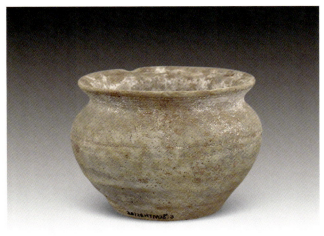

1.M28：3

2.M42：1

3.M17：12

4.M28：13

5.M33：6

6.M36：15

1.M17：15

2.M28：15

3.M26：16

4.M27：3

5.M32：4

6.M37：9

1.M21：5

2.M28：1

3.M32：1

4.M36：5

5.M36：6

6.M20：16

1.M23：5

2.M26：18

3.M23：8

4.M26：12

5.M28：11

6.M33：10

彩版五七

1.M37：6

2.M36：4-5

3.M36：4-3

4.M18：4

5.M36：2

1.M28：14

2.M37：1

3.M37：10

4.M37：19

5.M37：21

6.M36：11

1.M37：11

2.M37：20

3.M37：22

4.M37：23

5.M16：2

6.M21：3

7.M26：5

8.M28：13

9.M37：13

10.M37：14

11.M37：24

12.M27：5

1.M20：4

2.M23：6

3.M23：12

4.M33：1

1.M37：2

2.M37：3

3.M37：18

4.M37：25

1.M25：3

2.M26：7

3.M26：3

4.M26：3

1.M1：2

2.M1：2

3.M19：1

4.M19：1

5.M20：15

6.M26：8

彩版六四

1.M26：10

2.M1：3

3.M19：5

4.M37：29

5.M26：17

6.M33：23